我国制造业诱致性
技术进步与就业

吴　迪◎著

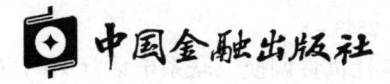

中国金融出版社

责任编辑：赵晨子
责任校对：刘　明
责任印制：陈晓川

图书在版编目（CIP）数据

我国制造业诱致性技术进步与就业 / 吴迪著． -- 北京：中国金融出版社，2024.11． -- ISBN 978 - 7 - 5220 - 2543 - 8

Ⅰ．F426.4

中国国家版本馆 CIP 数据核字第 2024H9A002 号

我国制造业诱致性技术进步与就业
WOGUO ZHIZAOYE YOUZHIXING JISHU JINBU YU JIUYE

出版
发行　中国金融出版社

社址　北京市丰台区益泽路 2 号
市场开发部　（010）66024766，63805472，63439533（传真）
网上书店　　www.cfph.cn
　　　　　　（010）66024766，63372837（传真）
读者服务部　（010）66070833，62568380
邮编　100071
经销　新华书店
印刷　涿州市般润文化传播有限公司
尺寸　169 毫米 ×239 毫米
印张　16.75
字数　236 千
版次　2024 年 11 月第 1 版
印次　2024 年 11 月第 1 次印刷
定价　76.00 元
ISBN 978 - 7 - 5220 - 2543 - 8
如出现印装错误本社负责调换　联系电话（010）63263947

前　言

党的二十大报告指出，要推进新型工业化，加快建设制造强国，推动人工智能与制造业深度融合发展。近年来，我国劳动力成本不断上涨，企业会"被动"选择投入先进的机器设备来提高劳动生产率。同时，随着智能化机械设备实现量产、价格下降，企业会更加"主动"选择大规模应用先进机器设备投入生产。在先进设备投入使用的过程中，制造业不断实现技术进步。但是，制造业通过机械化、智能化改造升级实现的技术进步，主要是因为劳动力成本不断攀升所诱致，还是因为机械设备价格下降所诱致？这个问题值得研究。若是前者，技术进步是被动补充日益昂贵的劳动力，对就业不会产生较大影响；若是后者，技术进步是以成本优势主动替代劳动力，对就业影响将更加严重。我国是人口大国，就业压力一直较大，尤其是在加速推进人工智能与制造业深度融合背景下，稳就业就是稳经济、稳预期、稳民生，判断制造业技术进步诱因变得更加重要。因此，本书尝试分别从理论和实证两个维度进行深入研究。

从理论维度，本书首先采用上下游企业间动态博弈模型，叠加要素价格，考察了要素价格变化如何诱致制造业技术进步，并通过比较劳动力成本、资本价格对技术进步的影响，来判断制造业技术进步诱因。其次，根据厂商利润最大化理论、边际技术替代率理论梳理要素价格诱致技术进步的内在机理，发现要素价格主要通过要素替代效应、人力资本效应、创新投入效应等途径诱致技术进步。进一步，为考察诱致性技术进步对就业的影响机理，本书采用两期分布滞后模型，得出诱致性技术进步会减少就业的理论命题，并根据"资本—技能"假说，得出制造业诱致性技术进步会促进高技能劳动力就业，减少非技能劳动力就业，提高企业职工教育培训支出可稳定非技能劳动力就业的理论命题。

从实证维度，本书使用上市公司的面板数据检验上述理论命题，并发现：(1) 工资上涨、资本价格下降均会诱致制造业技术进步，但工资上涨对制造业技术进步的作用强度高于资本价格下降对制造业技术进步的作用强度。由此判断，我国制造业技术进步属于劳动诱致型，该类型技术进步对就业不会产生严重威胁。(2) 工资上涨通过利润倒逼效应、要素替代效应、人力资本效应、创新投入效应、市场消费需求效应渠道促进制造业技术进步，且主要通过提高人均研发支出、提高人均机器设备、增加市场消费需求三种途径促进技术进步。资本价格下降通过利润激励效应、要素替代效应、人力资本效应、创新投入效应促进制造业技术进步，增加电子设备投入、增加行业使用新技术经费两种途径效果最明显。因此，要素价格诱致制造业技术进步主要通过提高资本投入途径实现，且实证检验得出更倾向投入智能化程度更高的电子设备，使得制造业技术进步更加智能化。(3) 劳动诱致型技术进步虽然对就业不会造成严重威胁，但是也会在一定程度上吞噬就业，不过，当投入更加智能的电子设备时，对就业的冲击会减弱，可认为技术进步智能化程度越高，将对就业变得友好。从就业结构上，诱致性技术进步会促进技能劳动力就业，威胁非技能劳动力就业。并且，技术进步智能化程度越高，对高技能劳动力的需求越强，而对低技能劳动力的替代越弱，再次证明更加智能的新一轮技术革命属于就业友好型。那么，为实现制造强国促进产业升级，可以加快人工智能与制造业深度融合。当然，实现产业升级的同时，也要稳定就业。而稳定制造业就业的关键在于如何促进非技能劳动力就业，并提高整体人力资本水平。进一步，本书验证了增加企业职工教育经费支出可有效减弱诱致性技术进步带来的就业冲击，为稳就业政策选择提供经验依据。

基于此，从加快人工智能与制造业深度融合过程中稳定制造业就业角度考虑，本书提出了相应政策建议，不仅要加快实现制造业新旧动能顺畅转换，促进人工智能与制造业深度融合，也要加强技能教育培训、优化教育结构、完善社会保障，满足智能化更高的技术进步对高人力资本需求，在兜牢就业安全网的同时，推动实现制造业高质量发展。

目 录

第1章 研究背景介绍 … 1
1.1 研究背景与意义 … 1
1.1.1 研究背景 … 1
1.1.2 研究意义 … 4
1.2 相关重要概念界定 … 5
1.2.1 劳动诱致型技术进步 … 5
1.2.2 资本诱致型技术进步 … 6
1.2.3 资本价格 … 7
1.3 研究方法与框架 … 8
1.3.1 研究方法 … 8
1.3.2 研究框架 … 9

第2章 制造业技术进步与就业的研究综述 … 11
2.1 制造业技术进步诱因 … 11
2.1.1 技术进步变迁 … 11
2.1.2 诱致性技术进步 … 13
2.1.3 技术进步的其他影响因素 … 19
2.2 资本投入与技术进步 … 21

  2.2.1 资本深化与资本体现式技术进步 ·················· 21
  2.2.2 资本价格与技术进步 ·························· 27
  2.2.3 全要素生产率与技术进步不完全等价 ············· 32
 2.3 技术进步与制造业就业 ································ 33
  2.3.1 资本偏向型技术进步与就业 ···················· 34
  2.3.2 机器人的就业替代效应与补偿效应 ··············· 36
  2.3.3 技术进步与制造业就业的政策选择 ··············· 40
 2.4 现有研究述评 ·· 41

第3章 中国制造业技术进步诱因及就业效应的理论分析 ······ 43
 3.1 中国制造业技术进步诱致性因素的机制分析 ·············· 43
  3.1.1 设备输出部门与制造业部门的两部门模型 ········· 43
  3.1.2 制造业诱致性技术进步的理论模型 ··············· 47
 3.2 中国制造业诱致性技术进步的路径分析 ·················· 50
  3.2.1 要素价格诱致技术进步的利润效应 ··············· 50
  3.2.2 劳动诱致型技术进步的机制分析 ················· 57
  3.2.3 资本诱致型技术进步的机制分析 ················· 61
 3.3 中国制造业技术进步就业效应的机制分析 ················ 63
  3.3.1 制造业技术进步就业效应的理论推导 ············· 64
  3.3.2 制造业资本—技能关系的理论分析 ··············· 67
 3.4 本章小结 ·· 68

第4章 中国制造业技术进步诱致性因素的实证研究 ············ 71
 4.1 计量模型与数据说明 ·································· 71
  4.1.1 计量模型 ··································· 71
  4.1.2 数据说明 ··································· 75
 4.2 要素比价对制造业技术进步影响的实证检验 ·············· 85

  4.2.1 基准回归 …………………………………………… 86
  4.2.2 内生性检验 ………………………………………… 91
  4.2.3 稳健性检验 ………………………………………… 98
  4.2.4 异质性分析 ………………………………………… 105
 4.3 要素价格对制造业技术进步影响的实证检验 ……………… 110
  4.3.1 基准回归 …………………………………………… 111
  4.3.2 内生性检验 ………………………………………… 115
  4.3.3 稳健性检验 ………………………………………… 119
  4.3.4 异质性分析 ………………………………………… 127
 4.4 本章小结 ……………………………………………………… 132

第5章 中国制造业诱致性技术进步内在机理的实证研究 ………… 134
 5.1 计量模型与数据说明 ………………………………………… 134
  5.1.1 计量模型 …………………………………………… 134
  5.1.2 数据说明 …………………………………………… 139
 5.2 要素价格变化诱致技术进步的利润效应 …………………… 143
 5.3 劳动诱致型技术进步：工资上涨诱致技术进步的
   中介效应 ……………………………………………………… 146
  5.3.1 要素替代效应 ……………………………………… 147
  5.3.2 人力资本效应 ……………………………………… 153
  5.3.3 创新投入效应 ……………………………………… 159
  5.3.4 市场需求效应 ……………………………………… 160
  5.3.5 工资上涨诱致技术进步传导机制的贡献分解 …… 162
 5.4 资本诱致型技术进步：资本价格下降诱致技术进步
   中介效应 ……………………………………………………… 164
  5.4.1 要素替代效应 ……………………………………… 164
  5.4.2 人力资本效应 ……………………………………… 168

5.4.3　创新投入效应 170
　　5.4.4　资本价格下降诱致技术进步传导机制的贡献分解 172
5.5　本章小结 173

第6章　中国制造业诱致性技术进步就业效应的实证研究 175
6.1　计量模型与数据说明 175
　　6.1.1　计量模型 175
　　6.1.2　数据说明 177
6.2　中国制造业技术进步就业效应的实证检验 179
　　6.2.1　制造业技术进步影响就业的路径选择 179
　　6.2.2　制造业技术进步就业效应的基准回归 183
　　6.2.3　横向维度：异质性分析 187
　　6.2.4　纵向维度：趋势性分析 200
6.3　中国制造业资本—技能替代与互补的实证检验 208
　　6.3.1　计量模型与指标说明 208
　　6.3.2　制造业资本—技能替代与互补的实证分析 210
　　6.3.3　制造业资本—低技能政策检验的实证分析 214
6.4　本章小结 219

第7章　制造业智能化发展背景下稳就业的政策建议 221
7.1　优化创新要素支撑力度 221
7.2　释放国内消费潜力，从需求端拉动新旧动能转换 222
7.3　深化体制机制改革，优化新旧动能转换市场环境 223
7.4　加强技能教育培训，稳定非技能劳动力就业 223
7.5　优化教育结构，建立高人力资本后备军 224
7.6　完善社会保障，为失业人员提供"安全网" 225

参考文献 226

第1章 研究背景介绍

1.1 研究背景与意义

1.1.1 研究背景

技术进步在社会发展中一直扮演着重要角色。以蒸汽机、电气、电子计算机为代表的三次科技革命,彻底改变了人类社会的生产关系及生产方式,工业生产中动力机器代替手工劳动是技术进步最直观且最具颠覆性的表现。19世纪初,处于工业革命时期的英国曾因此爆发了手工业者捣毁机器、抵制机械化大生产的"卢德运动"。凯恩斯在《我们后代的经济前景》中也曾提出"技术进步导致失业",即技术性失业(Technological Unemployment),意指技术进步、机器和设备替代人的趋势加强,造成失业。技术性失业是伴随技术水平不断提高、机器能力持续迭代上升而长期存在的经济现象。但是,三次工业革命发生后,并没有出现大的失业浪潮,反而因为生产率的大幅提升,生产规模扩大,促进了就业。

目前以互联网和信息技术为基础,以人工智能和大数据为引领的第四代技术革命发展迅猛,对就业的影响广受社会各界关注。有不少学者和新闻报道也纷纷论证新一轮技术革命对就业冲击非同以往,更具攻击性,一时引起社会各界担心。例如,Frey和Osborne(2013)经测算得出美国的行业就业可被电脑化替代的比率高达47%。孙文凯等(2018)测算中国的替代率与美国相差无几,可达45%,企业及各类单位的就业可被人工智能替代1.9亿人。麦肯锡同年宣布，截至2030年，自动化机器人将替代全球8亿多劳动者的就业岗位，是目前全球劳动力的20%。①更值得担心的是，工业机器人使用成本逐渐低于人工成本，2016年我国制造业一线员工的平均工时为15元/时②，2017年上涨至27.46元/时③，而20kg负载六关节机器人的小时成本为18.14元。④尤其是在工业机器人逐渐实现批量生产，价格实现相对降低（杨光，侯钰，2020），成本优势逐渐凸显，将显著拉低使用门槛。再加上工业机器人产品不断进步，会更加吸引企业倾向投入生产效率更高的工业机器人来替代对应岗位的劳动力（Acemoglu 和 Restrepo，2020）。供给充足且具有成本优势的先进机器设备对就业具有主动"攻击性"，或对我国制造业就业存在威胁。

但是，有些学者认为不用过于担心，并将此现象归咎为劳动力市场供给减少所致。劳动力供给减少、工资上涨是不争事实，根据国家统计局公布数据，2011—2018年，我国劳动年龄人口数量持续下降，降幅超2600万人，制造业就业人员平均工资一直上涨，年均增速高达11.22%。劳动年龄人口的持续减少直接导致劳动力市场中劳动供给减少，供不应求，致使工资上升、劳动力成本提高，这需要通过技术进步和提高资本有机构成来弥补，刺激经济增长（隋澈，周晓梅，2014）。这些现象意味着在劳动力市场供给减少、工资上涨背景下，企业会被动采取技术进步方式，引进大量先进机器设备，提高生产率，保持增长。在2016年"中国劳动经济学年会"上，中国就业研究所所长曾湘泉提出劳动供给减少导致人工成本上升，提高生产效率会成为企业首选，那么技术替代劳动或将成为未来的趋势。⑤这似乎传递出一个信息：劳动力供给减少

---

① 搜狐新闻，"2018机器人代替人的时代将来临，你准备好了吗？"，2018年6月23日。
② 观研网，"2018年中国制造业困境：劳动力供给持续下降，成本持续上升"，2018年7月30日。
③ 根据国家统计局公布数据计算，计算方式为：制造业城镇单位就业人员平均工资/（一线生产工人周工时×4×12）。
④ 观研网，"2018年中国制造业困境：劳动力供给持续下降，成本持续上升"，2018年7月30日。
⑤ 东方财富网，"劳动力减少不是坏事，关键看企业怎么做"，2016年11月22日。

导致工资上涨，进而诱导企业选择投入更多机器设备，促进技术进步，即技术进步是顺应劳动供给减少而被动"补充"就业出现的结果，只要劳动力供给上升，技术进步对就业的替代自然就会下降，对就业不存在攻击性。

那么，技术进步到底是由于资本供给更加便宜所诱致，还是由于劳动供给更加昂贵所诱致？

厘清这个问题非常重要。如果是后者，技术进步属于被动适应于劳动供给减少，对就业并不会造成太大伤害；反之，如果技术进步是由于工业机器人等先进机械设备价格下降、技术进步成本更低诱致，具有成本优势和边际产出优势的机械设备将会替代更多劳动力，引发失业问题。中国是人口大国，就业压力较大，稳就业是头等大事，因此，对该问题的研究至关重要，也具有较强现实意义。

基于此，本书拟从理论分析和实证检验两个方面探讨中国制造业技术进步诱因及就业效应问题。

理论维度，首先，基于动态博弈均衡理论，梳理设备输出部门、制造业部门间生产设备输出、引进过程，依据厂商利润最大化条件，推导生产设备价格、劳动力成本如何影响制造业部门技术进步的理论模型；进一步从制造业企业视角再次推导要素价格影响制造业技术进步的理论模型，由此提出劳动诱致型技术进步、资本诱致型技术进步概念，并根据要素价格影响制造业技术进步作用程度不同，提供判断我国制造业技术进步类型的依据。其次，基于微观经济学理论基础，梳理要素价格诱致制造业企业技术进步的内在机理。最后，基于技术进步偏向性假设，充分考虑就业黏性问题，采用两期分布滞后模型，推导制造业企业在实现成本最小化条件下，工资上涨、资本价格下降在诱致制造业技术进步的同时影响就业数量的理论模型；进一步，根据Griliches提出的"资本—技能"理论假说，梳理要素价格诱致制造业技术进步如何改变就业结构。

实证维度，本书使用Wind数据库公布的制造业上市公司微观面板数据进行经验分析。与理论分析对应，首先，实证检验中国制造业技术进步的诱致性因素，即检验工资上涨、资本价格下降对制造业技术进步的影响，判断我国制造业技术进步属于劳动诱致型还是资本诱致型，为客观看待制造业技术进步与就业关系提供依据。其次，实证检验中国制造业诱致性技术进步的内在机理，即建立中介效应模型分别检验工资上涨、资本价格下降诱致制造业技术进步的路径选择。再次，实证检验中国制造业诱致性技术进步的就业效应，即检验要素价格诱致制造业技术进步的同时改变了就业数量和就业结构，并据此检验稳就业的政策选择。最后，针对实证结论，提出合理且具有可行性的政策启示。

1.1.2 研究意义

1. 理论意义

通过梳理国内文献，发现少有研究制造业技术进步诱因的内容，因此，在理论层面，本书尝试对要素价格诱致制造业技术进步的理论做有益补充。以要素价格变化改变要素投入结构→诱致制造业技术进步→影响制造业就业数量和结构为研究路线，系统探讨制造业技术进步诱因，判断制造业技术进步类型，分析其就业效应。理论的边际贡献包括：

首先，为判断要素价格如何诱致制造业技术进步提供理论依据。本书采用设备输出部门、制造业部门的上下游企业间动态博弈模型，叠加要素价格，依据厂商利润最大化理论进行推导，并进一步从制造业企业视角再次推导要素价格影响制造业技术进步的理论模型，进而提出工资上涨、资本价格下降均可诱致制造业技术进步这一理论命题，可根据两种要素价格作用强度不同判断制造业技术进步类型。

其次，对要素价格诱致制造业技术进步的路径选择做有益补充。目前大多数文献将视线聚焦在劳动力成本上涨影响制造业技术进步的路径，而鲜有提及资本价格下降通过何种渠道诱致制造业技术进步。基于此，本书根据相关微观经济学理论，补充性提出资本价格下降可通过要素替代效应、人力资本效应、创新投入效应来促进制造业技术进步。

2. 现实意义

在实践上，厘清制造业技术进步到底是由技术供给更加便宜所诱致，还是由劳动力成本持续攀升所诱致，对客观认识技术进步对就业会产生何种影响至关重要。如果是后者，说明技术进步是顺应劳动供给减少而被动"补充"就业出现的结果，对就业不会产生严重威胁，反而可促进制造业企业积极引进先进机器设备，促进技术进步，实现产业升级；反之，如果技术进步是由工业机器人等先进机械设备价格下降、技术供给成本更低诱致，意味着工业机器人会凭借成本优势主动替代劳动力，威胁制造业就业。"稳就业"是目前我国经济发展中的头等大事，因此，对该问题的判断具有较强的现实意义。

此外，党的十九大报告提出要实现人工智能与制造业的深度融合，助力制造业转型升级，实现制造强国。但以人工智能为代表的第四轮工业革命将"技术进步吞噬就业"论重新推向大众视野，引起各界担心。因此，在判断我国制造业技术进步类型的基础上，更有必要分析随着技术进步更加智能化，其对就业的影响是否发生改变，是进一步吞噬就业，还是缓解了就业冲击。基于此，本书根据智能化程度不同，将投入的固定资本类型分为智能化程度一般的机器设备和智能化程度更高的电子设备，从横向和纵向维度，并考虑制造业企业异质性，验证了技术进步更加智能化对就业的冲击发生弱化，属于就业友好型。该结论为国家同时推进"人工智能与制造业深度融合"和"稳就业"两大政策目标提供支持依据。同时，本书实证结论"稳定制造业就业的关键在于促进非技能劳动力就业"，或可成为同时实现制造业技术进步与"稳就业"目标的政策突破口。

1.2 相关重要概念界定

1.2.1 劳动诱致型技术进步

鉴于希克斯提出的"诱致性创新"理论，本书对劳动诱致型技术进步概念作进一步界定。目前来看，劳动要素短缺、边际产出相对较低、工资持续上涨，加重企业生产负担，为实现利润最大化，企业更倾向选择边际产出较高、相对价格下降的资本要素来提高产出，获取利润。工资上涨诱使企业增加生产设备等固定资本投入，提高劳动生产率，加之蕴含在先进设备中的先进技术，可促进制造业技术进步。因此，本书提出，由工资上涨诱致的制造业企业技术进步称为劳动诱致型技术进步。

劳动诱致型技术进步可以认为是在劳动力供给减少情况下，先进机器设备对制造业就业的被动"补充"，对就业不具有主动攻击性。若可判断目前我国制造业技术进步属于劳动诱致型，那么，对技术进步中的就业问题则无须过度担心。

1.2.2　资本诱致型技术进步

与劳动诱致型技术进步相对应，资本诱致型技术进步是指由资本价格下降诱致的技术进步。

具体而言，随着技术进步与先进机器设备在工业生产中的大规模应用，相较普通劳动力，机械设备尤其是工业机器人的竞争优势逐渐凸显（Brynjolfsson 和 Mitchell，2017；Frey 和 Osborne，2017）。即使初期只有少数企业选择使用先进机器设备，但随着"第一个吃螃蟹"的企业生产规模逐渐扩大，经济效益凸显，其他同质企业会跟风投入使用先进机器设备，导致先进机器设备需求大幅增加，刺激机器设备生厂商不断扩大生产规模，增加供给，导致设备价格相对降低（杨光，侯钰，2020）。鉴于"诱致性创新"理论，机器设备价格相对下降、供给充足、边际产出提高，会诱使企业引进更多高效率先进机器设备，促进技术进步的同时也取代了对应岗位的劳动力（Acemoglu 和 Restrepo，2020）。因此，由生产设备价格相对下降诱致企业投入更多先进机器设备导致的技术进步，称为资本诱致型技术进步。

资本诱致型技术进步可理解为先进机器设备凭借使用成本下降、供给充足、生产效率更高等优势，"主动"替代制造业企业部分岗位劳动力，冲击就业。尤其地，工业机器人强调"自动化"在规模工业生产中的应用，对劳动力市场带来的影响和冲击更直接、更深远（孔高文等，2020）。如果判断得出我国制造业技术进步属于资本诱致型，则需要提高警惕，谨慎平衡先进机器设备（尤指工业机器人）的使用与制造业就业问题。

1.2.3　资本价格

在多数研究中，学者常采用贷款利率 r 来衡量资本价格，该资本涵盖了生产所用的通用设备、专用设备、办公设备、厂房、运输设备等所有维持企业生产运营的所有固定资产。而本书研究的资本仅指生产所用机械设备，若仍采用贷款利率衡量机器设备价格略显偏颇。现有数据库虽未公布机器设备价格，但可通过计算得出，本书采用机械设备总额/购入机器设备数量比值来衡量。

关于机械设备总额，上市企业年报中将房屋及相关建筑物、机器设备、办公设备、交通运输设备、其他设备归纳为固定资产项目中，其中，机器设备期末余额即为目标数值。但该数据披露较少，不足以支撑实证检验，故本书从国泰君安数据库中整理得到上市企业的固定资产设备，仅筛选生产设备、通用设备、专用设备期末余额，加总求和得到机器设备总额，并以上市企业证件代码（如000008）为准则，筛选与样本企业匹配数据。最后，使用分省市设备、工器具购置的固定资产投资价格指数对原始数据进行平减，以 2007 年为基期，计算得到上市企业每年机器设备期末余额的实际值。

此外，企业购买机器设备数量因未在年报中披露，无法直接获取，只能采取替代指标"曲线救国"。通常来讲，企业当期生产的产品数量直接受同期机器设备数量、质量影响，在产出效率保持稳定的前提下，若同期引进更多同质机器设备，产品数量会有所增加；若引进的机器设备更加先进，产出效率提高，也会引起产量增加。由此，可大致判断企业当期生产产品数量与同期购置机器设备数量具有正相关关系，故可采用当期企业生产的产品数量替代同期购买机器设备数量，进而大致衡量机器设备价格变化。换个角度来解释，机器设备期末总额/产品数量表示企业单位产品所涵盖的机器设备成本，恰好与人均薪酬概念对应，两者均表示单位生产要素成本。

1.3 研究方法与框架

1.3.1 研究方法

本书在研究过程中主要运用以下几种方法：

1. 理论分析与经验研究相结合

本书融合理论分析和实证分析进行研究，在理论上分别构建要素价格变化诱致制造业技术进步机制、要素价格变化诱致制造业企业技术进步路径选择、制造业技术进步就业效应机制，提出相应命题。根据理论命题，采用实证方法分别验证要素价格变化对制造业技术进步影响，判断制造业技术进步类型，检验要素价格变化促进技术进步路径选择，辩证分析制造业技术进步与就业关系。理论与实证逐一对应，层层深入阐述研究思路与研究结果。

理论研究基础涉及生产理论、动态博弈均衡理论、要素替代理论等，据此构建数理经济模型，提供实证检验的计量模型。在经验研究方面，统计性分析为本书提供了定量研究基础，计量经济学等高级计量方法为本书提供定性分析基础，包括固定效应模型、系统GMM分析方法、差分GMM分析方法、多重共线性检验、中介效应检验等。将理论体系与实证研究相结合，为研究提供更加科学可靠的分析基础。

2. 理论分析、实证研究与实际政策相结合

理论分析框架不仅能够有效准确把握问题实质，而且能够把握事物长期发展规律，为系统分析实际经济社会问题提供了有效手段，回答事物发展的"为什么"。实证研究基于理论分析的基础上，验证事物发展的逻辑和合理性。而实际政策制定则回答了"怎么办"，针对提出的问题提出解决办法。立足实际问题的政策，一是能够解决理论分析发现的问题，二是能够在制定政策时明晰解决问题的内在思维模式，使政策满足合理性、可行性、精准性。本书将理论基础与实际政策相结合，可以为有效政策制定提供充分理论依据，而实证分析提供了经验证据。

3. 整体与部分相结合

同一问题从不同维度分析具有不同内在机理，在不同部分内又表现出不同特征。本书在理论和实证分析中，从整体开始，分别分析工资上涨、资本价格下降对整个制造业技术进步存在何种影响；再从部分出发，从横向维度，根据制造业企业异质性，诸如产业属性、要素密集度、地理位置、规模等不同角度，分别检验要素价格变化对不同类型制造业的不同影响，并从差异中寻找政策突破口。从纵向维度，分析差异的趋势性。

整体和部分、横向和纵向相结合的分析，需要依靠设置虚拟变量方法实现，即根据研究问题设置相关的哑变量进行分析判断，这是常用的计量方法之一。

1.3.2 研究框架

本书分为7章，其中第3章至第6章是本书关键，第3章是理论分析，第4章、第5章和第6章是实证检验。本书安排框架的逻辑是通过理论分析得出命题，采用实证分析验证命题。

第1章，研究背景介绍。本章主要介绍了选题背景、研究意义、研究思路、研究方法、研究框架，界定相关重要概念，包括劳动诱致型技术进步、资本诱致型技术进步、资本价格。

第2章，制造业技术进步与就业的研究综述。本章按照技术进步诱因、资本投入与技术进步、制造业技术进步与就业这一逻辑梳理国内外相关文献。文献综述是行文的基础，在一定程度上为文章的研究提供构建理论和实证模型的思路，具有一定参考和引导价值。

第3章，中国制造业技术进步诱因及就业效应的理论分析。本章立足实际国情构建相关理论模型，包括：(1) 基于动态博弈均衡理论、厂商利润最大化理论，梳理设备输出部门、制造业部门间生产设备输出、引进过程，进而推导要素价格变化影响制造业技术进步理论模型，提供判断我国制造业技术进步类型的依据。(2) 梳理要素价格变化诱致制造业技术进步的内在机理，如工资上涨的利润倒逼效应、要素替代效应、人力资本效应、创新投入效应、市场消费需求效应，资本价格下降的利润激励效应、要素替代效应、人力资本效应、创新投入效应机制。（3）在要素价格改变要素投入的基础上，梳理制造业技术进步与就业关系，重点分析资本投入与技能劳动力关系。

第4章，中国制造业技术进步诱致性因素的实证研究。核心内容包括：（1）检验工资/机械设备价格比变化如何影响制造业劳动生产率变化，验证命题，并进一步做内生性检验、稳健性检验和异质性分析。（2）检验制造业技术进步对哪种生产要素价格变化更敏感，判断中国制造业技术进步类型，并在基准回归基础上做内生性检验、稳健性检验和异质性分析。

第5章，中国制造业诱致性技术进步内在机理的实证研究。核心内容包括：（1）检验工资上涨促进制造业技术进步的利润倒逼效应、资本价格下降促进制造业技术进步的利润激励效应。（2）检验工资上涨诱致制造业技术进步的各中介效应、总效应及各中介效应在总效应中的占比。（3）检验资本价格下降诱致制造业技术进步的各中介效应、总效应及各中介效应在总效应中的占比。

第6章，中国制造业诱致性技术进步就业效应的实证研究。核心内容包括：（1）检验要素价格变化如何改变要素投入，分别采用企业固定资产总额、电子设备期末余额来代替机器设备总额做稳健性检验。（2）检验以资本/劳动比来衡量的企业技术进步又将如何影响企业员工就业，结合横向维度的异质性分析和纵向维度的趋势性研究做进一步讨论。（3）根据资本—技能互补/替代假说，验证生产设备与劳动力间的互补、替代关系，基于研究结论，检验政策选择。

第7章，制造业智能化发展背景下稳就业的政策建议。根据本书研究结论，立足推进人工智能与制造业深度融合过程中稳定就业的目标，本书从加快实现制造业新旧动能顺畅转换促进人工智能与制造业深度融合、加强技能教育培训、优化教育结构、完善社会保障等角度提出具有一定针对性和可行性的政策建议。

第 2 章 制造业技术进步与就业的研究综述

本书研究的主要内容包括厘清制造业技术进步是由工资上涨诱致，还是由资本价格下降诱致，并以此为切入点，探讨生产要素价格变化诱致制造业技术进步的路径，分析制造业诱致性技术进步对就业产生的影响。基于此，本章按照制造业技术进步诱因、资本投入与技术进步、制造业技术进步与就业这一逻辑梳理国内外文献，奠定本书研究基础。

2.1 制造业技术进步诱因

2.1.1 技术进步变迁

技术变迁是企业发展过程中由大量非线性链接的模块组成的一个复杂系统，可快速演化，在企业生产、管理等方面发挥重要作用（John Ziman，2002），是新技术对旧技术的继承与发展，类似生物学中的进化过程（Mayr，1991），具有间断和循环特征（Abernathy 和 Clark，1985）。其实，企业在生产经营过程中任何要素的变化都可归为技术变迁范畴，技术变迁的本质是企业知识的变化，表现在自身技术的突破或先进技术进步代替原有技术进步（解学梅，曾赛星，2009），且总是由简单转向复杂、由低级转向高级（Hung 和 Tang，2008），这正是企业经济增长的动力源（Samuelson，2004）。

新古典学派和演化经济学派对技术变迁的描述存在差异，前者基于诱导型创新理论，认为技术变迁是不断调整资源配置促进技术进步进而实现企业生产经营目标的过程；后者基于"Schumpeter 演化论""波特假说"，认为技术变迁过程包括创新、发明和扩散整合三个步骤（Shleifer，1997）。大多学者认为演化经济学派对技术变迁的探索值得借鉴，例如，马克思、凡勃伦和熊彼特等经济学家认为探索技术变迁需从动态和演化的观点出发。最具代表性的便是熊彼特的"创造性破坏"理论，其认为创新是技术变迁的基础，企业的技术变迁是在"创造性破坏"产生的创新中实现"产业变革"（Liu 和 Buck，2007）。新熊彼特学派提出技术变迁在发明、创新、扩散等阶段要注重知识积累和创造过程，并提出了著名的技术生命周期理论和"A – U 模型"（Abernathy，1985）。

本书研究制造业技术进步的切入点是新古典学派的诱致性创新理论，并基于经验分析判断我国制造业技术进步的主要诱致性因素。

鉴于技术变迁的内涵，可以认为技术进步是不断调整要素投入使资源得到优化配置，并在此过程中利用知识积累、优化管理、完善制度等实现创新。

若结合国家经济发展，在开放条件下，对后发国家来说，技术进步方式分为两种，一是引进式技术进步，通过投资新技术、新设备、新管理等实现，对中短期经济发展具有较强促进作用；二是原发式技术进步（龙少波等，2020），引进式技术进步在"卡脖子"技术方面受制于发达国家，若想实现技术自由，必须突破瓶颈，加强研发力度，实现自主创新。

改革开放以来，中国的技术进步变迁同样经历了由引进式技术进步向原发式技术进步的变革，以 2010 年为转折点（方福前，邢伟，2017），2000—2010 年为引进式技术进步的上升时期和巅峰时期，2011 年至今，由于深化改革利于原发式技术进步，引进式技术进步进入衰退期。我国引进式的技术进步是以资本要素为载体，包括引进先进设备和生产线、购买专利、吸引外商投资三种方式（袁江，张成思，2009）。但随着我国制造业在世界制造业中的地位逐渐提高，近年来以美国制裁华为、中兴等企业、限供核心零部件等为典型的中美贸易纠纷，可深刻认识到我国制造业整体技术水平尤其是高端制造业的技术水平与国际前沿还有很大差距，核心技术受制于人（叶祥松，刘敬，2020）。

中国技术进步具有阶段性特征，初期的国际投资与贸易起到了重要作用，但新形势下出现了变化。谢建国和张宁（2020）利用1998—2007年的中美制造业四位数行业数据分析，发现中美贸易存在"技术溢出"效应，在贸易过程中中国技术水平在不断提高，但当中国技术进步水平逐渐逼近美国时，中美贸易技术溢出的"天花板效应"逐渐凸显，依靠贸易促进国内技术进步的难度随之加大，传统的贸易促进型策略失效，此时，提高国内技术进步水平的根本便是加大科技创新投入，激励并促进国内自主研发，实现科技自强。纵观中国70年的技术贸易历史，发达国家作为技术输出国对发展中国家技术引进的干预程度逐渐加深，尤其是中国作为大国迅速崛起，技术贸易过程中的尖端技术领域存在严重"卡脖子"问题，中国技术进步路径亟须从依赖技术贸易引进向自主研发创新转变（王曙光，郭凯，2020）。"十四五"规划提出要实现制造强国，则必须以技术进步方式革新为前提，由依赖资本引进式技术进步转为原发式技术进步，强化自主创新能力，突破"卡脖子"技术，真正实现技术自由，实现经济增长方式由要素驱动型转为创新驱动型。

综上所述，中国制造业的技术变迁是由依赖资本引进式向自主创新原发式转变，在此过程中，机器设备一直作为技术进步的载体被运用于制造业的各个环节，无论是引进先进的生产线、专利，还是自主创新研发，最终都要通过生产设备提高生产效率体现，这是本书研究制造业技术进步的基调。

2.1.2 诱致性技术进步

本书对劳动诱致型技术进步的定义：工资上涨诱致企业选择投入更多相对价格较低、供给相对充裕的资本要素，进而提高技术进步。

这一定义源于希克斯提出的诱致性创新理论。技术进步变迁理论中重要的理论之一是诱导型创新。英国经济学家 Hicks（1932）在《工资理论》（*The Theory of Wage*）中率先提出"诱致性创新"（Induced Inventions）理论，核心思想是要素价格的变化可导致技术进步偏向节约使用该要素。希克斯指出"生产要素相对价格的变化可刺激技术创新，该类技术创新的根本目标是节约使用变得日益昂贵的生产要素。过去的几个世纪中，资本的增长速度快于劳动，自然会刺激产生劳动节约型技术创新……我们称因要素价格变化导致的创新为诱致性创新。①"希克斯从理论角度，基于技术创新对不同生产要素边际产出作用的差异，提出劳动节约型（Labor - saving）、资本节约型（Capital - saving）、中性（Neutral）三种技术进步类型，该三种类型技术进步可分别提高资本要素边际产出、劳动要素边际产出、资本要素边际产出和劳动要素边际产出。

虽然在理论上可以将技术进步分为三种类型，但实际上"生产要素的根本稀缺必然是劳动的稀缺"，这样就导致劳动的相对价格变得日益昂贵，因此，多数技术创新的目的在于节约日益稀缺且相对价格日益上涨的劳动要素。正如希克斯所述"显而易见，劳动节约型创新更加普遍，虽然并非所有创新都是劳动节约型，但不可否认的是绝大部分创新都是劳动节约型。"

从希克斯的理论中可提炼出两点：一是实际经济生活中大多数技术进步类型为劳动节约型，二是劳动节约型技术进步可促进资本边际产出提高。鉴于此，制造业部门在决定生产要素组合时更倾向选择边际产出高、相对价格低的资本要素，支撑本书研究。

1. 劳动力成本与诱致性技术进步

希克斯提出的诱致性创新理论打开了学术界研究要素价格与技术进步关系的大门，相关文献相继而出，不断丰富和发展了诱致性创新理论（Ahmad，1966；Drandakis 和 Phelps，1966；Binswange，1978）。例如，Yujiro Hayami 和 Vernon Rutton（1971）的诱致性技术变迁理论将诱致性创新理论融入农业发展中，劳动力成本与机械设备价格的相对变化会诱致技术变迁，具体而言，当劳动力成本上升，会诱致农户使用农业生产机械替代劳动，提高农业发展过程中技术进步水平。

但部分学者也提出了质疑，例如，Salter（1960）指出企业更在意降

---

① Hicks, J. R. The Theory of Wages [M]. London: MacMillan Press, 1932.

低总成本，而非特定成本，当劳动力成本上升，企业的最终目的是提高技术水平降低成本，无论是节约更多资本还是更多劳动，只要能提高技术水平，均可行。从该角度来看，希克斯诱致性创新理论的不足之处是没有讨论要素之间的替代性，仅从要素价格角度着手，默认资本和劳动之间存在较大替代弹性，只要相对价格变化，就可采用一种生产要素替代另一种生产要素。

若考虑要素间的非完全替代关系，诱致性创新理论还成立吗？部分学者给出了回答。在诱致性创新理论框架下，Kennedy（1964）通过数理建立创新可能性边界，在验证劳动力成本上升会诱致企业创新的同时，也就要素替代弹性做了分析，认为当资本和劳动要素的替代弹性小于1时，劳动力份额只要稍有增加，都会导致企业选择劳动节约型技术进步，进而抑制劳动份额上升，保持资本劳动投入不变，在长期形成均衡。Samuelson（1965）对该结论做了补充，认为要素替代弹性小于1时，要素价格变化不会改变要素投入比例，但要素替代弹性大于1时，要素价格变化会改变要素投入的均衡状态。

Acemoglu（2002）提出的技术偏向理论是将要素价格、要素弹性与技术进步融为一体进行分析，补充和发展了诱致性创新理论。Acemoglu认为影响技术进步偏向的因素有两种：一是"规模效应"，指技术进步偏向价格便宜且供给充足的生产要素，倾向提高该要素的边际生产力；二是"价格效应"，指技术进步偏向价格昂贵且相对稀缺的生产要素，倾向提高该生产要素的边际生产力。当要素替代弹性较低时，价格效应起主导作用；要素替代弹性较高时，规模效应起主导作用。

偏向性技术进步理论与诱致性创新理论存在本质区别。偏向性技术进步是基于要素替代弹性大小的假设进行的技术方向选择，当资本和劳动生产要素替代弹性小于1时，劳动力成本上涨会促使企业提高劳动生产效率的技术进步；当资本和劳动要素的替代弹性大于1时，劳动力成本上涨会促使企业选择劳动节约型技术进步。Madsen 和 Damania（2001）、Marquetti（2004）、Acemoglu 和 Finkelstein（2008）、Acemoglu（2007，2009）从实证角度验证了劳动力成本上涨与有偏技术进步的关系。例如，Marquetti（2004）验证了工资上涨会促进劳动偏向型技术进步。

上述研究中，无论技术进步的偏向性如何，都可得出劳动力成本上升总会促进企业技术进步这一结论。

此外，创新性行为通常发生在企业低利润时期，当企业处于高利润时期，成本往往较低，企业能获取充足利润，此时大多数企业都不会积极寻找更先进的技术，更新生产方式、重新组织生产以提高技术进步水平（Clakson 和 Miller，1982）。只有当企业面临生存压力时，才会主动寻求重大创新，改变生产方式（Cyert 和 March，1963）。所以，对于劳动密集型企业，劳动力成本上升会降低企业竞争力，企业为了获得利润，自然会选择提升技术水平，进而提高竞争力。例如，David（1975）在研究美国工业发展时发现，当工资快速上涨时，企业通常会采用技术进步来缓解成本上升压力。

企业面对劳动力成本上升，大多倾向选择投入更多资本来替代劳动，资本的积累有利于企业进行创新（Vergeer 和 Kleinknecht，2007）。Broadberry 和 Gupta（2006）同样验证了这一论点，员工的高工资极大程度地促进了19世纪美国和英国工业发展中的技术进步。内生经济增长理论也曾提出高工资可激励技术创新，例如，Romer（1986）提出企业的创新能力会随着工资的减少而下降，高工资反倒会诱导企业创新。以利润最大化为目标的企业，当劳动力成本上升导致企业利润率下降时，企业会寻求其他途径来维持利润，多数情况下，企业倾向选择投入资本进行创新来提高生产率，这也是最具效率的方式。

但是，需要注意，不同行业由于技术要求不同、使用要素禀赋不同，对于劳动力成本上升的反应具有异质性。例如，劳动密集型行业，当劳动力成本上升时，该行业所受冲击最大（Lemos，2007；Manning，1995等）。原因在于，一是劳动密集型行业要素投入偏向劳动，劳动力成本是其生产成本的主要部分，工资一旦上涨会大幅增加企业成本压力。二是相较于资本密集和技术密集型行业，劳动密集型行业生产的产品附加值较低，利润较低，对成本变化反应更为敏感，一旦劳动力成本上升，就会显著降低利润。为缓解经营压力，企业必须提高竞争力，除了提高管理效率，更要增加研发投入，提高产品附加值。

相较于国外研究，国内研究同样支持劳动力成本上涨诱致技术进步这一结论，例如，林炜（2013）基于内生增长模型及知识生产函数，利用1998—2007年中国工业企业数据库来分析劳动力成本上升对企业创新能力的影响，发现随着劳动力成本上升，企业的创新能力也在上升。

工资大幅上涨会提高企业生产成本，但由于我国存在一定程度的工资管制，如各地的工资指导线、非工资性报酬审批及最低工资标准，短期内工资很难大幅下降。因此，为了缓解日益增长的劳动力成本带来的经营压力，企业大多倾向选择资本要素来代替劳动要素（袁福华，李义学，2009；成肖，李敬，2020）。

从另一个角度分析，国内不少学者认为较低水平的工资会导致企业懈怠更新先进生产方式或引进先进机械设备，致使企业困于"低工资—低产品附加值"的恶性循环泥潭（吕政，2003）。王佳菲（2010）同样指出中国工资水平长期较低是导致企业不愿增加研发投入的主要原因，尤其是在低端价值链有较多企业对先进设备均持有消极态度。这是因为，劳动者工资持续保持低水平，会极大降低低技术水平或劳动密集型行业企业的经营成本，延长无竞争力企业的生存时间，弱化企业间有序竞争意识，使企业陷入"低技术陷阱"，因此，低工资也是造成中国产业结构调整滞后的关键所在。工资上涨对于异质性行业技术进步的影响也不相同。张先锋（2014）的研究发现，劳动力成本上升会显著促进劳动密集型制造业不断创新，提高技术水平，但是对资本密集型、技术密集型制造业创新的影响并不显著。

导致技术进步的偏向资本要素的因素有很多。例如，在创新过程中，投入的资本生产弹性远远大于科研人员生产弹性，自然导致技术进步偏向资本要素投入，科研人员工资扭曲及企业自有的创新资金可强化资本偏向程度，但要素结构中的资本化程度及政府资助有时会弱化资本偏向（杨振兵，2016）。此外，杨翔等（2019）测算得出偏向性技术进步对我国工业技术进步的贡献日益突出，且要素集中偏向于资本和能源，提高贸易水平、加大研发强度、扩大企业规模、优化能源消费结构、加大国有经济比重可有效促进偏向性技术进步。尤其地，国际贸易对技术偏向性会产生较为重要的影响。王俊（2019）利用世界投入产出数据库（WIOD）和 WTO 数据库中中国行业层面数据进行研究，发现贸易自由化虽可显著促进技能偏向型技术进步，但同时致使技能溢价现象凸显。进一步地，罗知等（2018）采用中国 1997—2012 年的省级层面数据研究技术偏向问题，发现进口贸易可促进技术进步偏向资本投入，出口贸易对技术进步偏向无影响。具体而言，进口贸易在减轻工资扭曲程度的同时，使得资本与劳动的价格比明显低于两生产要素的边际产出比，从经济学理论角度分析，这一结果将诱使企业选择增加资本投入，减少劳动投入。

根据现有研究可梳理出企业技术进步应对工资上涨的行为变化：工资上涨—减少劳动投入、增加资本投入—资本深化—技术进步。这为本书构建理论模型提供依据。

2. 工资上涨的创造性破坏

劳动力成本上涨除了可促进企业技术进步，也会产生负面影响，如工资上涨的"创造性破坏"效应，对应于熊彼特的"创造性破坏"理论。

熊彼特的"创造性破坏"理论是指创新能力强的企业会凭借技术优势迫使低生产率企业退出市场竞争，技术进步存在一定的"创造性破坏"效应。可从两个方面阐述"创造性破坏"理论：一是高创新企业相较于低创新企业，更能接受持续上涨的高工资，原因在于依据产品创新优势，高创企业更容易获得差异产品的超额垄断租金，独具的工艺技能可以排除其他竞争者进入市场，具有一定垄断势力。二是高工资意味着高生产成本，会压缩利润，导致竞争力弱、盈利水平低的企业出现亏损，甚至退出市场。

本质上，高工资是促使熊彼特"创造性破坏"发生的诱因。劳动力成本上升，企业为避免利润率降低，只能提高生产率，途径有两个：一是低要素成本不足以维持利润率时，企业会通过技术创新、提高管理效率的方式来提高生产率，维持利润。二是高效率的企业将低效率企业挤出市场，扩大市场份额，维持利润率。可以说，工资上涨通过优胜劣汰的方式促使熊彼特"创造性破坏"发生，挤出非创新企业，这便是工资上涨的"创造性破坏"效应。但这未必是坏事，留下的企业技术水平高、生产率高、竞争力强，提高了整个社会的技术水平。而低工资会阻碍"熊彼特破坏机制"发挥作用，使企业创新呈消极趋势（Fleinknecht，1990，1998），不利于提高企业甚至整个社会的技术水平，逐渐陷入"低工资—低创新"的陷阱中（Fleinknecht 和 Remco 等，2006）。

工资决定理论中，其他条件不发生改变时，工资水平与劳动需求存在负相关关系。就我国现阶段来讲，劳动力供给未达到劳动力供给曲线拐点（钟晨玮，袁国敏，2018），那么适当提高工资可促进就业增长。

2.1.3 技术进步的其他影响因素

结合国内"双循环"经济发展新格局，可从内因和外因两个角度分析影响技术进步的因素。在内部因素中，研发投入、企业平均规模、资本强度、教育水平、产业结构对技术进步的促进作用较大，产学研合作对技术进步的促进作用较小；在外部要素中，技术引进、企业进口对技术进步的作用较大，企业出口和 FDI 则表现出一定的抑制作用（封伟毅，2018；郭界秀，2015）。由此说明内外部要素中均存在关键因素可促进技术进步，政府和企业双方均应更加重视资源最优化配置，同时加强引进先进技术和自主创新力度，从外部和内部"双管齐下"驱动技术进步。

同时，内部因素和外部因素会同时影响企业技术进步（封伟毅，2018）。出口贸易的"干中学"效应是发展中国家提高技术进步的关键途径，梁云和唐成伟（2013）利用中国 291 家高技术企业 2003—2009 年的调查数据研究出口贸易对技术进步的影响，研究发现出口贸易可促进企业技术进步，尤其是扩大企业规模、增加研发强度、明确产权制度更有利于出口贸易促进企业技术进步。可见，企业的内部因素可强化外部因素对技术进步的促进作用。

而国际贸易的开展对国内技术进步的影响存在差异。就贸易种类而言，出口中间品会产生显著的正向技术溢出效应，但进口中间品会遏制技术进步，这是因为作为出口企业，其自身在全球价值链分工中所处的地位、对产品技术的把控及对先进技术的吸收引进能力都能通过强化技术溢出效应促进技术进步，而进口中间品反而不存在该效应（陈颂，卢晨，2018）。

国际贸易环境的不确定性会对各个国家的技术进步产生影响，尤其是高技术产业，其技术进步更易受国际贸易环境的影响，贸易政策不确定性加深会严重遏制其技术进步水平。为保护高技术产业能顺利推进技术进步，知识产权保护制度应运而生。韩慧霞和金泽虎（2020）研究发现知识产权保护对贸易政策不确定性遏制技术进步存在"门槛"影响，当知识产权保护水平低于4.7时，贸易政策不确定性将可显著抑制高技术产业技术进步，当知识产权保护水平跨越4.7时，贸易政策不确定性即使提高也不会影响高技术产业技术进步。并且，发达经济体知识产权保护水平的门限值为5.3，高于新兴市场经济体的4.1。因此，基于目前全球贸易政策不确定性上升的实际，各经济体可依据自身情况加强知识产权保护力度，坚持创新驱动促进高技术产业技术进步。

国际资本流动同样可影响国内技术进步。首先，东道国的技术进步水平会直接影响到中国对外直接投资的技术进步效应（吴建军，2013），但一国的R&D投入及存量、人力资本水平、产业制度等因素是影响其是否能顺利获取国际技术外溢的关键（吴建军，仇怡，2009）。其次，在全球范围内，不同国家的资本流动会对我国技术进步产生不同影响，例如，邵玉君（2017）将中国引进外资、对外直接投资（OFDI）和技术进步放入同一理论模型，采用2004—2015年全球、美国、日本、欧盟的面板数据进行实证分析，发现美国、日本、欧盟对中国的FDI及中国对美国、日本、欧盟的OFDI对中国技术进步会产生负面影响，反而是其他国家或地区的FDI和OFDI可促进中国技术进步，并且，促进程度随这些国家的开放程度提高而加深。

一般而言，政府对促进国内技术进步水平提升的作用至关重要，但有研究表明，不同国家政府支出研发资助对技术进步有不同影响。例如，高收入水平的国家增加政府研发支出可显著促进技术进步，中低收入国家增加研发补助反而遏制技术进步；并且，按城市化水平高低、人口密集度区分，高城市化水平、人口密集度高的国家增加研发补助对技术进步的促进作用显著为正，而低城市化水平、人口密集度较低的国家却相反（李平等，2016）。

结合上述影响国内技术进步的原因分析，可为实证部分控制变量选取提供科学依据。

2.2 资本投入与技术进步

2.2.1 资本深化与资本体现式技术进步

1. 资本深化内涵

Samuelson（1962）最早给出资本深化的定义：资本深化是人均资本存量随时间推移而增加的过程，即人均资本存量增加，后来被大多数学者沿用（黄先海等，2012）。在没有技术进步或规模报酬递增的条件下，资本深化是应对边际报酬逐渐递减的反应，成为经济增长的主要动力（Burmeister 和 Turnovsky，1972）。人均资本增速快于人均产出增速时将直接导致资本的投入产出比增加，这是加速的资本深化（李文溥，李静，2011）。如果用公式来表示，资本深化是资本/劳动比值即 K/L 增加，加速的资本深化是指资本/劳动比（K/L）增速大于人均产出（Y/L）增速，进而导致资本/产出比增加，$K/Y = (K/L) / (Y/L)$。一般意义上的资本深化指资本劳动比的增加，加速的资本深化是指资本劳动比（K/L）增速大于人均产出比（Y/L）增速，导致资本产出比（K/Y）增加。马克思（1867）在《资本论》中虽然没有直接使用资本深化一词，但也通过描述资本有机构成提高、技术构成等内容，探讨了人均资本存量不断上升，即资本深化在长期对就业和经济增长带来的影响，并认为资本有机构成不断提高是一切生产方式的普遍规律。

(1) 资本深化的对象

中国的资本积累存在异质性，包括基础设施建设资本、住房资本、实体经济资本三类资本积累（林晨等，2020），其中，实体经济资本积累应包括实体经济生产经营中投入的资金、设备和机器。

在经济发展初期，资本化的对象主要包括厂房等相关建筑、土地、生产设备等其他设施；随着经济不断发展，资本深化的对象随之转移至对未来现金流的贴现定价和价值重估。后者的资本深化可理解为金融深化（李文溥，李静，2011），在投资不可分割的假设条件下，资本积累和金融资产积累之间呈正相关（Mckinnon，1973）。

本书的研究对象中所提到的资本是指前者中的部分资本，即实体经济（本书主要指制造业企业）中的设备和机械基础设施等固定资产。对于资本存量的衡量，一般包括固定资产原值和固定资产净值，两者的区别在于是否考虑固定资产折旧（王林辉，董直庆，2012）。对于采用哪种方式衡量资本投入，学者们存在不同看法。李京文等（1993）认为股东资产净值更适合，若忽略资本折旧，采用固定资产原值做生产率分析，资本存量会被夸大30%，毕竟固定资产净值只占原值的60%~70%；涂正革和肖耿（2005）直接选择固定资产净值年均额；孙巍和叶正波（2002）另辟蹊径，同时采用固定资产净值、流动资金年均额。朱钟棣和李小平（2005）认为若不考虑价格因素和重置成本直接采用净值仍有不妥，需重新测算固定资产净值（王林辉，董直庆，2012）。

(2) 资本深化的诱因

根据新古典经济理论，劳动相对资本价格上升会促进企业进行要素重新配置，倾向资本替代劳动（Hicks，1932；Kennedy，1964；Samuelson，1965；Acemoglu，2003；Bernard和Jensen等，2002；巫强，2013；成肖，李敬，2020；姚战琪，夏杰长，2005），这与有偏技术进步紧密相关。Madsen（1998）依据马歇尔均衡工资理论建立了劳动力供需模型，同样认为工资上涨可促进资本深化，进一步促进劳动生产率提升（Burmeister和Turnovsky，1972）。工资相对较高的资本密集型制造业，资本替代劳动程度要大于劳动密集型（王德文等，2004）。

此外，相较于更具争议性、价格逐年上涨的劳动要素，企业更倾向选择无情感、无纠纷、少麻烦的资本来替代劳动，导致资本深化程度加深（成肖，李敬，2020）。资本深化导致劳动的替代在我国制造业中已有明显体现（袁福华，李义学，2009），并且存在高技能工人替代低技能工人（Lewis，1963；Johnson，1975）。若根据资本深化公式推导，囿于人口增速不变或放缓，资本增加带来的就业压力可能减小（姚战琪，夏杰长，2005）。实际上，我国的人口增长率自 1988 年以来一直呈缓慢下降趋势，2019 年人口自然增长率仅为 0.33%，相较于 1988 年下降了 3.88 倍。① 目前我国已处于低生育率陷阱的高风险期（吴帆，2019），人口老龄化程度不断加深（龚锋，王昭等，2019），劳动年龄人口的劳动参与率也在逐渐下降（丁守海，2019），这三个因素直接导致劳动供给减少。因此，在劳动供给减少的情况下，资本对劳动力的替代程度或将得到缓解。这一论点为理解资本替代劳动供新的视角。

工资上涨导致的资本深化是以市场价格为导向的资源重新配置，但基于我国特殊经济体制及完全竞争市场条件的苛刻，完全的市场化并不总是存在（陈勇，唐朱昌，2006），政府在资源配置中发挥的作用不容忽视（黄亚生，2005；李小平，朱钟棣，2005；姚景源，2009）。

但政府引致的资本深化并不能一直促进制造业劳动生产率提升。当政府引致的资本深化程度超过 0.057 临界值后会遏制生产率，越过临界值的大多为重化工业制造业，轻工业制造业还未达到临界点（杨校美，谭人友，2017）。此外，出于地区经济绩效竞争、政府政绩竞争，政府总会过度投资（Zhang，2003；宋轶，涂斌，2011），造成制造业出现长期、普遍的资本深化现象（段国蕊，臧旭恒，2013）。这种伴随经济转轨始末（陈诗一等，2010）的过度资本深化可造成资源配置效率低下（魏楚，沈满洪，2008）。

2. 资本深化可通过资本体现式技术进步促进生产率提高

西方发达国家工业化发展史的经验表明，在工业现代化进程中，人

---

① 数据来源：国家统计局。

均资本快速、持续增长是每个国家在工业化初期必须经历的阶段，日本在 50 世纪 50—80 年代，人均资本存量提高了将近 13 倍（Godo 和 Hayami，2002）。我国在改革开放后较长一段时间内，持续的高投资使经济实现举世瞩目的高增长、快增长。随着我国逐渐进入工业化发展中后期，工业转型升级是经济稳增长的重要动力源泉，这在客观上仍需要投入大规模的工业资本，工业的资本深化将持续处在较高水平（孙早，刘李华，2019）。

但是，部分学者对资本深化促进生产率提高的作用存在质疑。

其一，有些学者称资本深化过于注重资本要素投入，在某种程度上会产生低质量增长模式（赵玉林、谷建军，2018；郑江淮等，2018）。资本深化虽然推动了我国工业快速发展，但是却没有改善工业发展质量，近年来的全要素生产率无显著提高（吴敬琏，2015）。

其二，涂正革和肖耿（2006）采用非参数生产前沿法测算我国大中型工业企业分 38 个行业的劳动生产率，并将劳动生产率分解为技术效率改进、资本深化、技术前沿进步三个方面（Kumar 和 Russell，2002），结果发现我国大中型工业企业劳动生产率增长的驱动力已发生改变，从传统地单一依靠资本投入转为提高技术效率进而促进技术进步与资本投入相结合方式，经济增长模式由粗放型转向集约型。因此，若要实现产业升级，仅投入大量资本远远不够，还需不断提升技术水平。

其三，我国工业化初期的确存在原材料高投入、能源高消耗、资本高积累，工业行业经历了持久、快速的资本深化（张军，2002；张军等，2009；蔡昉，2005），虽极快带动了经济增长，但高资源消耗的不可持续（Rosen 和 Houser，2007；吴敬琏，2005）、资本边际生产率递减（Krugman，1994；Young，2003）让人不得怀疑其可持续性。

那么，面对上述争议，我国要推进工业转型升级，实现经济稳增长、高质量发展，是否要保持较高的资本深化水平？

第一，对于资本深化无法提高全要素生产率。

首先，有大量文献或历史经验可推翻这一质疑。例如，日本和美国在 20 世纪中后期的发展证明了资本深化可提高全要素劳动生产率，日本

20 世纪 50—60 年代引进氧气顶吹转炉和连铸技术使钢铁行业 TFP 快速提高（Godo 和 Hayami，2002）；美国"二战"后出台的《国家工业复兴法案》《瓦格纳法案》使劳动力工资大幅上涨，促进资本替代劳动力，再加上政府资助大量厂商购买设备，人均资本提高的同时也带动了 TFP 高速增长（Gordon，2018）。

全要素生产率无明显改善也不仅是因为资本深化，也包括资源错配（宋建，郑江淮，2020）等其他因素。

其次，体现外生、中性技术进步的全要素生产率不能代表所有技术进步类型，中性的技术进步认定技术与资本积累相互独立，互不影响，无法有效揭示新增机器设备过程中资本的质变（Felipe，1999）。因此，采用全要素生产率并不能准确表达由资本积累带来的技术进步。严格来讲，按照宏观经济理论的基本假设，资本深化与全要素生产率无直接相关关系，因此，并不能因为资本深化无明显提高全要素生产率就否认资本积累对技术进步甚至是生产率提高的贡献。

第二，对于促进工业生产率不能完全依赖单一资本投入，需以提高技术进步水平为主。

资本积累和技术进步是相辅相成、相互融合的，马克思创造性提出的资本有机构成便能反映这一特征。而 Solow（1960）对两者的关系做了最为直接的研究，并直接提出"资本体现式技术进步[①]"（物化型技术进步，embodied technical change），掀起"体现式技术进步""非体现式技术进步"的研究热潮（Phelps，1962；Denison，1964；Johansen，1966；Bardhan，1969；Hall，1971；Triplett，1982）。体现式技术进步与投入的资本要素尤其是生产设备紧密相关，"每一件资本都物化了建造它之时的最新技术"（Phelps，1962），技术是在不断发展和进步的，那么当下的资本或机器设备与之前使用的相比，将包含更高的技术水平，

[①] Vgl. Solow, Robert M., Investment 和 Technical Progress, in: Arrow, K. J., Karlin, S. und Suppes, P. (Hrsg.), Mathematical Methods in the Social Sciences, Stanford/Cal. 1960, S. 89 bis 104. "Disembodied improvements in technique are purely organizational... Embodied improvements in technique permit an increased output from an 'ultimately' smaller input, but require the construction of new capital goods before the knowledge can be made effective."

其生产效率更高、质量更好。然而，非体现式技术进步（Disembodied）被称为中性技术进步，表现在研发投入、R&D 经费、高水平人力资本等具有内生性质的因素上（王林辉，董直庆，2012），并不能体现出资本中所物化的技术进步。非体现式技术进步水平的提高可称为全要素生产率改进（沈小波，林伯强，2017）。

尤其是在 20 世纪 90 年代，越来越多的学者意识到由资本深化带来的体现式技术进步，对工业行业技术进步快速提高（姚战琪，2009）、生产率提升的重要性（Cole 等，1986；Gordon，1990；Kumar 和 Russell，2002；Szalavetz，2004），Greenwood 等（1997）基于资本积累所包含的物化型技术进步构建了两部门最优增长模型，Howitt 和 Aghion（1998）同样考虑到资本体现式技术进步构建了"垂直创新"增长模型，进一步说明资本体现式技术进步对经济增长的重要作用。

由于技术进步机制不同于发达国家，因而内嵌于资本投入的体现式技术进步是中国技术进步最重要的来源（易纲，樊纲等，2003），也是我国制造业生产率增长的重要来源（王林辉，董直庆，2012）。

除了促进生产率提升，资本深化能显著促进地区产业结构转型（于泽，徐沛东，2014），例如，Acemoglu 和 Guerrier（2008）通过构建一个非平衡的两部门模型，发现资本深化会导致资本从资本密集型转移至劳动密集型，即促进产业结构由制造业转向服务业。

因此，与资本投入相融合的资本体现式技术进步（黄先海，刘毅群，2006；孙早，刘李华，2019）是现代技术进步的重要来源，不能忽视其对经济增长的贡献。不过资本体现式技术进步的技术效率能否实现会受到经济环境影响，并受制于行业利润率及技术与人力资本的匹配程度（王林辉，董直庆，2012）。

第三，对于资本深化的不可持续性。

黎贵才和卢荻（2011）基于对中国经济增长成因的分析，认为资本深化对工业化和经济增长具有动态规模效应，且存在内生制约，故可持续。

由此，本书可判断，资本深化带来的资本体现式技术进步是我国技术进步重要来源之一，并可促进生产率提高。

2.2.2 资本价格与技术进步

1. 资本投入并不降低技术进步率

我国制造业飞速发展并成为世界制造大国的关键就在于对资本的大量投入，实现资本积累。然而，中国改革开放以来的高速经济增长，在学术界似乎形成了一个先验判断：依赖高资本投入的经济增长方式技术进步率较低，具有低效、不可持续特征（金碚，2003；卫兴华，侯为民，2007），甚至会带来资源和环境压力（李德水，2005）。

这一先验判断并非合理。

首先，从人类社会发展的历史长河来看，大规模投资和资本积累是不可逾越的阶段，并且，Porter（1990）指出经济增长可分为要素驱动、投资驱动、创新驱动、财富驱动四个阶段，完成投资驱动大约需要100年，由投资驱动转向创新驱动固然重要，但需深刻认识到经济增长方式的转变并非一日之功，需夯实基础。其次，中国吸引外资数量位于全球前列足以说明我国投资带来的增长并非低效（赵志耘等，2007）。最后，学术界对技术进步率的测算方式的偏差导致对资本投入产生误解。学术界常用全要素生产率（TFP）来衡量技术进步效率，而 TFP 是在剔除资本、劳动生产要素贡献后，衡量管理的完善、制度的完善等因素带来的技术进步，称为索洛残差。依据索洛模型估算的全要素生产率，在新古典生产理论中代表外生的希克斯中性技术进步，仅能反映非体现式技术进步，而忽略了资本体现式技术进步。正因为学术界大多学者采用此种估算方式，才得出我国在20世纪90年代的经济高速增长的同时 TFP 却较低（谢千里等，2001；黄勇峰，任若恩，2002），以至于得出我国经济增长过度依赖资本投入，技术进步率低下这一结论。

易纲和樊纲等（2003）曾指出，中国的技术进步更多内嵌于资本投资，由于技术进步机制与发达国家不同，初期只能依靠从发达国家进口先进技术、生产设备等，因此，对中国来说，物化于资本中的技术进步不容忽视，是我国技术进步最重要的动力来源。设备资本通常会物化最新的技术成果（Phelps，1962），从而引起每时期新投入设备资本的异质性，相较"旧"的机器，"新"机器的生产效率更高、质量更好。随着大量新设备资本的投资，技术进步率加快提高，传导至经济活动中，促进生产率提升，实现经济增长，这在实际上肯定了资本积累对经济增长的重要作用。因此，把资本积累与技术进步割裂分析，不仅忽视了资本积累中蕴含的体现式技术进步，而且有悖于实际情况。

2. 资本投入带来资本体现式技术进步

资本积累与技术进步动态融合，不可分割。Solow（1960）首先明确提出"资本体现式技术进步"，由此掀起讨论"体现式技术进步"和"非体现式技术进步"热潮。之后，著名的内生增长理论经济学家Howitt和Aghion（1998）通过构建"垂直创新"增长模型，发现新技术可附着于新资本和人力资本中，使用新技术必须积累新资本，进一步佐证资本积累与技术进步的动态融合作用。

资本积累如何揭示存在体现式技术进步？Cole等（1986）和Gordon（1990）提出机器设备价格中存在设备质量提高的证据，以此为基础，不少学者通过考察资本价格变化来测度资本质量改善，估算资本体现的技术水平，及对经济增长的贡献率。例如，Hulten（1992）在Gordon（1990）计算的设备资本质量价格调整数据基础上，测算出美国1949—1983年资本体现式技术进步率为3.44%，对经济增长贡献度达20%；Greenwood等（1997）通过区分设备资本和建筑资本，构建出包含体现式技术进步（物化技术进步）的一般均衡模型，测算得出设备资本的体现式技术进步对人均产出增长贡献将近60%，而剩余的经济增长由中性技术进步贡献。黄先海和刘毅群（2006）沿用传统Solow - Nelson时期模型，对中国工业增长率中的体现式技术进步做了测算，贡献率高达45.31%；并进一步将Solow - Nelson模型拓展为资本体现式技术进步的两部门模型，分析设备的研发部门如何引致体现式技术进步，并提出用发明专利申请数量指标来衡量体现式技术进步水平（黄先海，刘毅群，2008）。

由此可知，资本积累通过物化于设备中技术进步，提高整个经济技术进步率，提高劳动生产率，促进经济增长。

如何测度资本体现式技术进步？不少经济学家的研究已给出答案，这同样是本书重点解释部分：制造业技术进步与资本价格的关系，精确来讲，应是制造业中资本体现式技术进步与设备价格的关系。

3. 资本价格与资本体现式技术进步关系的理论研究

将资本价格与资本体现式技术进步结合起来研究，Griliches（1961）和 Hall（1968）在索洛新古典增长模型推出后不久，就关注到资本质量变化与资本价格水平之间的关系，只是当时学术界多数学者均把注意力集中于采用索洛残差法计算 TFP 上，并没有给予过多关注。到了 20 世纪 90 年代，Hulten（1992）先从理论维度分析了资本价格与资本质量间的关系，其后，Greenwood 等（1997）进一步细分资本，将其分为设备资本和建筑资本两大类来测算资本质量。同时，TFP 计算所得结果经常出现和实际背道而驰的情况，资本体现式技术进步这才逐渐走进学术界的研究视野并受到重视。

考虑不同时期投资的资本所代表的当期最新技术水平不同，因此，不同时期投入的资本质量不同、效率不同，新设备比旧设备效率高。基于 Fisher（1965）资本投入"更多意味着质量更好"这一思路，可认为资本内在技术含量水平可由投入资本数量来衡量。

赵志耘等（2007）假设制造业企业 t 时刻分别投入设备资本 iK 和建筑资本 is，两类资本生产效率不同，且各自存在生产率水平最低的基准资本品 $i(t)$。假设 $q(t)>0$ 是 t 时期企业投资资本时所发生的相对于基准资本品 $i(t)$ 的技术进步率，对应的生产技术为资本体现式技术进步，可提高资本质量。进一步假设 $q_k(t)$ 表示设备资本投资相对于基准资本投资的生产率，$q_s(t)$ 表示建筑资本投资相对于基准资本投资的生产率。那么，在 t 时期，制造业企业生产时两种资本的生产形式为：

$$i_k(t) = q_k(t)i(t)$$
$$i_s(t) = q_s(t)i(t)$$

其中，$i_k(t)$、$i_s(t)$ 分别为设备效率资本、建筑效率资本，包含资本体现式技术进步。

假设 t 时刻设备资本价格和建筑资本价格分别为 $P_k(t)$、$P_s(t)$，那么，当完全竞争市场处于均衡时，存在：

$$P_k(t) i_k(t) = P_s(t) i_s(t)$$

那么：

$$i_k(t) = \frac{q_k(t)}{q_s(t)} i_s(t) = q(t) i_s(t) = \frac{P_s(t)}{P_k(t)} i_s(t)$$

其中，$q(t)$ 表示设备资本相较于建筑资本的技术进步水平，表明设备资本相较于建筑资本的技术进步水平可用建筑资本与设备资本的相对价格表示。进一步，设备资本的相对技术进步率可表示为：

$$\dot{q}(t) = \dot{P}_s(t) - \dot{P}_k(t)$$

以上是学术界普遍采用的测度资本体现式技术进步的简易方法，即设备资本相对体现式技术进步与设备资本相对价格呈反向关系，可理解为设备资本相对价格与其所蕴含的技术进步负相关。[①] 同时，也可说明制造业企业设备资本与技术进步存在负相关关系，即设备资本相对价格较低，其所体现的技术进步水平越高。

部分学者的研究也佐证了较低的资本价格会促进技术进步这一结论。例如，De Long 和 Summers（1991）研究发现，高经济增长率的国家通常具有较高的设备投入，并且，这些国家的设备相对价格下降较快。Bakhshi 和 Larsen（2001）通过研究信息和通信部门的技术进步验证了该结论，具体而言，信息和通信部门的体现式技术进步对整个经济劳动生产率增长贡献达到20%~30%，且该部门设备价格下降较快。因此，观察设备价格是否具有下降趋势是检测技术进步是否体现在资本积累中的重要指标，这也意在说明资本价格下降会通过资本积累促进技术进步，这正是本书对资本诱致型技术进步的定义。

4. 适宜性技术进步

技术差异会导致国家经济增速不同、人均收入不同（Romer，1993；

[①] 赵志耘等（2007）认为生产建筑投资的技术水平相对固定，故可用设备资本的技术进步率代表整个资本体现式技术进步率。

Parente 和 Prescott, 1994; Prescott, 1998)。Atkinson 和 Stiglitz (1969) 首次提出的适宜技术进步 (Appropriate Technology) 可解释发达国家和发展中国家之间收入与经济增长巨大的差异，适宜技术进步称为"本地的做中学"，技术进步受当地特定的要素投入组合制约，且是专有的 (Basu 和 Weil, 1998; Acemoglu 和 Zilibotti, 2001)。但是，Basu 和 Weil (1998) 和 Acemoglu 和 Zilibotti (2001) 虽然意识到技术进步必须与要素投入结构[①]匹配，但却认为发展中国家只能采用发达国家的先进技术，不允许自主研发，不适用实际情况 (林毅夫等, 2006)。

因此，不同国家、不同地区一味引进先进前沿技术并非一定能促进经济增长，原因在于要素密集度与先进技术水平存在差异 (王林辉，董直庆，2012)，技术进步高度依赖资源禀赋，两者互相匹配是提高技术效率的关键。技术水平与要素投入不匹配会导致在不同部门内要素配置不均衡，资本、劳动生产率低下 (姚战琪, 2009)，选择中间技术或许更易实现技术吸收和扩散。

在选择适宜技术进步后，发展中国家必须基于国内要素禀赋结构实际，在尽可能压缩成本的前提下实现技术升级，以保持更快的经济增长速度和可持续发展的经济增长方式 (Barro 和 Sala–i–Matin, 1997)。如何以更加低廉的成本实现技术升级？林毅夫等 (1999, 2000, 2005) 基于发展中国家和经济转型国家的历史经验，提出采用遵循比较优势的发展战略，如遵循一国经济的要素禀赋结构，采用引进技术进步来发挥后发优势，实现更快技术变迁，而非一味采用高、精、尖技术。进一步，随着发展中国家要素禀赋结构不断提升，除了引进技术进步，自主研发的重要性逐渐凸显，可选择两者并用方式寻求最适宜技术进步 (林毅夫等, 2006; Krusell 等, 2000)。

除了选择适宜的技术进步，若想使人力资本和技术进步成为促进生产率提高的根源，还需完善的制度保驾护航 (董直庆等, 2007)。例如，我国所有制不同的企业，受制度激励和融资能力不同约束，要素禀赋、

---

① 要素投入结构在 Acemoglu 和 Zilibotti (2001) 原文中是指熟练劳动力和非熟练劳动力之比，而非资本—劳动比。

要素投入结构和配置效率具有明显差异，正如林毅夫等（2006）提到的发展中国家会"遵循比较优势发展战略"，一国内的技术进步选择同样会遵循比较优势策略，例如，以中国为例，国有企业天然的融资能力、制度激励等优势，使其具备率先引进先进技术和生产设备的比较优势，那么，国有企业的技术水平自然高于非国有企业，以国有企业为主导的行业的技术水平也普遍较高（王林辉，董直庆，2012）。

2.2.3 全要素生产率与技术进步不完全等价

新古典经济增长理论常用基于索洛模型测度的全要素生产率（Total Factor Productivity，TFP）来衡量技术进步。TFP 代表除资本、劳动等要素投入之外的知识、教育、管理能力、规模经济等因素改善导致的产出增加，剔除要素投入贡献外的残差，即索洛残差，被新古典学派称为纯技术进步（赵志耘等，2007）。大量学者沿用索洛残差来计算全要素生产率，并以全要素生产率来衡量技术进步对经济增长的作用（Woo 等，1994；谢千里等，2001；黄勇峰，任若恩，2002；王林辉，董直庆，2012）。对技术进步的研究在相当长一段时间内都以此为理论依据。然而，也有学者认为，技术进步不是导致 TFP 变化的唯一因素（余东华等，2019），TFP 也不能完全代表技术进步。

根据新古典生产理论，全要素生产率并不包括技术进步的所有类型，而仅代表外生的、希克斯中性的技术进步，并且，中性技术进步的假设前提是技术与资本要素、劳动要素投入互不相干，相互独立，因此，可以认为 TFP 不能包含新增机器设备中资本的质变（Felipe，1999）。因此，采用全要素生产率不能准确表达由资本积累带来的技术进步，仅反映非体现技术进步（郑玉歆，1999；易纲等，2003；郭庆旺，贾俊雪，2005；林毅夫，任若恩，2007）。

20 世纪 90 年代，在欧美国家经济高速增长的同时全要素生产率不断下降背景下，物化形态的资本体现式技术进步（Howitt 和 Aghion，1998；Greenwood 和 Seshadri，2002；Kogan，2004）成为讨论焦点。资本体现式技术进步是指高新技术产业和新设备投资中的资本相融合，促进经济增长（Gordon，1990）。例如，1993年美国固定资本投资快速增长，而全要素生产率对经济增长贡献仅为5%～10%，说明TFP测量的技术进步无法反映经济增长的真实原因，更不能揭示资本积累过程中的资本体现式技术进步（Cummins和Violate，2002）。而资本体现式技术进步对经济增长的贡献逐年增加，可以合理解释资本贡献率变化和生产率增长（Gordon，2000；Gordon，2002；Sakellaris和Wilson，2000）。不仅如此，世界各国的经济发展表明，现代技术进步更多采取与资本耦合的方式来提高要素配置效率促进经济增长。

同样，我国20世纪90年代中后期工业行业技术进步加速的重要原因，除了研发力度加大，更重要的是快速资本深化加快了技术进步速度（姚战琪，2009）。因此，资本体现式技术进步直接与生产设备投入相融合，可直接采用固定资产投资中的设备工具投资来表示体现式技术进步（王林辉，董直庆，2012）。

目前来说，我国技术进步的重要来源，一个是以新机器设备等为载体耦合于要素投入的资本体现式技术进步，另一个是以加大研发投入、高水平人力资本等内生因素为主的非体现式技术进步（余东华等，2019）。

因此，考虑到TFP不能充分体现资本深化及资本体现式技术进步，因此，基于研究合理性，本书暂不考虑使用TFP作为衡量技术进步的指标。

2.3 技术进步与制造业就业

技术进步与就业的问题一直以来是学术界关注的焦点，并存在较大分歧，大致可分为两派：一是技术进步会造成结构性失业，二是技术进步会促进就业。英国著名政治经济学家Thomas Robert Malthus首先提出技术进步可实现资本飞速积累，市场若不能保证同步变化，必然会导致原有职业被替代，加剧失业，成为技术进步增加失业这一派别的理论基础，接着有大量学者以此为基石，纷纷提出技术进步导致失业的佐证

（Julien Prat，2007；Brynjolfsson 和 McAfee，2014；Stiglitz，2014；王君等，2017）。而另一派则认为技术进步增加失业的同时会创造新的就业岗位，增加高技能劳动力需求（Venables，1985；Bloom，2018；Vivarelli，2014；Usanov 和 Chivot，2013；Sungmoon Jung 等，2017；Graetz 和 Michaels，2017；Dauth，2017；孙文凯等，2018）。

梳理技术进步与就业之间的关系，首先，需要厘清技术进步的偏向性问题；其次，进一步根据技术进步在制造业中初始的物化表现，如机器人等机械设备，分析其与就业之间的替代效应和补偿效应；最后，跟随技术进步的快速发展，探讨以人工智能为代表的新一轮技术革命又将对就业带来何种影响。

2.3.1 资本偏向型技术进步与就业

除了经济发展的客观规律，资本偏向型技术进步的另一个重要诱因是劳动力成本的不断上涨。如前文所述，Hicks 在 1932 年提出工资上涨会促进企业选择更多资本投入来替代日益昂贵的劳动力，进而促进企业技术进步。Samuelson（1965）也认同这一观点，为了减少劳动份额在总成本的比重，进而降低总成本或提高生产效率，技术进步都应该偏向节约劳动要素投入，增加资本要素投入。将诱致性创新理论应用到农业经济发展中的 Yujiro Hayami 和 Vernon Rutton（1971）的研究同样支持该论证，并提出诱致性技术变迁理论。

同样有经济学家持相反观点，诸如以 Jorgenson（1961）为代表的新古典主义，认为劳动力始终处于短缺，不可能发生工资上涨、技术进步排斥就业的现象，这显然与事实不符。而以 Ranis 为代表的古典主义与新古典完全相反，提出在工业资本积累的同时，也可持续维持低水平工资，使用剩余劳动力来促进技术进步，对劳动偏向型技术进步盲目崇拜。

那么，当技术进步偏向资本投入，对就业会产生什么样的影响？国内外学者从总量和结构两个方面回答了这个问题。

从总量上，马克思早在《资本论》中提出资本有机构成（资本/劳动比）提高是造成相对过剩人口的直接原因，简单来讲，技术进步偏向资本投入会直接降低就业总量。Acemoglu（2002）给资本偏向型技术进步设定了前提条件，认为只有当资本、劳动生产要素间的替代弹性大于1时，技术进步才属于资本偏向型。不论资本偏向型技术进步的成立条件何如，都不能否认其是导致就业份额下降的关键因素，美国如此（Acemoglu，2003；Alvarez–Cuadrado 等，2018），中国也如此（陈宇峰等，2013；罗楚亮和倪青山，2015）。

但是，有部分学者持相反观点。例如，Young（1928）认为技术进步在促进经济增长的同时也在深化分工，而分工的具体表现是促进各产业部门扩大生产规模、催生新产业，进而增加岗位数量和种类，这在节约劳动的同时又创造了更多就业机会。即技术进步有就业补偿效应，可通过提高生产率创造更多就业岗位，改善生产环境（Mortensen 和 Pissarides，1999；Ebersberger Bernd 和 Andreess Pyka，2002）。技术进步导致产业分工不断迁回、不断细化，在这一过程中用工需求增加（谈镇，黄瑞玲，1997），且分工细化催生出的新行业会创造出相关的职业或岗位，进一步增加劳动需求（俞建国等，2001）。

结合不同学者观点辩证分析，资本偏向型技术进步既有创造效应，又有破坏效应（David，1985）。Davis 和 Haltiwanger（1992）以 1972—1986 年美国制造业的发展历程为基础进行分析，结果发现美国制造业技术进步平均每年会减少 11.3% 的就业，但与此同时，每年平均会创造出 9.2% 的就业。国内学者将就业的破坏效应和创造效应称为直接替代作用和间接补偿作用（赵景，董直庆，2019），即从长期来看，资本偏向型技术进步逐渐凸显对劳动力的直接替代作用，减少劳动需求（姚战琪，夏杰长，2005）；而技术进步在催生新行业、新产品的同时又提供了新的就业岗位，体现间接的补偿作用（朱轶，熊思敏，2009）。资本偏向型技术进步的就业破坏效应和就业创造效应在不同部门间存在差异，这就导致不同部门间劳动力的相互流动，实现要素重新配置（Voulgaris 等，2015），补偿作用或创造效应才得以实现。

人类历史上即使多次出现"机器替代人"的争论，但都未导致大规模失业情况，因此，Krusell（1999）和 Author 等（1998）认为长期来看技术进步的创造效应要大于破坏效应。但是，创造效应不会立马实现（李正友，2004）。这是因为当资本偏向型技术进步提高传统产业劳动生产率、催生新兴产业的同时，对劳动者的技能提出了新的要求（魏燕，龚新蜀，2012），在短期内，新兴行业的新就业岗位无法瞬间吸收被资本替代的劳动力，因此，短期来看资本偏向型技术进步对就业的创造效应（补偿效应）无法发挥作用（朱轶，熊思敏，2009）。那么，长期来看，当被资本替代的劳动力提高技能后便能与新就业岗位匹配，实现就业。而短期内却不利于低技能劳动力就业（Aghion 和 Howitt，1994；Antonelli 和 Quatraro，2010；肖六亿，2009；王光栋，2015）。这就涉及资本偏向型技术进步对就业结构的影响问题。

从结构上，已知正是因为劳动者技能与创造出的就业岗位的不匹配才导致技术进步的补偿效应短期滞后，那么，可以认为在技术进步初期，对高技能劳动者需求更大（Krusell，1999；Author 等，1998），甚至在整个技术进步过程中，对高技能劳动力的需求会持续增加，高技能劳动力的就业会持续保持稳定（Katz 和 Murphy，1992；Krueger，1993）。对应地，资本偏向型技术进步将直接替代低技能劳动力。由此可知资本偏向型技术进步充满技能偏向性，直接导致非技能劳动力向技能劳动力转变（Acemoglu，1998）。我国国内非农就业增长的缓慢现状也可佐证这一论点（郑振雄，郑建清，2012）。且具有技能偏向性的技术进步直接改变了我国劳动力技能结构（姚先国，周礼等，2005；宋冬林，王林辉等，2010）。

2.3.2 机器人的就业替代效应与补偿效应

技术进步对就业产生最大的冲击之一就是创造了机器人，一种特殊的"劳动力"。自有技术进步以来，就常有"机器替代人"的争论，那么，机器人对就业的影响自然就成为学术界研究的重点，但存在较大分歧。

机器人在一定程度上体现了技术进步水平，其对就业的影响不可避免地包括两个方面，一是就业替代效应，二是就业补偿效应。

对于就业替代效应，Autor 等（1998）提出劳动需求减少的关键因素是机器人对总劳动力产生的替代，且机器换人的趋势将不可避免（Mohammed 和 Rumaiya，2014）。虽然，在机器人投入使用初期，会使就业小幅增加，但是从长期来看，总体上就业仍在不断减少（Edler 和 Ribakvoa，1994）。美国钢铁行业失业产生的关键因素就是引入工业机器人（Allan 和 Loecker，2015）。上述指出技术进步将会促进高技能劳动就业，但 Sachs 和 Kotlikoff（2012）却认为智能机器人除了会恶化非技能工人就业情况，也会影响技能工人就业。尤其是，基于信息技术和大数据的机器人，也逐渐开始替代高素质、高技能白领（Martin Ford，2015）。

另一派学者则认为机器人也存在就业补偿效应。例如，Martech（2013）研究 2000—2008 年美国制造业细分行业引进工业机器人后就业的变化，发现在此期间就业人数反而增加，并给出原因，认为在某些领域机器人还无法完全替代工人，并且机器人仅被用在较为危险的岗位，同时，机器人的使用还创造出了一些岗位。

国内学者马岚（2015）通过分析韩国、日本工业机器人的应用和发展，认为我国将有很大可能出现大规模机器替代人的情况。结合我国实际国情，这个预测不无道理。我国是制造业大国，依赖大量廉价劳动力人口实现经济迅猛发展，但在劳动力成本逐渐上涨、技术革命不断推进的背景下，是否能继续享受人口红利优势值得深思。工业机器人的引进首先会替代掉低技能劳动者，但同时会提高对高技能劳动力的需求，在促进产业升级的同时，倒逼劳动力结构升级（吕洁，任传文等，2017）。

不同地区技术进步水平不同，那么工业机器人对劳动的替代程度也应不同。胡雪萍、李丹青（2015）经研究发现我国东部地区的技术进步破坏效应较大，而中、西部地区的创造效应较大。即发达地区更容易发生"机器替代人"的情况，破坏效应大于创造效应；不发达地区的创造效应大于破坏效应（王光栋，2015）。韩民春和赵一帆（2019）运用我国 2012—2017 年工业机器人进口数据，研究机器人对制造业就业的影响，结论显示工业机器人对整体制造业的就业破坏效应显著，对沿海省份的非技术劳动力就业以及要素扭曲程度较高的地区，该破坏效应更为明显。

机器人的就业替代效应和补偿效应孰强孰弱，并非可以一言判断，需从不同维度分析，例如，分地区、经济发展、要素扭曲度、不同制造业行业等角度研究，才能得出一个更为合理的结果。

人工智能系统的自我学习能力使其能够自我完善感知能力和认知能力，其对劳动力的替代程度远远高于传统的机械化和自动化（Acemoglu 和 Restrepo，2018）。Frey 和 Osborne（2013）基于概率模型预测美国 702 种职业中有 47% 处于高度被替代风险，2016 年他们将分析框架扩展到发展中国家，测算结果显示中国的岗位替代率高至 77%（Frey 和 Osborne，2016），高于他们研究范围内的除埃塞俄比亚的其他国家，这是由于中国劳动力市场中处于可预测环境下、从事体力性和程序性工作的人员较多。

制造业内的低技能劳动力是被人工智能挤出劳动力市场的主要群体，波士顿咨询预计机器人的应用和常规工作的智能化将导致德国制造业在未来 10 年净减少 12 万个生产类岗位需求（占制造业就业总数 1.7%），普华永道咨询利用一般均衡模型预测未来 20 年人工智能将取代 5900 万个工业岗位（占工业就业总数 36%），但同时创造 6300 万个工业岗位（占工业就业总数 39%）。[①] 人工智能对岗位的替代和创造效应并非一蹴而就，基本呈现"先凸后凹"的特点：在人工智能发展的初期阶段，其对低技能劳动力的就业效应较小；在中期阶段，随着人工智能的普及率升高，就业效应会快速升高，劳动力市场遭受的冲击甚为明显；在后期阶段，就业效应趋于平缓（Brynjolfsson 等，2017）。

Acemoglu 和 Restrepo（2018）在 RBTC 理论下建立的基于任务的分析框架（a Task – based Framework），从分析框架中将技术进步对低技能需求的作用概括为"替代效应"和"创造效应"两个方向。替代效应方面，技术进步直接替代低技能劳动力的可预测的、程序性任务，企业降

---

① 普华永道. 人工智能和相关技术对中国就业的净影响 [ER/OL]. (2018 – 11 – 16) [2018 – 12]. https://www.pwccn.com/zh/services/consulting/publications/net – impact – of – ai – technologies – on – jobs – in – china.html.

低了低技能劳动的相对需求（Acemoglu 和 Restrepo，2018）。创造效应方面，首先，技术进步通过提升全要素生产率降低了全要素价格和产品价格（Acemoglu，2003），进而刺激消费需求，导致厂商营业收入增加，厂商存在充足的盈余积累时趋向扩大资本规模，最终增加了承担未自动化任务的低技能员工需求，这一过程可定义为"补偿机制"（Acemoglu 和 Restrepo，2018）；其次，技术进步创造新型任务（New Tasks）进而衍生出新型低技能岗位，增加了低技能劳动力的相对需求。

尽管从技术进步的影响机理看来，创造效应的作用路径较替代效应更为丰富灵活，但创造效应的实现在现实世界中存在两方面的阻碍：首先，技术进步在提升全要素生产率的过程中同时增加了高技能和低技能群体的劳动生产率，但高技能群体与技术进步的互补性更强，优秀人才的积累能够提高投资效率，高技能增加的边际产出较低技能更大，会降低低技能的相对需求（Hjort 和 Poulsen，2019），可将该过程称为"边际产出效应"；其次，低技能劳动力被替代后再就业直至匹配到适合岗位需要付出时间和成本，劳动力的技能供给与技术进步需求不匹配时，无法实现劳动生产率的提高，将引发结构性失业（Acemoglu 和 Restrepo，2019）。从人工智能技术进步来看，Acemoglu 和 Restrepo（2019）论证了人工智能创造新任务的速度远不及替代现有劳动力的速度，建议未来借助实证加以检验。人工智能是否会取代劳动力主要取决于两点：一是人工智能是否可对岗位任务进行完整程度的预测，二是人工智能是否可完全替代该岗位所需的核心技能（Agrawal 等，2019），人工智能的巨大前景意味着人类需要调整技能水平适应未来就业。

宋冬林等（2010）基于中国改革开放三十年间的行业数据验证了技术进步显著降低了低技能的就业比重，加剧了高低技能的工资差距；杨蕙欣和李春梅（2013）则重点关注信息技术产业，基于 2009 年中国省、自治区和直辖市的横截面数据证明信息技术产业的技术进步挤出非 R&D 部门的就业比重。宁光杰和林子亮（2014）、邵文波和李坤望（2014）分别从中国企业层面和多国行业层面证明信息技术资本替代了低技能的就业比重，前者在选择信息技术资本指标时区分了信息技术销售和信息技术投资，结论更具普适性。

然而，有些学者对技术进步与就业关系的研究视角不同于以往，Abeliansky 和 Prettner（2017）经过理论分析和实证检验，提出人口增加率较低的国家会率先考虑发明并使用自动化技术，以克服人口增长下降对经济带来的负面影响。在国内老龄化加深、人口生育率下降的背景下，使用人工智能对资本结构改善和经济增长都具有一定积极意义（陈彦斌等，2019；林晨等，2020）。韩民春等（2020）使用中国 286 个地级市 2013—2017 年数据研究工业机器人对制造业就业的影响，研究发现工业机器人可对制造业的就业岗位进行延伸甚至补充，而非造成就业下降的根源。这一观点为本书的研究提供新的思考方向，基于此，可根据制造业企业异质性深入分析技术进步（尤其是固定资本投入）对就业产生的不同影响，为辩证理解"技术进步吞噬就业"提供客观依据。

2.3.3　技术进步与制造业就业的政策选择

制造业依托先进工业机器人的技术进步与就业间复杂关系决定了政策的多面性。

加大劳动力保护力度。工业机器人应用于制造业生产中，首先替代诸如焊接、刷漆、组装等工作，暂时无法替代更为精巧、更依赖人为自主决策、对人力资本水平要求较高的岗位（Autor 等，2003；Autor 等，2006）。而这类人力资本水平较高的行业更加重视人力资本积累的知识和技能，在无形中增加了解雇成本，限制企业对这类高人力资本的数量调整力度（Gueorgui 和 Manovskii，2009）。重视对高水平人力资本劳动者的保护，可防止人才流失。

在劳动力保护程度高的地区，企业碍于诉讼成本和监管约束，无法随意调整和解除与员工签订的劳动合同（Lazear，1990；Botero 等，2004；Banker 等，2013），即使引进更多先进工业机器人，也不能随时按照最优资源配置组合调整劳动数量。政府在税收优惠、信贷资金等方面的政策也可干预企业的劳动力决策（Kong 等，2018）进而提高劳动力保护程度。

提高人力资本水平。工业机器人与高技能劳动力存在互补关系，与低技能劳动力存在替代关系（Griliches，1969；杜传文等，2018）。随着机器人在生产中的不断引入，企业需要提高现有员工的技能水平，并雇佣高水平人力资本，才能释放机器人最大生产效率（Autor 等，2003）。工业机器人等先进生产设备的使用，对企业来说，需要更多高水平人力资本来支撑；对劳动者来说，需不断提高技能、掌握新技术，才能不被工业机器人替代。因此，提高人力资本水平是企业提高生产率、稳定就业的关键手段。

加大自主创新力度。以人工智能为代表的新一轮科技革命，显著降低制造业的劳动力占比，替代劳动致使劳动力流向服务业，但生产率的增长在一定程度上缓解了该抑制作用，只有当人工智能技术有较大突破导致制造业生产率有巨大提升时，产出增长对劳动力的需求效应会大于技术替代效应，吸引劳动力回流（蔡啸，黄旭美，2019）。人工智能与制造业各个行业深度融合已是大势所趋，长期来看人工智能对就业较为友好，既然在短期内无法消除人工智能带来的技术替代效应，那么，目前在稳就业的同时，更应加大人工智能技术研发力度，促进重大核心技术在制造业中的应用转化，依靠人工智能自身巨大突破形成的劳动生产率优势促进制造业劳动力回流，这对长期制造业就业稳定及实现制造强国目标意义重大。

2.4 现有研究述评

本书主要研究制造业技术进步诱因及其就业效应，不可否认，国内外文献为本研究提供了一定的理论和实证支撑。通过文献梳理，可知我国制造业技术进步变迁是由资本投入向自主创新转变，在此过程中机器设备一直作为技术进步的载体被应用于制造业的各个环节，无论是引进先进的生产线、专利，还是自主创新研发，最终都需通过投入生产设备来提高劳动生产率促进技术进步，这为本书研究制造业技术进步诱因及其路径奠定基调。并且，从诱致性技术进步相关文献中可提炼出劳动诱致型技术进步概念，并基于固定资本与技术进步的文献，延伸性提炼资本诱致型技术进步概念，同时厘清全要素生产率与技术进步不完全等价，为本研究核心变量指标选取提供重要参考。影响技术进步其他因素的文献为实证控制变量选取也提供了有价值的依据。此外，基于学者关于技术进步与制造业就业的分析，本书梳理出制造业技术进步影响就业的研究路径，并基于资本—技能的互补/替代关系寻找促进技术进步与稳就业的政策平衡点。

但是，现有文献的研究方向需进一步拓展。首先，国内外文献鲜有分析制造业技术进步诱因，本研究试图分析制造业技术进步到底是由工资上涨诱致还是资本价格下降诱致，从该方向作有益补充。其次，现有文献大多将要素价格割裂开，重点研究工资上涨对制造业技术进步的影响，而较少提及资本价格下降如何影响技术进步，因此，本研究将工资、资本价格融入同一模型进行分析，提供判断制造业技术进步受哪类要素价格变动影响较大的理论依据，进而判断我国制造业技术进步类型，为辩证认知技术进步与就业关系提供合理依据。并且，关于要素价格诱致制造业技术进步路径的研究也只探讨了工资上涨部分，较少提及资本价格下降通过哪些路径促进制造业技术进步，本研究也对此作有益补充。最后，现有文献虽然对制造业技术进步与就业关系研究较多，但较少提及更加智能化的技术进步对就业数量和结构的影响是否发生改变，且较少学者从资本—技能互补假说角度探讨就业政策选择。基于此，本研究拟从理论分析和实证研究角度作相关补充，进一步拓宽制造业技术进步的研究方向。

第3章 中国制造业技术进步诱因及就业效应的理论分析

3.1 中国制造业技术进步诱致性因素的机制分析

后发国家在开放条件下的技术进步选择分为两种，一是引进式技术进步，通过购买国外先进机械设备、专利、软件、吸引投资等方式实现技术进步水平快速提高；二是原发式技术进步，依靠国内自主研发创新，获得先进技术，提高劳动生产率。中国式技术变迁经历了引进式技术进步和原发式技术进步两个阶段（方福前，邢伟，2017），前者以资本为载体实现技术进步，后者在弱化对国外先进资本依赖的同时强化自主创新（龙少波等，2020）。但无论是哪种形式的技术进步，都以内化了先进技术的资本（尤指机器设备、电子设备等生产设备）为载体，充分发挥先进技术的生产力效应。因此，资本投入在促进制造业技术进步过程中具有至关重要作用。

基于此，本节首先梳理制造业在购进生产设备的生产过程中设备输出部门产品价格变化、劳动力成本变化如何影响制造业劳动生产率；其次，聚焦制造业部门，进一步分析要素价格变化如何影响技术进步，提供判断制造业技术进步类型理论依据。

3.1.1 设备输出部门与制造业部门的两部门模型

1. 基本假设

（1）假设存在上、下游两个部门，分别为设备输出部门和制造业部门，设备输出部门为制造业部门提供生产设备。装备制造业虽然也可提供其他制造业的部分生产设备，但从整体来看，装备制造业生产所用设备也需从上游的设备输出部门获取，因此，设备输出部门的设定范围是为整个制造业部门提供生产设备的部门。制造业部门从设备输出部门购买生产设备进行生产。每个部门均追求利润最大化。

（2）设备输出部门的生产成本包括劳动力成本和其他成本，制造业部门的生产成本包括设备成本、人工成本和其他成本，两个部门的成本构成如图 3–1 所示。其中，w 为 1 单位劳动力成本，即工资水平，两部门面临的工资水平分别为 w_e、w_m；L_e、L_m 分别为生产 1 单位 Q_e、Q_m 所需要的劳动力；c_e、c_m 分别为生产 1 单位 Q_e、Q_m 所需要的其他成本；h 表示生产 1 单位 Q_m 所需 Q_e 的数量，$h>0$。

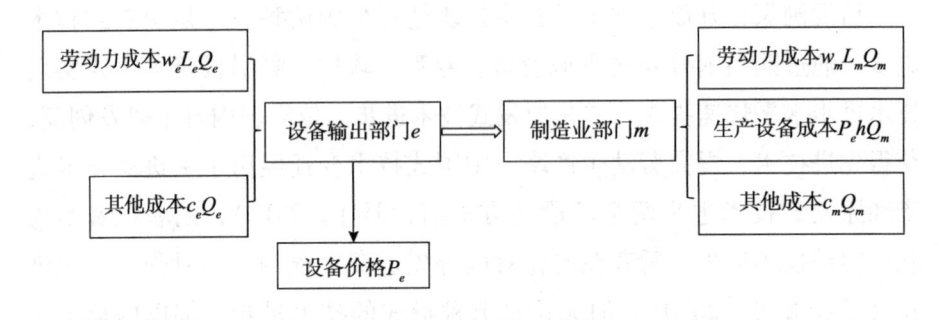

图 3–1　两部门的成本构成

（3）两部门通过动态博弈形成均衡。设备输出部门首先制定产品价格 P_e，制造业部门根据市场需求量 Q_m、设备价格 P_e 及其他生产成本等确定对设备的需求量，那么，设备输出部门在制定价格时会将制造业部门的反应考虑在内，进一步调整产品价格。双方的动态博弈决策使其各自实现利润最大化。博弈过程如图 3–2 所示。

2. 两部门动态博弈理论模型

根据假设，设备输出部门首先制定产品价格 P_e，制造业部门考虑设备价格、市场需求量及其他成本，为获得最大化利润，确定最优产量；接着，设备输出部门再根据制造业部门的最优产量重新制定设备价格 P'_e，实现利润最大化。具体过程可用公式推导。

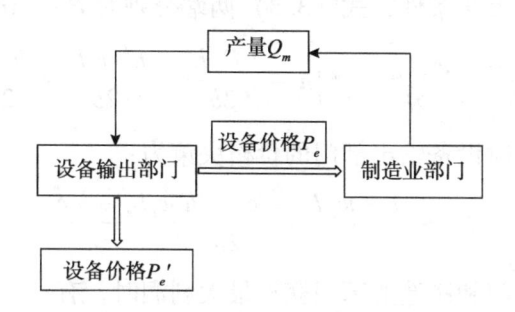

第 3 章 中国制造业技术进步诱因及就业效应的理论分析

图 3-2 两部门动态博弈过程

首先,设备输出部门的目标生产函数为:

$$\max: \pi_e = P_e Q_e - w_e L_e Q_e - c_e Q_e \tag{3.1}$$

考虑生产设备价格,制造业部门的目标函数为:

$$\max: \pi_m = P_m Q_m - w_m L_m Q_m - P_e h Q_m - c_m Q_m \tag{3.2}$$

制造业部门的产品价格取决于市场需求量,可知:

$$P_m = a - b Q_m \tag{3.3}$$

将式 (3.3) 代入式 (3.2),可得:

$$\max: \pi_m = (a - b Q_m) Q_m - w_m L_m Q_m - P_e h Q_m - c_m Q_m \tag{3.4}$$

根据利润最大化满足的条件,式 (3.4) 两端对 Q_m 求偏导,可得:

$$\frac{\partial \pi_m}{\partial Q_m} = a - 2b Q_m - w_m L_m - P_e h - c_m = 0 \tag{3.5}$$

整理可得制造业部门的最优产量为:

$$Q_m = \frac{a - w_m L_m - P_e h - c_m}{2b} \tag{3.6}$$

将式 (3.6) 代入式 (3.3),可得制造业部门的价格决策:

$$P_m = \frac{a + w_m L_m + c_m}{2} + \frac{P_e h}{2} \tag{3.7}$$

此时,设备输出部门考虑到制造业部门均衡时对设备的需求量 hQ_m,进一步调整价格至 P'_e,有 $Q_e = hQ_m$,将式 (3.6) 代入式 (3.1),可得:

$$\max: \pi_e = (P_e - w_e L_e - c_e) h \left(\frac{a - w_m L_m - P_e h - c_m}{2b} \right) \tag{3.8}$$

根据利润最大化条件，式（3.8）两端分别对 P_e 求导，得：

$$\frac{\partial \pi_e}{\partial P_e} = \left(\frac{a - w_m L_m - c_m}{2b}\right)h - \frac{2P_e h^2}{2b} + \frac{h^2 w_e L_e}{2b} + \frac{h^2 c_e}{2b} = 0 \quad (3.9)$$

因此，均衡时设备输出部门的价格决策为：

$$P_e = \frac{a - w_m L_m - c_m + h w_e L_e + h c_e}{2h} \quad (3.10)$$

设备输出部门和制造业部门获得最大利润时，有：

$$Q_e = hQ_m = h\frac{a - w_m L_m - P_e h - c_m}{2b} = \frac{h(a - w_m L_m - c_m)}{2b} - \frac{h^2 P_e}{2b}$$

$$(3.11)$$

由此可知，设备输出部门实现利润最大化时，产量 Q_e 与均衡价格 P_e 呈相反关系，即：

$$\frac{\partial P_e}{\partial Q_e} = -\frac{2b}{h^2} < 0 \quad (3.12)$$

那么，设备输出部门无论采用何种决策提高技术进步水平，进而提高生产率，增加生产设备供给，产品价格会随之下降，即设备输出部门对制造业部门输入的设备价格将随着设备产量的提升而下降。这意味着制造业部门将面临较低价格的生产设备。

由公式（3.4）可知，设备价格 P_e 下降可降低制造业部门的生产成本，增加利润，逐利本质会促使制造业部门购进更多生产设备，进而提高技术进步率。

进一步，对式（3.6）进行简单变形，可得：

$$L_m = \frac{a - 2bQ_m - P_e h - c_m}{w_m}$$

$$\frac{\partial L_m}{\partial \frac{P_e}{w_m}} = -h < 0 \quad (3.13)$$

其中，本书对 L_m 的定义并非指制造业部门生产所投入的劳动力数量，而是生产 1 单位产品所需要投入的劳动力，因此，L_m 代表制造业部门的劳动生产率，可用来衡量技术进步。式（3.13）表明制造业部门劳动生产率与设备输出部门的产品价格呈负相关关系，与制造业部门劳动力成本呈正相关关系，与劳动力成本/设备价格比呈正相关关系。即设备输出部门输出的生产设备价格、制造业部门的劳动力成本对制造业技术进步均会产生影响，三者之间关系如图 3-3 所示。

图 3-3 设备输出部门与制造业部门关系

综上可得本书理论命题：

命题 3.1a：生产设备价格下降可提高制造业部门劳动生产率；劳动力成本上升同样可提高制造业部门劳动生产率。

3.1.2 制造业诱致性技术进步的理论模型

通过梳理两部门模型，可知制造业技术进步与资本价格负相关，与劳动力成本正相关。接下来进一步聚焦制造业部门，分析生产要素价格变化影响制造业技术进步的机理。

对式（3.14）制造业企业生产函数做进一步假设，采用熟知的固定替代弹性（CES）生产函数。根据利润最大化生产理论，可知制造业企业的生产决策：

$$\max \pi_t = PY_t - wL_t - rK_t$$
$$\text{s.t.} \quad Y_t = A_t [\delta L_t^{-\theta} + (1-\delta) K_t^{-\theta}]^{-\frac{1}{\theta}} \tag{3.14}$$

其中，P 指产品价格，w 为工资，r 为资本价格，A_t 指希克斯中性技术进步，且外生给定。关于希克斯中性技术进步的衡量，有不少学者指出，时间趋势是衡量技术的最好替代变量，可以反映技术的动态变化特征，并规避其他替代变量自身具有的数据误差，基于此，Clark 和 Freeman（1980）曾用一次项时间趋势来衡量技术指标。但是，一次项能否反映技术变迁的实际情况值得推敲。Michl（1986）认为一次项表示恒定的技术进步率，而在实践中，技术进步率逐渐下降是普遍现象（Baily 和 Nordhaus，1982）。鉴于此，结合丁守海（2009）对技术进步率的处理方法，在基期技术进步因子基础上，引进时间二次项，表示非恒定的技术进步率，反映技术随时间推移的非线性变化特征，采用公式 $A_0 e^{at+bt^2}$ 表示，其中，A_0 为基期技术因子，$at+bt^2$ 反映非线性技术进步率，a、b 均为常数。

δ 为分布参数（$0<\delta<1$），θ 为资本、劳动要素的替代弹性（$\theta>-1$），μ 为规模参数（$\mu>0$，$\mu=1$ 代表规模报酬不变，$\mu>1$ 代表规模报酬递增，$\mu<1$ 代表规模报酬递减）。

由利润最大化条件可得：

$$\frac{w}{r} = \frac{MP_L}{MP_K} = \frac{\delta}{1-\delta}\left(\frac{L}{K}\right)^{-\theta-1} \qquad (3.15)$$

整理后可得：

$$\frac{K}{L} = \left(\frac{\delta}{1-\delta}\right)^{-\sigma}\left(\frac{w}{r}\right)^{\sigma} \qquad (3.16)$$

其中，$\sigma = \dfrac{1}{1+\theta}$。

由式（3.16）可知，资本劳动比增长率与要素价格比增长率之间的关系是：

$$\left(\frac{K}{L}\right) = \sigma\left(\frac{\dot{w}}{r}\right) \qquad (3.17)$$

式（3.17）说明要素价格变化会改变要素投入结构，具体而言，要素价格比增长率与资本积累呈正相关关系，即劳动—资本价格比增加会促进制造业企业资本—劳动投入比增加。

那么，劳动—资本要素价格比与制造业技术进步之间存在什么关系？采用劳动生产率指标衡量技术进步，依据式（3.14）推算：

$$Y = A\left\{L^{-\theta}\left[\delta + (1-\delta)\left(\frac{K}{L}\right)^{-\theta}\right]\right\}^{-\frac{\mu}{\theta}}$$

$$= A\left[\delta + (1-\delta)\left(\frac{K}{L}\right)^{-\theta}\right]^{-\frac{\mu}{\theta}} L^{\mu}$$

等式两边同时除以 L:

$$\frac{Y^{\frac{1}{\mu}}}{L} = A^{\frac{1}{\mu}} \left[\delta + (1-\delta) \left(\frac{K}{L}\right)^{-\theta} \right]^{-\frac{1}{\theta}}$$

整理可得劳动生产率公式为:

$$\frac{Y}{L} = A^{\frac{1}{\mu}} \left[\delta + (1-\delta) \left(\frac{K}{L}\right)^{-\theta} \right]^{-\frac{1}{\theta}} Y^{\mu} \quad (3.18)$$

那么,劳动生产率增长率为:

$$\left(\frac{Y}{L}\right) = \frac{1}{\mu}\dot{A} + \left(\frac{K}{L}\right) + \mu \dot{Y} \quad (3.19)$$

将式(3.17)代入式(3.19),可得劳动生产率增长率与劳动—资本要素价格比增长率之间的关系,为:

$$\left(\frac{Y}{L}\right) = \frac{1}{\mu}\dot{A} + \sigma\left(\frac{\dot{w}}{r}\right) + \mu \dot{Y} \quad (3.20)$$

式(3.20)说明,制造业劳动生产率增长率与要素价格比增长率呈正相关关系,当工资上涨幅度较大,导致要素价格比增长率增加时,劳动生产率增长率随之增加;当资本价格下降幅度较大,导致要素价格比增长率增加时,劳动生产率增长率随之增加。

由此,可提出本书的命题:

命题3.1b:劳动—资本要素价格比增加,制造业的劳动生产率会随之增加,技术进步水平提高。

因工资上涨幅度较大导致劳动—资本要素价格比上升,促进劳动生产率提高的技术进步为劳动诱致型技术进步。

因资本价格下降幅度较大导致劳动—资本要素价格比上升,促进劳动生产率提高的技术进步为资本诱致型技术进步。

由上可知,工资上涨、资本价格下降会诱致不同类型的技术进步,进一步,本章将深入探讨要素价格变化通过何种路径促进制造业技术进步。

3.2 中国制造业诱致性技术进步的路径分析

3.2.1 要素价格诱致技术进步的利润效应

微观经济学理论一般假定厂商的生产目标是实现利润最大化，这是理性经济人在生产理论中的具化表现。在实际经济生活中，厂商的决策不都以追求最大利润为目标，例如，在信息不对称条件下，厂商很难精准作出可获取利润最大化决策。此外，在现代公司制的企业中，企业的经营管理决策往往由聘请的职业经理人作出，职业经理人会追求其他目标以实现自身效益最大化，以致偏离企业最大化利润目标；不过，经理人偏离企业利润最大化目标程度会受董事会约束面临被解雇风险。即便信息不对称会导致厂商无法精准制定利润最大化决策甚至偏离利润最大化目标，但是，在激烈的市场竞争中，不能实现利润最大化的厂商终究会被淘汰。可以认为，实现利润最大化是企业生存的基本法则，这也是本书分析企业生产行为的基础假设。

再者，企业往往通过综合考虑生产的边际成本和边际收益来确定最优的生产方式，以获得最大利润。劳动、资本是生产中不可或缺的要素，获取最大利润是企业生产最终目标，因此，当生产要素成本变化影响企业利润时，企业更倾向利于实现最大化利润的生产方式。基于此，本书分别从工资上涨、资本价格下降两个角度分析其对利润的不同作用导致企业对生产方式的不同选择。

1. 工资上涨的利润倒逼效应

（1）基础模型构建。借鉴 Gorodnichenko 和 Schnitzer（2013）、肖文和薛天航（2019）处理劳动力成本和企业利润关系的思路，构建工资与技术进步的决策模型。

假设企业的生产成本函数为：

$$TC = Q \times c/s \tag{3.21}$$

其中，TC 为企业的总生产成本；Q 为产品产量；c 为生产单位产品所需投入的要素组合成本，企业生产需投入资本、劳动、中间产品、其他等生产要素，因此，c 表示单位产品的资本、劳动、中间产品、其他要素投入成本；s 表示技术进步水平，设为常数；c/s 为单位产品的边际成本。假设产品的市场价格为 p，那么，产品的市场价格应高于单位产品边际成本，即 $p>c/s$，厂商才能获得利润。

假设除劳动力成本外，其他生产要素的价格保持不变，那么，c 为劳动力成本即工资 w 的单调递增函数，$c=f(w)$。其他要素价格不变，工资上涨，若技术进步水平不变，那么单位产品的边际成本提高，生产相同产量的产品，企业的生产成本增加。若要降低企业生产成本，只能通过提高技术进步水平，降低单位产品边际成本，获得利润。

基于此，假设企业在不同的技术进步水平 s_1、s_2（$s_1<s_2$）条件下具有两种生产模式。当技术进步水平为 s_1 时，企业的生产模式为：

$$TC_1 = Q \times c_1/s_1$$
$$\text{s.t. } c_1 = f_1(w) \tag{3.22}$$

由此得，企业在技术进步水平为 s_1 时的总成本为：

$$TC_1 = Q \times f_1(w)/s_1 \tag{3.23}$$

其中，TC_1 为企业在技术进步水平为 s_1 时的总成本，$f_1(w)$ 为工资的单调递增函数，且 $f_1(w)>0$，$f'_1(w)>0$。$f'_1(w)/s_1$ 表示当技术进步水平为 s_1 时，企业的边际成本对工资变化的敏感程度。那么，工资上涨时，企业可通过加大技术投入来提高技术进步水平，进而降低企业对工资的敏感程度。

假设企业为提高技术进步水平，支付技术投入成本 T，技术成本包括购买先进技术、购买机械设备、人力资本培训、自主创新投入等，从而促进技术进步水平由 s_1 增加至 s_2，那么，在生产同样产量 Q 的情况下，企业的成本函数变为：

$$TC_2 = Q \times c_2/s_2 + T$$
$$\text{s.t. } c_2 = f_2(w) \tag{3.24}$$

整理可得，当技术进步水平为 s_2 时，企业的成本函数为：

$$TC_2 = Q \times f_2(w)/s_2 + T \tag{3.25}$$

其中，$f_2(w) > 0$，$f'_2(w) > 0$。技术进步水平提高可促进劳动生产率提高，劳动生产率提高的结果表现在两个方面：一是投入等量劳动要素，产量提高；二是生产等量产量，所需劳动要素减少。根据本书假设，在生产等量产品 Q 的条件下，企业技术进步水平的提高会减少劳动要素投入，进而减少单位组合要素中劳动的投入，这意味着提高技术进步水平会弱化单位产品边际成本对劳动力成本的敏感程度，即 $f'_2(w)/s_2 < f'_1(w)/s_1$。

(2) 企业决策分析。分析企业短期决策，本书拟采用利润最大化条件来推导企业的生产方式，原因在于成本最小化函数存在一定桎梏，如不考虑政府管制、要素调整成本等存在的摩擦（袁富华，2007）。

为聚焦研究问题，本书假设市场需求外生给定为 Q，产品价格稳定为 p，企业获得的销售收入稳定为 R，在此基础上能够清晰分析两种技术进步水平下企业所获利润及生产决策。

当技术进步水平为 s_1 时，企业的利润函数 π_1 为：

$$\pi_1 = R - Q \times f_1(w)/s_1 = PQ - Q \times f_1(w)/s_1 \quad (3.26)$$

当技术进步水平为 s_2 时，企业的利润函数 π_2 为：

$$\pi_2 = R - Q \times f_2(w)/s_2 = PQ - Q \times f_2(w)/s_2 - T \quad (3.27)$$

那么，在两种技术进步水平生产方式下的企业利润差额 $\Delta\pi$ 为：

$$\Delta\pi = \pi_2 - \pi_1 = Q \times f_1(w)/s_1 - Q \times f_2(w)/s_2 - T \quad (3.28)$$

当且仅当 $\Delta\pi > 0$ 时，企业才会选择技术进步水平为 s_2 的生产方式，以获得额外利润。企业选择生产模式的路径可用图 3-4 进行详细分析，图 3-4 涵盖公式（3.26）、公式（3.27）、公式（3.28），刻画了企业利润与劳动力成本之间的关系，即不论技术进步水平高低，企业利润都随劳动力成本的上升而下降。从曲线的倾斜程度来看，技术进步水平较低的企业，利润曲线斜率绝对值较大，曲线更加陡峭；技术进步水平较高的企业，利润曲线斜率绝对值较小，曲线更加平缓。这意味着相较于较低技术进步水平的生产方式，提高技术进步水平会弱化利润对劳动力成本变化的敏感程度。两条不同技术进步水平下的利润曲线相交于均衡点 $A(w^*, \pi^*)$，使得 $\Delta\pi = 0$，即在 A 点，无论选取哪种生产方式，企业所能获得的利润是相同的。

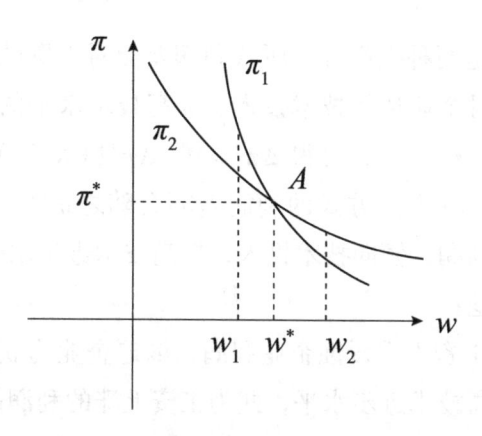

图 3-4 不同工资水平下企业利润及生产方式选择

此外，如图 3-4 所示，当工资水平小于均衡 w^*（$w_1 < w^*$）时，低技术进步水平对应的企业利润 π_1 大于高技术进步水平对应的企业利润 π_2，两种生产方式的利润差额 $\Delta\pi < 0$，这表示当工资水平较低时，企业选择低技术进步水平生产方式所获得的利润要高于高技术进步水平生产所获得的利润，这意味着由企业进行技术投资促进生产率提高所获得的利润，不足以弥补被技术投资成本侵蚀的利润。随着工资水平提高至均衡水平 w^* 时，由企业进行技术投资促进生产率提高所获得的利润才能刚好弥补被技术投资成本侵蚀的利润。那么，当工资水平上升至 w_2（$w_2 > w^*$）时，高技术进步水平利润曲线在低技术进步水平利润曲线上方，此时有 $\Delta\pi > 0$，采用高技术进步水平生产方式所获得的利润大于低技术进步水平生产方式。由此说明，随着工资水平不断提高，企业因技术投资而获得的额外利润超过技术投资成本，企业会倾向选取较高技术进步水平 s_2 的生产方式。

图 3-4 表明，当工资水平较低时，企业会选择低技术进步水平的生产方式，而随着工资上涨并超过均衡工资时，企业倾向选择高技术进步水平生产方式。这一过程可通过对式（3.28）求导进行说明，等式两端分别对工资 w 求导，可得：

$$\Delta\pi' = \frac{\partial \Delta\pi}{\partial w} = Q \times [f'_1(w)/s_1 - f'_2(w)/s_2] \quad (3.29)$$

式（3.29）是两种生产方式所获利润差额对工资的导数，其经济学含义为工资上涨对企业选择技术投入、提高技术水平的激励强度。已知 $f'_2(w)/s_2 < f'_1(w)/s_1$，可得 $\Delta\pi' > 0$。$\Delta\pi'$ 恒大于 0，意味着随着工资水平的上涨，两种生产方式的利润差额会随之扩大。$\Delta\pi$ 扩大导致企业为了追逐更多利润，倾向技术投入，提高技术进步水平。

由此可得命题：

命题 3.2a：工资上涨侵蚀企业利润，倒逼企业为获得正常利润或更多利润而选择提高技术进步水平，此为工资上涨的利润倒逼效应。

2. 资本价格下降的利润激励效应

类似地，参照劳动力成本与企业利润关系的建模思路，构建资本价格变化诱致技术进步的理论模型。

（1）基础模型构建。仍假设企业的生产成本函数为：

$$TC = Q \times c/v \quad (3.30)$$

其中，TC 为企业的总生产成本；Q 为产品产量；c 为生产单位产品所需投入的要素组合成本，同样地，c 表示单位产品的资本、劳动、中间产品、其他要素投入成本；v 为技术进步水平，设为常数；c/v 为单位产品的边际成本。假设产品的市场价格为 p，高于单位产品边际成本，即 $p > c/v$。

假设除资本价格外，其他生产要素的价格保持不变，那么，c 为资本价格 r 的单调递增函数，$c = \varphi(r)$。根据诱致性技术变迁理论可知，当资本价格 r 下降时，企业倾向选择投入更多资本，技术进步水平会随之提高。

假设企业在不同的技术进步水平 v_1、v_2（$v_1 < v_2$）条件下具有两种生产模式。当技术进步水平为 v_1 时，企业的生产成本为：

$$TC_1 = Q \times \varphi_1(r)/v_1 \quad (3.31)$$

其中，TC_1 为企业在技术进步水平为 v_1 时的总成本，$\varphi_1(r)$ 为资本价格的单调递增函数，且 $\varphi_1(r) > 0$，$\varphi'_1(r) > 0$。$\varphi'_1(r)/v_1$ 表示技

进步水平为 v_1 时，企业的边际成本对资本价格的敏感程度。资本价格下降会诱致企业投入更多资本，那么，单位产品中资本成本比重增加，边际成本对资本价格的敏感度提高。

仍假设企业支付技术投入成本 T，包括购买先进技术、机械设备、人力资本培训、自主创新等，使得技术进步水平由 v_1 增加至 v_2，那么，在生产同样产量 Q 的情况下，企业的成本函数变为：

$$TC_2 = Q \times \varphi_2(r)/v_2 + T \tag{3.32}$$

其中，$\varphi_2(r) > 0$，$\varphi'_2(r) > 0$。企业通过技术投资的形式提高技术进步水平，技术投资中包括设备等固定资本投入，意味着单位组合要素中资本的占比增加，因此，单位产品边际成本对资本价格变化的敏感程度也会随技术进步水平的提高而增强，即 $\varphi'_2(r)/v_2 > \varphi'_1(r)/v_1$。

（2）企业决策分析。仍采用利润最大化条件来推导企业的生产方式。同样地，为聚焦研究问题，本书仍假设市场需求外生给定为 Q，产品价格稳定为 P，企业获得的销售收入稳定为 R，在此基础上能够清晰分析两种技术进步水平下企业所获利润及生产决策。

当技术进步水平为 v_1 时，企业的利润函数 π_1 为：

$$\pi_1 = R - Q \times \varphi_1(r)/v_1 = PQ - Q \times \varphi_1(r)/v_1 \tag{3.33}$$

当技术进步水平为 v_2 时，企业的利润函数 π_2 为：

$$\pi_2 = R - Q \times \varphi_2(r)/v_2 - T = PQ - Q \times \varphi_2(r)/v_2 - T \tag{3.34}$$

那么，在两种技术进步水平生产方式下的企业利润差额 $\Delta\pi$ 为：

$$\Delta\pi = \pi_2 - \pi_1 = Q \times \varphi_1(r)/v_1 - Q \times \varphi_2(r)/v_2 - T \tag{3.35}$$

当且仅当 $\Delta\pi > 0$ 时，企业才会选择技术进步水平为 v_2 的生产方式，以获得额外利润。企业选择生产模式的路径可用图 3-5 进行详细分析，图 3-5 涵盖式（3.33）、式（3.34）、式（3.35），刻画了企业利润与资本价格之间的关系，即不论技术进步水平高低，企业利润都随资本价格的下降而增加。

从曲线的倾斜程度来看，技术进步水平较低的企业，利润曲线斜率绝对值较小，曲线更加平缓；技术进步水平较高的企业，利润曲线斜率绝对值较大，曲线更加陡峭。这意味着相较于较低技术进步水平的生产方式，提高技术进步水平会增强利润对资本价格变化的敏感程度。两条不同技术进步水平下的利润曲线相交于均衡点 B (r^*, π^*)，使得 $\Delta\pi = 0$，即在 B 点，无论选取哪种生产方式，企业所能获得的利润是相同的。

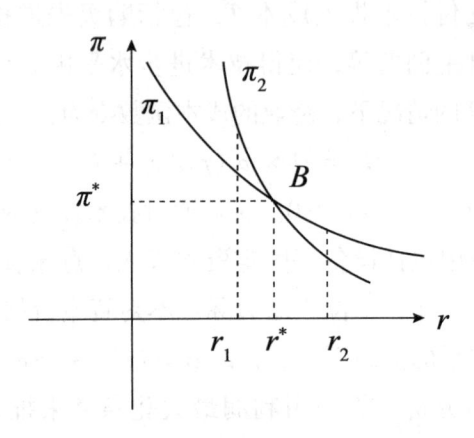

图 3-5　不同资本价格水平下企业利润及生产方式选择

如图 3-5 所示，当资本价格大于均衡价格 r^* ($r_2 > r^*$) 时，低技术进步水平对应的企业利润 π_1 大于高技术进步水平对应的企业利润 π_2，两种生产方式的利润差额 $\Delta\pi < 0$，说明当资本价格较高时，企业选择低技术进步水平生产方式所获得的利润要高于高技术进步水平生产所获得的利润，意味着资本价格水平较高时，企业为获得高技术进步水平获得的额外利润不足以弥补投入的资本成本。随着资本价格水平降低至均衡水平 r^* 时，由企业进行技术投资促进生产率提高所获得的额外利润才能刚好弥补技术投资成本。当资本价格水平降低至 r_2 ($r_2 < r^*$) 时，高技术进步水平利润曲线在低技术进步水平利润曲线上方，此时有 $\Delta\pi > 0$，采用高技术进步水平生产方式所获得的利润大于低技术进步水平生产方式，说明当资本价格降到足够低，企业通过技术投资促进技术进步所获利润超过技术投资成本，可获取更多额外利润。

由此说明，随着资本价格不断下降，企业因技术投资而获得的额外利润超过技术投资成本，诱致企业选取高技术进步水平 v_2 的生产方式。

图 3-5 表明，当资本价格水平较高时，企业会选择低技术进步水平

的生产方式，而随着资本价格下降并低于均衡水平时，企业倾向选择高技术进步水平生产方式。这一过程可通过对式（3.35）求导进行说明，等式两端分别对资本价格 r 求导，可得：

$$\Delta \pi' = \frac{\partial \Delta \pi}{\partial r} = Q \times [\varphi'_1(r)/v_1 - \varphi'_2(r)/v_2] \quad (3.36)$$

式（3.36）是两种生产方式所获利润差额对资本价格的导数，其经济学含义为资本价格下降对企业选择技术投入，提高技术水平的激励强度。已知 $\varphi'_2(r)/v_2 > \varphi'_1(r)/v_1$，可得 $\Delta \pi' < 0$。这意味着，当资本价格持续下降，两种不同技术进步水平生产方式的利润差额会随之扩大，$\Delta \pi$ 扩大导致企业为追逐更多利润，倾向技术投资，增加资本投入，提高技术进步水平。

由此可得命题：

命题 3.2b：资本价格下降通过激励企业获得更多利润而促进企业提高技术进步水平，此为资本价格下降的利润激励效应。

3.2.2 劳动诱致型技术进步的机制分析

长期以来，我国经济增长一直受益于充足、低廉的劳动力供给，但随着劳动力短缺、工资上涨，一次人口红利逐渐消失。制造业若仍依赖高劳动投入以期攫取人口红利，将会囿于成本困境，难以成功转型升级，破解之道在于提高技术水平，消化成本。那么工资上涨诱致技术进步的内在机理如何？本书从要素替代效应、人力资本效应、创新投入效应、市场消费需求效应四个维度逐一分析。

1. 要素替代效应

工资上涨直接导致要素相对价格发生变化，诱致企业生产要素投入向资本倾斜，引进更多先进机械设备，替代劳动力进行高效生产，促进技术进步，这一过程称为工资上涨诱致技术进步的要素替代效应。

劳动、资本是企业生产过程中不可或缺的生产要素，企业往往根据要素的边际产出和要素价格确定边际技术替代率，结合要素替代弹性，选择生产要素的最优组合。基于实际，当劳动力价格较低且容易获取、而资本价格较高且较难获取时,企业倾向投入大量劳动力来替代资本,高劳动、低资本即为最优要素组合。当劳动力成本逐渐上涨,要素的边际技术替代率发生改变,企业倾向选择高资本、低劳动的要素组合。近几十年来,技术进步具有明显的资本偏向性,资本边际产出不断提高,使得企业在生产过程中逐渐倾向资本投入,减少劳动投入(Harrison,2005;Bentolila 和 Saint – Paul,2003)。

利用微观经济学理论分析也可得出相同结论,本书仅分析在既定成本下产量最大化以获得最大利润的情形。

当劳动力价格较低且易获取、资本价格较高且难获取时,技术进步水平一般偏低,意味着劳动的边际产出高于资本的边际产出,此时,资本和劳动要素的边际技术替代率 $MRTSLK$ 较高。可假设 $MRTSLK = - dK/dL = MPL/MPK = 2/1 > w/r = 1/1$,等式左边表示厂商的生产过程资本和劳动要素的边际技术替代率,当厂商在生产时减少 1 单位资本投入,只需要增加 0.5 单位的劳动投入便可维持原有产量;等式右边表示生产要素购买市场,为保证总成本支出不变,减少 1 单位资本购买,可以增加 1 单位劳动购买。那么,厂商在生产过程中会因多得的 0.5(1 – 0.5)单位劳动投入量使产量增加,获得更多利润。只要 $MRTSLK > w/r$,厂商便一直倾向选择使用劳动替代资本。

而当技术进步水平提高,资本的边际产出高于劳动的边际产出,要素边际技术替代率发生改变;加上工资持续上涨,劳动—资本价格也随之改变。此时,假设 $MRTSLK = - dK/dL = MPL/MPK = 1/4 < w/r = 2/1$,等式左边表示厂商的生产过程资本和劳动要素的边际技术替代率,当厂商在生产时减少 1 单位的劳动投入只需要增加 0.25 单位的资本投入便可维持总产量不变;等式右边意味着在生产要素市场,保证总支出成本不变,减少 1 单位的劳动成本支出可增加 0.5 单位的资本购入。综上所述,厂商会因多获得 0.25(0.5 – 0.25)单位的资本投入而增加产量,获得更多利润。只要 $MRTSLK < w/r$,厂商在保证成本不变的情况下,倾向选择使用更多资本替代劳动,简而言之,厂商倾向选择低成本高产出的资本要素投入生产。

因此，当劳动力成本日益上涨，资本边际产出高于劳动边际产出，企业为获取最大利润，会倾向高产出、低成本的生产方式，选择资本替代劳动。

资本投入增加可促进企业提高劳动生产率（Burmeister 和 Turnovsky，1972；Madsen 和 Damania，2001；Acemoglu 和 Finkelstein，2008）。劳动力成本较低、边际产出较高、供给较为充足时，投入低廉劳动力已能保证企业获取较高利润，此时，企业经营者大多不会为了提高劳动生产率而在初期投入大量资金购买机器设备，此时资本对劳动的替代效应较弱。但当劳动力成本上涨至较高水平、边际产出相对较低时，高成本、低产出的生产方式迅速增加企业成本负担，为保证获取利润，企业经营者倾向选择边际产出较高的资本要素替代边际产出较低的劳动要素，提高劳动生产率，对冲工资上涨带来的成本压力。资本对劳动的替代效应会随着要素替代弹性的增强而增强（Madsen 和 Damania，2001）。

中国的技术进步方式与发达国家不同，需依靠引进先进技术和生产设备实现，内嵌物化于资本中的技术进步对提高我国技术进步水平作用不容忽视。设备资本通常会物化最新的技术成果，从而引起每时期新投入设备资本的异质性，即相较"旧"的机器，"新"机器的生产效率更高、质量更好。随着大量新设备资本的投资，技术进步水平加快提高，传导至经济活动中，促进生产率提升，实现经济增长，这在实际上肯定了资本积累对经济增长的重要作用。

2. 人力资本效应

工资上涨可从提高人力资本水平路径促进技术进步，此为工资上涨诱致技术进步的人力资本效应。

从企业角度，首先，工资上涨促使企业引进更多先进机器设备，新技术往往内嵌于机器设备中，导致技术进步具有技能偏向性。因此，先进机器设备能快速、大规模投入使用高度依赖高技能员工，如机组人员、维修维护人员。短期内获得大量技能劳动力的方法有两种：一是对现有员工进行技能培训，学习并掌握先进机器设备操作、维护维修技能；二是雇佣更多高技能员工。若选前者，可能存在现有员工学习能力不强、培训教育耗时过长问题；若选后者，可能存在劳动力成本负担加重问题。因此，在控成本的前提下保证机器设备快速有效投入生产，需要双管齐下，同时采用上述两种措施，即雇佣少量高技能员工、加强现有员工技能培训，通过高技能带动低技能，边干边学。对原有岗位劳动力进行培训、雇佣高人力资本的劳动力，才能更有效率地操作和维护工业机器人，释放机器人工作效率。这在提高企业人力资本水平的同时，稳定了非技能员工就业，意义重大。并且，重视内部员工的技能培养可有效缓解道德风险，企业推动创新的关键也在于对内部人力资本的开发和培养。其次，根据 Alfred Marshall 的效率工资理论，高工资在调动员工工作积极性的同时会吸引工作效率更高的员工加入，有助于企业提高生产效率。

从员工角度，工资上涨对人力资本具有正向促进作用。不同于其他生产要素，劳动成本的二重性使其既为企业支出成本，也是员工主要收入来源，员工收入增加有利于提高其参与教育和培训积极性和可能性。从长期来看，收入提高可增加劳动者对其子女的教育投资，提高社会整体人力资本水平，水涨船高，可间接为企业提供更多高水平人力资本。

在先进技术和机器设备更迭速度加快的时代，高水平人力资本对企业技术进步有着至关重要作用，技术进步是一项集高智商、高技能、高投资为一体的复杂活动，高水平人力资本对新知识、新技术的吸收能力更快，更能将新技术融入生产，提高企业生产率，甚至创造新产品。

3. 创新投入效应

工资上涨可刺激企业增加创新投入，提高技术进步水平。

企业提高技术进步水平，除了依靠引进先进机械设备，还应包括增加创新投入、提高自主创新能力。正如前文所述，我国技术进步变迁从购买先进机械设备等以资本为载体的技术进步，转向加强自主创新的技术进步。因此，微观层面上，制造业企业除了依靠从外部购置先进机器设备来提高技术进步水平，也要从内部加强自主创新能力。

不同于引进先进机器设备可快速带来收益回报，企业自主创新需要大量且持续的研发投入、长远的战略眼光和企业家精神，具有高投入、高风险、回报不确定性特征。因此，只有当创新带来的价值或收益高于创新的成本和附加的风险成本时，企业才愿意自主创新。

当劳动力成本较低且边际产出较高时，企业没有动力进行自主创新，更不想面对自主创新带来的沉没成本，此时自主创新对企业发展的价值不高；但当劳动力成本持续上涨，边际产出持续减少，生产成本开始侵蚀生产收益时，若通过技术创新可降低单位产品要素投入成本、获得更多利润，则意味着创新的价值相对提高，对企业发展的作用凸显，企业会更愿意强化自主创新。因此，在工资上涨的条件下，企业为节约生产成本进行自主创新，进而提高技术进步水平，称此为工资上涨诱致技术进步的创新投入效应。

4. 市场消费需求效应

根据 Schmookler（1996）的需求拉力理论，企业的自主创新和发明创造能否顺利转化为新产品或新技术投入生产或使用，取决于它们的市场预期收益，只有市场的消费需求规模和消费需求层次达到一定程度，才能刺激并激励企业进行创造和生产，若市场有效需求不足，企业会直接减少创新投入，减少沉没成本。

正如前文所述，高投入和收益不确定性直接决定了企业自主创新的高风险性，只有当市场有效需求规模达到一定程度时，企业的创新投资才能通过市场有效需求转化为创新收益，弥补研发成本及风险成本。因此，市场的有效需求规模扩大会直接影响企业的创新行为。

工资作为居民的主要收入来源，工资上涨将直接增加居民人均可支配收入，释放消费需求，在需求规模和需求层次上拉动市场有效需求，进而促进企业创新，提高技术进步水平，此为工资上涨诱致技术进步的市场消费需求效应。

综上，可得命题：

命题 3.2c：工资上涨可通过要素替代效应、人力资本效应、创新投入效应、市场消费需求效应渠道诱致制造业企业技术进步。

3.2.3 资本诱致型技术进步的机制分析

相较劳动力成本日益上涨、边际产出不断下降，资本价格相对下降、边际产出不断提高优势逐渐凸显，使得企业的生产投入向资本倾斜。资本价格相对下降可通过要素替代效应、人力资本效应、创新投入效应路径促进制造业企业技术进步。

1. 要素替代效应

首先，如前文理论公式（3.13）所示，设备价格下降将诱致企业选择投入更多资本，这与诱致性技术变迁理论不谋而合，即当要素比价发生变化，企业倾向选择成本小、资源相对丰富的要素进行生产。设备价格相对下降、供给相对增加，劳动力成本上升、供给短缺情况下，必然会诱致企业选择投入更多机器设备替代劳动力进行生产。

基于前文分析基础，采用微观经济学理论中厂商生产的要素边际技术替代率，分析资本价格相对下降、边际产出相对提高时，企业生产要素的最优组合。相较前文，假设 $MRTSLK = -dK/dL = MPL/MPK = 1/5 < w/r = 3/1$，等式左边表示厂商在进行生产时，减少1单位的劳动投入只需增加0.2单位的资本投入就能维持产量不变；等式右边意味着在生产要素市场，若保证总支出成本不变，减少1单位的劳动成本支出可增加0.33单位的资本购入，这样来看，厂商会因多获得0.13（0.33 - 0.2）单位的资本投入而增加产量，获得更多利润，但前提是保证 $MRTSLK < w/r$。由此，资本价格相对下降、边际产出相对提高时，厂商倾向选择低成本高产出的资本要素投入生产。

其次，资本投入与技术进步动态融合，不可分割，新技术附着于新资本和人力资本中，使用新技术必须积累新资本。物化于资本中的技术进步为资本体现式技术进步，对生产率增长贡献较大，经测算，区分设备资本和建筑资本后，设备资本的体现式技术进步对人均产出增长贡献将近60%（Greenwood 等，1997），剩余的经济增长由中性技术进步贡献。在学术研究中，也常把资本尤其是机器设备等作为衡量技术进步的载体，如计算机化的技术进步、FDI式技术进步、设备投资式技术进步。

2. 人力资本效应

资本价格下降诱致技术进步的人力资本效应也可通过提高人力资本水平实现。

企业面对边际产出降低、价格日益上涨的劳动力要素，边际产出提高、价格相对下降的资本要素时，逐利本质使其倾向选择后者，购置更多固定资本尤其是机器设备投入生产。资本与技能互补，更多的资本投入需要更多高技能劳动力与之匹配，机器设备可细化分工，进而促进劳动生产效率，那么，细化分工创造的更加细化的岗位需要特定技能劳动力与之匹配，可认为，机器设备投资与对技能劳动力的需求存在显著的正相关关系。实际上，资本深化导致的非技能工人失业也可从侧面验证资本对技能劳动力的需求。

鉴于资本与技能劳动的互补性，企业在引进大量机器设备时，需提高企业人力资本水平，增加技能劳动力，促使机器设备高效投入生产。在资本技能互补条件下，大量先进机器设备投入使用形成资本深化导致技能溢价，刺激人力资本投资，经济增长的动力来源会随之从物质资本驱动转为人力资本与物质资本双轮驱动。

3. 创新投入效应

资本价格下降可通过降低企业自主创新所需设备投入成本、进而提高自主创新积极性、提高研发投入，促进企业技术进步。如前文所述，企业进行自主创新具有高投入、高风险、回报不确定性特征，企业最优研发投入水平至少高于实际研发投入水平 3 倍（Jones 和 Williams，1998）。只有创新带来的价值收益高于创新的成本和附加的风险成本，或创新成本降低时，企业才愿意自主创新。高成本低产出劳动力要素会倒逼企业为获得利润进行创新，但高产出低成本资本要素会激励企业积极引进机器设备，服务自主创新活动。

综上，可得命题：

命题 3.2d：资本价格下降通过要素替代效应、人力资本效应、创新投入效应渠道诱致制造业企业技术进步。

3.3 中国制造业技术进步就业效应的机制分析

要素价格变化均可通过要素替代效应、人力资本效应、创新投入效应渠道促进制造业技术进步，要素替代效应诱使制造业企业倾向资本投入，对制造业就业数量产生一定程度影响的同时，也会改变劳动力需求结构。而人力资本效应和创新投入效应诱使制造业企业倾向高人力资本投入，可显著提高高技能劳动力需求，加剧改变劳动力需求结构。综上，制造业诱致型技术进步将同时对就业市场将产生数量和质量的冲击，威胁低技能劳动力就业，倒逼劳动力提高人力资本水平。

3.3.1 制造业技术进步就业效应的理论推导

本书仍采用典型的企业生产函数即柯布—道格拉斯函数，生产投入包括资本和劳动两大要素。对于技术进步的假设，如文献综述所述，技术进步中性假说（Sato 和 Beckmann，1968；Hicks，1932；Solow，1957）完全不符合本书研究内容，基于引进式技术进步、原发式技术进步过程中资本投入所起到的决定性作用，本书假设技术进步存在偏向性。国内外学者对于有偏技术进步的表达式大多采用资本/劳动的边际产出比或者该比值的增长率来衡量（Hicks，1932；Williamson，1971；Swan，1976；黄先海，徐圣，2009）。本书借鉴 Williamson（1971）对有偏技术进步的设定，假设有偏技术进步的表达式为 $A(t) = A_0 K(t)/L(t)$，其中，A_0 为常数，当 $K(t)/L(t) > K(t-1)/L(t-1)$，即 $K(t)\dot{/}L(t) > 0$ 时，技术进步偏向资本；当 $K(t)/L(t) < K(t-1)/L(t-1)$，即 $K(t)\dot{/}L(t) < 0$ 时，技术进步偏向劳动。并且，技术进步的偏向性是相对概念，而非绝对概念。

根据上述假设，在某一产出水平下，企业追求的是成本最小化，即：

$$\begin{aligned} \min: C(t) &= r(t) \times K(t) + w(t) \times L(t) \\ \text{s.t. } Y(t) &= A_0 \frac{K(t)}{L(t)} K(t)^\alpha L(t)^\beta \end{aligned} \quad (3.37)$$

其中，$C(t)$ 表示企业生产投入总成本，$r(t)$ 表示利率，$w(t)$ 表示工资，利率和工资随时间改变而改变，并非为固定常数。$K(t)$ 表示资本，$L(t)$ 表示劳动，$Y(t)$ 表示总产出。α、β 分别表示资本、劳动的弹性系数，均为常数，且假设 $\alpha + \beta = \theta$，用来表示企业规模报酬。

根据式（3.37）可知，在生产者均衡的条件下，满足：

$$w(t) = MP_L = \beta Y(t)/L(t)$$
$$r(t) = MP_K = \alpha Y(t)/K(t) \quad (3.38)$$

由此可知：

$$K(t) = \frac{\alpha}{\beta} \times \frac{w(t)}{r(t)} \times L(t) \quad (3.39)$$

在此需要说明的是，由式（3.39）可知：

$$\frac{\dot{K}}{L}(t) = \frac{\dot{w}}{r}(t) \quad (3.40)$$

式（3.40）表示，工资/利率比值增长率与资本/劳动比值增长率呈同方向变动，即当工资/利率比值增长率增加时会促进资本/劳动比值增长率增加。这意味着当工资上涨幅度高于利率时，会导致企业投入更多资本，进而促进技术进步，与本书命题吻合。

接着，将式（3.39）代入式（3.37），可得：

$$Y(t) = A_0 \frac{K(t)}{L(t)} \left[\frac{\alpha}{\beta} \times \frac{w(t)}{r(t)} \times L(t) \right]^\alpha L(t)^\beta$$

则有：

$$L(t)^* = \left[\frac{1}{A_0 \frac{K(t)}{L(t)}} \left(\frac{\alpha}{\beta} \times \frac{w(t)}{r(t)} \right)^{-\alpha} Y(t) \right]^{1/\theta} \quad (3.41)$$

新古典理论假设条件中指出，劳动要素不存在任何摩擦，完全可快速、无摩擦完整流动和调整，显而易见，与实际并不相符。实际上，劳动要素具有准固定性（Clark 和 Freeman，1980；Kumar，1982；Michl，1986），企业不能随意调整生产要素投入。并且，出于多种因素考虑，尤其是调整雇佣量所可能带来的调整成本，如遣散成本，雇主一般希望尽量维持雇佣量不变，从而使雇佣量呈黏性特征（Cooper 等，2015，2018）。因此，假设企业对雇佣劳动投入进行调整到最优状态需分步依次进行具有合理性，且与实际贴合。综上，本书将借鉴 Ball 在 1966 年提出的两期分布滞后模型来描述调整雇佣劳动人数至最优水平的过程：

$$\frac{L_t}{L_{t-1}} = \left(\frac{L^*}{L_{t-1}} \right)^\lambda, 0 < \lambda < 1 \quad (3.42)$$

式 (3.42) 中，L_t 表示当期雇佣劳动人数，L_{t-1} 表示上期雇佣劳动人数，λ 为雇佣人数调整系数，数值越大，表明企业调整雇佣人数至最优水平的速度越快。

将式 (3.42) 代入式 (3.41) 中，并进行求导可得：

$$\ln L(t) = (1-\lambda)\ln L(t-1) - \frac{\lambda}{\theta}\ln A_0 - \frac{\lambda}{\theta}$$

$$\ln \frac{K(t)}{L(t)} - \frac{\lambda\alpha}{\theta}\ln\frac{\alpha}{\beta} - \frac{\lambda\alpha}{\theta}\ln\frac{w(t)}{r(t)} + \frac{\lambda}{\theta}\ln Y(t) \qquad (3.43)$$

式 (3.43) 表示，企业雇佣劳动人数受上期雇佣人数、中性技术进步、资本劳动投入比值、工资利率比值、总产出的多方面因素的影响。

对式 (3.43) 等式两边同时对 t 求导，可得：

$$\frac{\mathrm{d}\ln L(t)}{\mathrm{d}t} = (1-\lambda)\frac{\mathrm{d}\ln L(t-1)}{\mathrm{d}t} - \frac{\lambda}{\theta}$$

$$\frac{\mathrm{d}\ln\frac{K(t)}{L(t)}}{\mathrm{d}t} - \frac{\lambda\alpha}{\theta}\frac{\mathrm{d}\ln\frac{w(t)}{r(t)}}{\mathrm{d}t} + \frac{\lambda}{\theta}\frac{\mathrm{d}\ln Y(t)}{\mathrm{d}t} \qquad (3.44)$$

整理可得劳动增长率[①]为：

$$\dot{L}(t) = (1-\lambda)\dot{L}(t-1) - \frac{\lambda}{\theta}\dot{K(t)/L(t)}$$

$$- \frac{\lambda\alpha}{\theta}\dot{w(t)/r(t)} + \frac{\lambda}{\theta}\dot{Y}(t) \qquad (3.45)$$

公式 (3.45) 表示，资本/劳动比增长率与就业增长率间呈负相关关系，当 $\dot{K(t)/L(t)} > 0$ 时，资本深化加速，技术进步偏向资本，就业增长率下降。

基于此，提出本书命题：

命题 3.3a：资本劳动比增加会减少制造业整体就业。

即资本深化会遏制就业增长，考虑企业异质性，需做进一步检验。

[①] 影响就业的因素有很多，包括价格刚性和市场力量，为避免将简单问题复杂化，本书仅讨论了完全竞争情况。从价格刚性和市场力量角度考虑就业问题，可作为未来研究方向继续深入探讨。

3.3.2 制造业资本—技能关系的理论分析

由前文所述可知，要素价格变化通过要素替代效应、人力资本效应和创新投入效应渠道促进技术进步，制造业企业对要素价格变化作出反应，诸如采用增加资本投入、提高人力资本投入、提高创新投入。增加资本投入一方面可替代部分劳动力，另一方面也增加了高技能劳动需求；提高人力资本投入是为引进的先进机器设备配备高技能员工；提高创新投入则是为更好地将新设备、新技术投入研发或使用，也需雇佣高水平人力资本。因此，上述三种效应都可通过资本（尤其是机器设备或电子设备）投入对就业结构产生一定影响，尤其是对技能劳动力和非技能劳动力就业产生影响。

从资本投入角度分析，资本投入（尤指机器设备）首先会替代在生产线上操作的员工，解放双手、提高生产效率的同时挤占了流水线式生产员工就业份额。但与此同时，先进机器设备需要配置机组人员、维修维护人员，而这些员工均属于技能型劳动力。可以认为资本和技能劳动是互补的（Griliches，1969），并且，相对非技能劳动力，附着"教育"或"技能"的劳动力与固定资本（尤指机器设备）的互补性更强，或者说替代性更弱；换言之，增加固定资本投入，需随之增加与其匹配的技能劳动力。原因在于固定资本（尤指机器设备）可内化技术进步，而技术进步往往存在技能偏向性。

经验分析也可验证资本深化对技能员工就业份额存在促进作用。Flug 和 Hercowitz（2000）研究发现设备投资增加可促进技能工人的就业，但这种促进作用具有滞后性，三年后才可凸显出对技能劳动力的就业促进作用，但该正向影响可持续六年。这为理解增加资本投入虽可长期促进技能员工就业份额，但近期却挤占整体制造业就业份额提供了合理依据。此外，从产业转移角度，当发达国家将资本密集度低或非技能劳动力密集的产业外包出去后，国内对非技能劳动力的需求立刻大幅减少（Hijzen 等，2005），从侧面验证资本投入对非技能劳动力的排斥。

被资本排斥的低技能劳动力，若想在劳动力市场中提高就业竞争力，必须加强教育培训，提高技能，这样一来，资本深化可倒逼提高人力资本水平，进而促进非技能劳动再就业。Stokey（1996）在贸易的框架下构建动态一般均衡，进一步验证发展中国家对外开放引进更多资本有利于人力资本加快积累。

诚然，资本深化可通过提高公共教育投资、个人教育投资、家庭教育投资、培训机会等促进人力资本积累，提高技能，稳定就业。但对于制造业中的非技能劳动力而言，企业教育培训是其提高技能的主要渠道。原因有三：其一，国家提供的公共教育培训，因覆盖范围广泛，并非能直接惠及制造业企业非技能劳动力；再者，国家提供的公共教育培训难以进行针对性技能培训，不同制造业企业、企业不同岗位所需技能繁杂多样，且具体化，政府提供的培训难以面面俱到。因此，政府教育培训对提高非技能劳动力技能成效甚微。其二，家庭教育投资和个人教育投资依赖可支配收入的提高，而制造业非技能劳动力工资远低于技能劳动力工资，叠加生活成本逐年提升，用于个人教育的投资不容乐观。因此，依靠非技能劳动力个人教育投资以提高技能实属有心无力。其三，企业教育培训可直接惠及非技能员工，并可针对其缺失技能点对点培训，提高培训效用；企业增加教育培训虽带来成本负担，但也避免了企业辞退员工、雇佣技能员工过程所花费的时间、金钱、精力等沉没成本。

这样来看，提高企业教育培训支出是提高非技能劳动力技能，进而稳定非技能劳动力就业较具成效的选择。

由此，可提出本书命题：

命题3.3b：增加资本投入可促进技能劳动力就业，威胁非技能或低技能劳动力就业；增加企业职工教育培训支出可稳定非技能劳动力就业。

3.4　本章小结

本章以要素价格变化引起要素投入变化、影响制造业技术进步、再传递至制造业就业为路线，聚焦制造业技术进步，尝试构建制造业技术进步诱致性因素、内在机理及就业效应的理论模型，提出相应命题。

第一，采用设备输出部门、制造业部门的上下游企业间动态博弈模型，叠加要素价格，依据厂商利润最大化理论进行推导；并进一步从制造业企业视角再次推导要素价格影响制造业技术进步的理论模型。并提出两个命题：

命题 3.1a：生产设备价格下降可促进制造业部门提高劳动生产率；劳动力成本上涨同样可促进制造业部门提高劳动生产率。

命题 3.1b：劳动—资本要素价格比增加，制造业的劳动生产率会随之增加，促进技术进步。

综合两个命题，可以判断：因工资上涨对劳动生产率促进作用较强的技术进步为劳动诱致型技术进步；因资本价格下降对劳动生产率促进作用较强的技术进步为资本诱致型技术进步。

第二，根据生产要素成本变化通过改变企业利润导致企业选择更利于实现利润最大化的生产方式这一逻辑，基于微观经济学理论，分别梳理工资上涨、资本价格下降通过对利润产生不同影响促进技术进步的机理。并且，从要素替代效应、人力资本效应、创新投入效应、市场消费需求效应分析工资上涨诱致技术进步的路径选择，从要素替代效应、人力资本效应、创新投入效应分析资本价格下降诱致技术进步的路径选择。并提出四个命题：

命题 3.2a：工资上涨侵蚀企业利润，倒逼企业为获得正常利润或更多利润促进技术进步，此为工资上涨的利润倒逼效应。

命题 3.2b：资本价格下降通过激励企业获得更多利润而促进企业技术进步，此为资本价格下降的利润激励效应。

命题 3.2c：工资上涨通过要素替代效应、人力资本效应、创新投入效应、市场消费需求效应渠道诱致制造业企业技术进步。

命题 3.2d：资本价格下降通过要素替代效应、人力资本效应、创新投入效应渠道诱致制造业企业技术进步。

第三，基于技术进步偏向性假设，充分考虑就业黏性问题，采用两期分布滞后模型，推导制造业企业在实现成本最小化条件下，要素价格改变诱致技术进步同时对就业产生何种影响；进一步，根据Griliches提出的"资本—技能"理论假说，梳理诱致性技术进步对就业结构的影响机理。并提出两个命题：

命题3.3a：资本劳动比增加会减少制造业整体就业。

命题3.3b：增加资本投入可促进技能劳动力就业，威胁非技能或低技能劳动力就业；增加企业职工教育培训支出可稳定非技能劳动力就业。

第4章 中国制造业技术进步诱致性因素的实证研究*

本章根据理论部分3.1提出的两个命题设定计量模型（4.1）和计量模型（4.2）展开经验分析。核心内容包括：（1）检验工资/机械设备价格比如何影响制造业劳动生产率，进一步做内生性、稳健性和异质性检验；（2）检验制造业技术进步对哪种生产要素价格变化更加敏感，判断制造业技术进步类型，并在基准回归基础上做内生性检验、稳健性检验和异质性分析。

4.1 计量模型与数据说明

4.1.1 计量模型

理论公式（3.20）提供了设定检验制造业技术进步诱致性因素计量模型的依据，在此基础上，采用对数形式设定基准计量模型，以考察要素比价如何影响制造业企业技术进步，具体模型如下所示：

$$\ln y_{it} = \alpha_0 + \alpha_1 \ln wp_{it} + \alpha_2 \ln Y_{it} + \alpha_3 T + \alpha_4 T^2 \\ + \alpha_5 X_{it} + \alpha_6 Z_{it} + \lambda_i + \delta_t + \varepsilon_{it} \tag{4.1}$$

其中，下标 i 和 t 分别对应企业和年份。

被解释变量为 $\ln y_{it}$，表示企业 i 在 t 年的技术进步水平。技术进步可从多个维度来衡量，常用的包括投入维度、中间产出维度、结果维度，

---

* 本章主要内容发表于《经济学家》2024年第2期。

这三个维度可分别采用研发投入占主营收入比例/使用新技术费用/技术人员占比、专利申请数量、劳动生产率来表示，根据理论模型推导结果，本书采用结果维度指标——劳动生产率来衡量企业技术进步水平。

核心解释变量为 $\ln wp_{it}$，表示企业 i 在 t 年的劳动/资本要素价格比，本书采用人均薪酬/机械设备价格比来衡量。已有研究中，多数学者常用贷款利率 r 来衡量资本价格，该资本包括房屋及建筑物、办公设备、运输工具及设备、生产设备（通用设备和专用设备）、电子设备及其他设备等，包含企业生产经营所用的所有固定资产，而本书意在考察生产过程中所用机械设备的价格如何影响制造业技术进步，需采用能直接衡量机械设备价格的指标，而非囊括所有固定资产的广义价格指标。

其他解释变量包括：$\ln Y_{it}$ 表示企业 i 在 t 年的总产出，采用营业总收入来衡量。$\alpha_3 T + \alpha_4 T^2$ 表示希克斯中性技术进步存在非恒定的技术进步率，衡量中性技术进步的非线性特征。考虑样本时间维度，$T = t - 2006$，即 $T = 1$，2，$\cdots$，13。

控制变量包括企业特征变量、行业特征变量和地区特征变量三种类型，尽可能控制影响企业劳动生产率、要素价格的特征变量。在计量模型中，企业特征变量由 X_{it} 表示，它是企业 i 在 t 年的特征变量集，包括企业的规模报酬递增效应、企业规模、利润率、出口规模、资产负债率、政府补助额度等变量。行业特征和地区特征变量由 Z_{it} 表示，它是企业 i 所在区域及行业在 t 年的控制变量集，包括行业市场化程度、企业所在城市人均 GDP、企业所在城市城镇单位在岗员工平均工资等变量，尽量减少行业性质和地区经济发展状况对回归结果的干扰（张杰等，2011；孔东民等，2017；蒲艳萍，顾冉，2019）。

λ_i 和 δ_t 分别表示个体和时间固定效应，企业的个体效应控制企业层面不可观测的变量对劳动生产率的影响，如企业文化、价值理念、工作氛围、员工归属感、员工工作努力程度等不可观测的因素；时间固定效应控制宏观经济波动、不可测的"黑天鹅"事件等影响企业劳动生产率的外生冲击因素。

ε_{it} 为随机扰动项，服从正态分布，满足白噪声条件，用来刻画其他非特异性因素。

计量模型（4.1）检验生产要素价格比变化对企业劳动生产率的影响，因此，本书重点关注核心解释变量 $\ln wp_{it}$ 前系数 α_1，只要满足 $\alpha_1 > 0$，就可证明本书命题 3.1b 的预期，即生产要素劳动/资本价格比变大可提高企业劳动生产率，促进技术进步。

除此之外，本书会进一步分析企业技术进步对劳动力成本、生产设备成本变化的敏感程度，原因有二：

基于研究层面，本书需判定目前制造业技术进步是由劳动力成本上升诱致，还是资本设备价格下降诱致，进而判定技术进步对就业的冲击程度是否严重。若是劳动诱致型技术进步，则无须过度担心"技术进步吞噬就业"问题，因为这是由劳动力成本上涨所引发的"被动补充就业"；若是资本诱致型技术进步，则需要重视技术进步对就业的"吞噬"，因为这是由资本价格下降导致的"主动替代就业"。

基于实践层面，企业对利率和工资的反应程度存在差别（Clark 和 Freeman，1980）。

对于利率，企业通常通过贷款来购买生产设备，因此，厂商是否能顺利购置或更换机械设备与贷款难易程度、成本高低息息相关。结合我国实际情况，金融贷款的借款人一般分为两种：一是以国有企业为代表俗称"体制内"企业，二是以民营企业为代表的"体制外"企业。通常而言，国有企业更易获得贷款，对利率变化并不敏感；而民营企业因其体量或经营风险性一直存在融资难、融资贵难题。

对于工资，国有企业需承担一定的社会责任，吸纳就业并保证就业稳定。但是，在我国对就业吸纳能力最强的当属民营企业，2019 年，民营企业对就业的贡献可用"789"三个数字表示，即吸纳 70% 以上农民工，提供 80% 城镇就业岗位，创造 90% 新增就业。因此，由于两类企业所承担的社会分工及对就业的吸纳能力不同，导致对劳动力成本变化的敏感程度也存在差异（丁守海，2009）。

综上所述，资本价格、劳动力成本变化对企业生产经营的影响存在异质性，国有企业和民营企业对利率和工资的变化有所不同。相较理论研究，实际上利率的作用程度发生弱化，但是，对工资变化却更加敏感，因此，可以认为企业对资本价格变化、劳动力成本变化的反应存在差异，应分开考虑。

鉴于此，本书进一步构建检验资本价格、工资分别如何影响企业技术进步的计量模型，具体如下所示：

$$\ln y_{it} = \beta_0 + \beta_1 \ln wage_{it} + \beta_2 \ln Pe_{it} + \beta_3 \ln Y_{it} + \beta_4 T + \beta_5 T^2 \\ + \beta_6 X_{it} + \beta_7 Z_{it} + \lambda_i + \delta_t + \varepsilon_{it} \quad (4.2)$$

与计量模型（4.1）相同，其中，下标 i 和 t 分别表示企业和年份。被解释变量为 $\ln y_{it}$，表示企业 i 在 t 年的技术进步水平，采用劳动生产率来衡量。

核心解释变量为 $\ln wage_{it}$ 和 $\ln Pe_{it}$，两者分别表示企业 i 在 t 年的劳动、资本生产要素价格，分别采用人均薪酬、机械设备价格来衡量。其他解释变量与计量模型（4.1）相同，分别采用营业总收入来衡量企业 i 在 t 年的总产出 $\ln Y_{it}$，采用时间二次线性公式 $\beta_4 T + \beta_5 T^2$ 来衡量中性技术进步的非线性特征。

控制变量同样包括控制企业个体效应的 X_{it} 变量集，包括企业的规模报酬递增效应、企业规模、利润率、出口规模、资产负债率、政府补助额度等变量；以及控制行业和地区效应的 Z_{it} 变量集，包括行业市场化程度、企业所在城市人均 GDP、企业所在城市城镇单位在岗员工平均工资等变量。λ_i 和 δ_t 同样分别表示个体和时间固定效应，控制企业个体层面、宏观经济波动等不确定因素的干扰。ε_{it} 为满足白噪声条件的随机扰动项。

计量模型（4.2）检验劳动力成本变化、机械设备成本变化分别对企业劳动生产率产生何种影响，因此，本书关注的重点是生产要素成本工资 $\ln wage_{it}$、机械设备价格 $\ln Pe_{it}$ 系数 β_1 和 β_2 的大小和正负，只要同时满足 $\beta_1 > 0$ 且 $\beta_2 < 0$，就可以验证本书的研究预期，即劳动力成本上升会促进企业技术进步，资本价格下降也会促进企业技术进步。若能进一步判断 $|\beta_1| > |\beta_2|$，那么，就可以判定制造业技术进步主要是由劳动力成本上升所诱致，属于劳动诱致型技术进步，而非资本价格下降产生的资本诱致型技术进步。这个结论会缓解社会各界对就业增长和技术进

步之间此消彼长的担忧，为客观认识技术进步与就业关系，打破"技术吞噬就业"的一隅之说提供依据。

4.1.2 数据说明

1. 数据库选择与样本筛选

本书采用微观层面数据，从 Wind 数据库、国泰君安数据库选取制造业上市企业 2007—2019 年样本数据。

需提及的是，之所以选择上市企业数据而非工业企业数据库，原因有三：一是先进机械设备更新时滞不同。在实践调研考察中发现，能够购买先进设备的企业大多为规模较大的大中型企业，而规模较小的企业囿于资本实力，不能及时引进或无力引进先进机器设备以提高劳动生产率，虽然工业企业数据库的样本范围是全部国有企业及规模以上的非国有工业企业[1]，资本实力深厚，但和上市公司相比还是有一定差距，且仍有多数企业实力不如上市企业，那么可认为上市公司更有及时引进先进机械设备的能力，以上市企业数据为例，按照 Wind 划分标准，神州高铁属于大型规模企业，国农科技属于小型规模企业，前者几乎每年购置的机械设备、电子设备的额度均高于后者。因此，使用上市企业引进机械设备的价格能尽可能对应同期的工资，使得实证分析在最大程度上反映实际问题。二是核心变量能否获取。本书采用更直接的机械设备价格指标作为核心解释变量，可在国泰君安数据库中搜集到上市企业的生产设备期末余额，但工业企业数据库中并未公布相关数据。三是能否反映经济发展重要转折点。2015 年提出的供给侧结构性改革打破了国内旧的要素配置模式，制造业企业生产革新，倾向提升技术水平，提质增效，生产要素需求较之前出现偏差（丁守海等，2016）；此外，经济发展的矛盾也自此转化为结构性问题，并将经历结构性改革深化期[2]，宏观层

---

[1] 这里的"规模以上"界定标准为：2011 年之前，要求企业每年的主营业务收入在 500 万元及以上，2011 年及之后该标准改为 2000 万元及以上。

[2] 资料来源：刘元春，以供给侧结构性改革推动高质量发展，人民网，2018 年 8 月 14 日。http://theory.people.com.cn/n1/2018/0814/c420701-30228286.html.

面的政策效应将直接渗透至微观企业。为考察在不同经济发展阶段生产要素价格比对企业技术进步的不同影响，样本数据时间维度应尽可能包含经济转折点前后样本，而工业企业数据库数据年限范围是 1998—2013 年，不能反映经济发展重要转折点，这也是不采用工业企业数据库的原因之一。

综上三点，本书选取上市企业制造业 2007—2019 年样本数据进行实证分析。

样本筛选至关重要。首先，对样本行业属性筛选。本书考察样本为制造业企业，Wind 数据库对上市企业行业属性划分有四个等级，细分程度逐级上升，若单一从某级行业中筛选制造业企业，无法避免遗漏样本，因此，在筛选样本时，依据国家统计局对制造业行业的详细注释[1]，分别对四个级别行业筛选符合标准企业，再逐一核对，重合企业可直接确定其制造业行业属性，剩余企业可追溯至主营产品类型来进行甄别。核对甄别后，再次根据每家上市企业的证监会行业分类[2]进行核查，保证样本完整性，初步整理出制造业样本。

其次，制造业样本筛选需遵从以下三个原则：一是剔除掉 ST 和 ST * 样本，该类样本利润连续出现亏损，面临被退市风险，生产经营处于非

---

[1] 国家统计局 2019 年公布《2017 年国民经济行业分类注释》指出，制造业包括 13 - 43 大类，指经物理变化或化学变化后成为新的产品，不论是动力机械制造或手工制作，也不论产品是批发销售或零售，均视为制造；建筑物中的各种制成品、零部件的生产应视为制造，但在建筑预制品工地，把主要部件组装成桥梁、仓库设备、铁路与高架公路、升降机与电梯、管道设备、喷水设备、暖气设备、通风设备与空调设备，照明与安装电线等组装活动，以及建筑物的装置，均列为建筑活动；本门类包括机电产品的再制造，指将废旧汽车零部件、工程机械、机床等进行专业化修复的批量化生产过程，再制造的产品达到与原有新产品相同的质量和性能。

[2] 证监会行业分类与国家统计局公布的 GB/T 4754—2017 版制造业分类相同，制造业包括 13 -43 大类，分别为：13 农副食品加工业、14 食品制造业、15 酒饮料和精制茶制造业、16 烟草制造业、17 纺织业、18 纺织服装服饰业、19 皮革毛皮羽毛及其制品和制鞋业、20 木材加工及木竹藤棕草制品业、21 家具制造业、22 造纸及纸制品业、23 印刷和记录媒介复制业、24 文教工美体育和娱乐用品制造业、25 石油加工炼焦及核燃料加工业、26 化学原料及化学制品制造业、27 医药制造业、28 化学纤维制造业、29 橡胶和塑料制品业、30 非金属矿物制品业、31 黑色金属冶炼及压延加工、32 有色金属冶炼及压延加工、33 金属制品业、34 通用设备制造业、35 专用设备制造业、36 汽车制造业、37 铁路船舶航空航天和其他运输设备制造业、38 电气机械及器材制造业、39 计算机通信和其他电子设备制造业、40 仪器仪表制造业、41 其他制造业、42 废弃资源综合利用业、43 金属制品机械和设备修理业。

正常状态，无法尽实衡量生产要素投入情况。二是剔除掉异常样本，例如上市企业成立日期晚于上市日期。三是剔除成立日期在 2008 年及之后年份的企业。

经合理筛选，最终选取 2010 家上市企业制造业 2007—2019 年时间维度样本数据。

2. 指标数据说明

指标数据的选取和处理直接关系实证检验的合理性、规范性。Wind 数据库包含沪深全部 A 股上市企业财务报表、报表附注、企业年报等详尽数据，本书所用多数指标原始数据均来自该数据库，部分指标数据从国家统计局、国泰君安数据库补充。

按照计量模型对变量的分类，依次从被解释变量、核心解释变量、其他解释变量、控制变量阐述指标的数据选取与处理。

（1）被解释变量为 $\ln y_{it}$，表示企业 i 在 t 年的技术进步水平，采用企业劳动生产率衡量。文献综述中提到，大多学者常用全要素生产率来衡量技术进步，但其衡量的是希克斯中性技术进步，不包括本书提出的劳动诱致型技术进步和资本诱致型技术进步，而劳动生产率是技术进步的最终结果，将所有类型技术进步融为一体，可同时反映中性技术进步和有偏性技术进步，故舍弃全要素生产率选择劳动生产率。此外，之所以不选择单独衡量有偏技术进步的指标，是因为基于 Cole 等（1986）和 Gordon（1990）提出机器设备价格中存在设备质量提高的证据，不少学者便通过考察资本价格变化来测度资本质量改善，估算资本体现的技术水平，学术界普遍采用的测度资本体现式技术进步的简易方法是采用建筑资本与设备资本的相对价格来表示资本相较于建筑资本的技术进步水平[①]，由此测算资本体现式技术进步。该测度资本体现式技术进步方法直接将资本价格作为测量工具，虽直接传达出机械设备价格与资本体现式技术进步存在相关关系，为本书的假设提供证据，但本书重点研究机械设备价格变化如何影响企业技术进步，而不是采用机械设备价格作为

---

① 赵志耘等（2007）认为生产建筑投资的技术水平相对固定，故可用设备资本的技术进步率代表整个资本体现式技术进步率。

衡量资本体现式技术进步的指标。综上，本书选取劳动生产率来衡量企业技术进步。

文献中常用劳均产出衡量劳动生产率，理论上，劳均产出与劳动生产率存在区别，劳均产出除了受劳动生产率影响，还受资本劳动比影响。从增长角度，劳均产出的增长由劳动生产率增长和资本深化共同作用；从增长核算角度，劳动生产率是在特定函数假设条件下剔除要素贡献后的劳均产出增长的残差。相关研究直接使用劳均产出衡量劳动生产率，几乎没有使用残差式的劳动生产率（唐东波，2014）。原因在于，一般生产函数假设条件下所得全要素生产率不等同于劳动生产率，全要素生产率一是无法衡量资本体现式技术进步，二是无法衡量资本深化对劳动生产率的影响；并且，完全满足理论要求的数据很难从现实已有数据中估算得出。此外，理论研究已经证实劳均产出与严格意义上劳动生产率（包括哈罗德中性和希克斯中性）间存在极强正相关性（Hall 和 Jones，1999）。

根据本书研究内容，采用劳均产出衡量劳动生产率，进而衡量技术进步有一定合理性。首先，从技术进步的衡量指标来看，劳动生产率常作为衡量技术进步的结果指标，资本深化也可衡量技术进步，而劳均产出增长由劳动生产率增长和资本深化二者共同作用。其次，从技术进步的结果来看，本书提到，根据"诱致性创新"理论，工资上涨、资本价格下降会直接诱致企业引进更多资本替代劳动，这是资本深化的直接体现，导致边际产出更高的资本增加、边际产出较少的劳动要素减少，这一作用结果直接体现在人均产出的增加。因此，采用劳均产出衡量技术进步具有一定合理性。

鉴于数据可得性，本书采用上市企业制造业企业主营收入／员工总数来衡量劳动生产率，为剔除价格影响因素，使用分行业的工业生产者购买指数 PPI 对名义劳动生产率进行平减，以 2007 年为基期，计算实际劳动生产率。

此外，上文提到劳动生产率是衡量企业技术进步的结果指标，还可采用投入指标、中间产出指标来衡量。因此，在基准回归基础上，为防止核心变量指标单一造成伪回归问题，本书进一步采用企业人力资本结构 $\ln LL_{it}$（Labor Level）、所在行业规模以上工业企业使用新技术费用 $\ln INT_{it}$（Investment of New Technology）分别替代劳动生产率指标进行检验。其中，企业人力资本结构采用技术人员占比表示，衡量企业为实现自主研发而进行的高人力资本投入；规模以上工业企业使用新技术费用包括规模以上工业企业引进技术经费支出、消化吸收经费支出、购买境内技术经费支出、技术改造经费支出总和，衡量企业从引进（购买）到使用新技术这一过程的技术经费投入。

计量模型（4.1）和模型（4.2）的核心解释变量包括三个，分别为生产要素价格比 $\ln wp_{it}$、工资 $\ln wage_{it}$、机械设备价格 $\ln Pe_{it}$。生产要素价格比 $\ln wp_{it}$ 是生产要素人均薪酬/机械设备价格比值求对数得到，并非人均薪酬对数/机械设备价格对数比值。

其中，人均薪酬 $wage$ 采用企业支付给职工以及为职工支付的现金/员工总数比值计算得出，用各省份的物价指数 CPI 平减，以 2007 年为基期，计算实际人均薪酬数值。企业支付给职工以及为职工支付的现金能够全面衡量企业承担的劳动力成本，不仅包括实际支付给职工的工资、奖金、各种津贴和补贴，还包括为员工支付的失业保险、医疗保险、养老保险、住房公积金等其他费用（蒲艳萍，顾冉，2019）。员工总数即指企业每年的员工数总和。

机械设备价格 Pe 是核心解释变量中获取难度较大的指标。在多数研究中，学者常采用贷款利率 r 来衡量资本价格，该资本涵盖了生产所用的通用设备、专用设备、办公设备、厂房、运输设备等所有维持企业生产运营的固定设备，而本书仅需要生产所用机械设备价格，若仍采用贷款利率略显偏颇，不能作为衡量机器设备价格的直接指标。现有数据库没有直接公布机器设备价格，但仍可通过相关指标计算得出，本书采用机械设备总额/购入机器设备数量比值来表示机器设备价格。

关于机械设备总额，上市企业年报中披露的房屋、机器设备、交通运输工具、办公设备及其他设备均属于固定资产项目，其中机器设备期末余额即为目标数值，使用分省市设备工器具购置的固定资产投资价格指数平减，同样以 2007 年为基期，计算出实际机器设备期末余额。但数据披露较少，不足以支撑实证检验，故再次从国泰君安数据库中整理得到上市企业的固定资产设备，仅筛选生产设备、通用设备、专用设备期末余额，加总求和得到机器设备总额，并以上市企业证券代码（如000008）为准则，筛选与样本企业匹配数据。最后，使用分省市设备、工器具购置的固定资产投资价格指数对原始数据进行平减，以 2007 年为基期，计算上市企业机器设备期末余额实际值。

企业购买机器设备数量也未在年报中披露，无法直接获取，只能采取替代指标"曲线救国"。通常来讲，企业当期生产的产品数量直接受同期机器设备数量、质量影响，在产出效率保持稳定的前提下，若同期引进更多同质机器设备，产品数量会增加；若引进的机器设备更加先进，产出效率更高，产量会大幅增加。由此，可大致判断企业当期生产产品数量与同期购置机器设备数量具有正相关关系，故可采用当期企业生产的产品数量替代同期购买机器设备数量，进而大致衡量机器设备价格变化。

在整理机器设备价格时，需要注意以下几点：①仅提取制造业企业年报中公布的当年生产量，不包括销售量、库存量；②应实际需求不需要统一产量单位，即使换算成同一单位也并不影响其数据波动趋势，考虑到不同行业、不同规模企业购置的机器设备期末总额、生产的产品种类、数量均不能保持一致，机器设备价格的面板数据标准差极有可能存在过大情况，导致数据波动过大，处理这种问题的方法有三种，一是做winsor 缩尾处理异常值，二是求其对数，三是求其增长率，可根据研究需求选择不同处理方法，也可使用三种方法做稳健性检验；③数据指标缺失严重，一般情况下，上市企业的产量数据缺失较多，多数公布 2013 年及之后数据，部分只公布近两年数据，不公布的企业也不在少数，为保证数据有效性和实证可行性，本书选取同一行业生产同类产品①企业的机器设备价格时间维度最长的数据，替换数据缺失较为严重甚至全部

---

① 生产同类产品的机器设备大致相同，该指标时间维度长的数据可替代缺失值较严重的企业。

缺失的部分；若同一行业同类产品缺失均较严重，则使用同一行业时间维度最长的数据来替代；若某行业数据缺失均较严重，则使用产品性质与其最为接近的行业的数据替代，确保数据来源合理。

（2）其他解释变量包括总产出 $\ln Y_{it}$、衡量中性技术进步非线性特征 $\alpha_3 T + \alpha_4 T^2$、$\beta_4 T + \beta_5 T^2$。其中，总产出 Y 采用企业营业总收入衡量，用分行业的工业生产者购买指数 PPI 平减，以 2007 年为基期，计算实际企业营业收入。T 仅衡量时间推移，基于非线性变化趋势，故采用 T 的二次项式表示；以 2007 年为基期，假设 $T_{2007} = 1$，$T_{2008} = 2$，…，$T_{2019} = 13$，即 $T = t - 2006$。控制变量包括控制企业个体效应、行业效应和地区效应的变量集。

企业个体效应变量集 X_{it}，包括：

a. 企业规模报酬递增效应[①]（Return Scale） $\ln rs_{it}$，采用主营业务收入变化/主营成本变化表示。

b. 企业规模 $\ln scale_{it}$，采用企业总资产价值表示。卡尔多—凡登定律指出制造业自身规模扩大会促进其劳动生产率提高（Wells 和 Thirwall，2003）。

c. 企业利润率 $\ln profit_{it}$，采用净利润/营业总收入表示，可用来衡量企业的盈利状况，也可衡量企业所在行业的市场竞争程度，研究表明，利润率越高，行业的垄断程度越高，利润率越低，行业的竞争程度越高，市场竞争程度通过影响企业技术进步率进而影响劳动生产率（王林辉，董直庆，2012）。

d. 出口或贸易开放程度 $\ln export_{it}$，采用上市企业海外业务收入来衡量，研究证明，上市企业中出口企业更有可能在下一期进行研发，提高企业劳动生产率（罗长远，张泽新，2020）。

e. 政府补助 $\ln gov_{it}$，政府补助是上市企业从政府无偿取得的货币性资产或非货币性资产，包括税费返还、财政补贴等，可衡量财政政策宽松程度。此外，2007—2019 年，我国正处于减税降费的大变革时期，减税降费对企业技术进步及就业也会产生影响，但上市企业公布的税费返

[①] 直接采用其对数形式表示。

还数据过少，无法保证检验合理性，而政府补助包含税费返还，可间接反映减税降费对制造业技术进步与就业的影响。

f. 外部融资约束 $\ln de_{it}$，使用表示企业杠杆率的资本负债率指标衡量，肖泽忠和邹宏（2008）、连玉君等（2010）的研究发现，我国的企业负债水平体现其融资能力，负债率越高，融资能力越强。

g. 内部融资约束 $\ln SA_{it}$[①]，关于融资约束的衡量指标有很多种，主要包括投资—现金流敏感度（Fazzari 等，1988）、企业规模、年龄、股利分配等指标（Hoshi 等，1991）；Kaplan 和 Zingales（1997）采用负债程度、企业经营现金流等指标构建 KZ 指数，并根据分位数对企业融资程度划分等级，改良传统方法；但是，类似于企业杠杆率、股利支付等内生性金融指标，用来衡量企业融资约束问题会不可避免出现内生性问题，因此，Hadlock 和 Pierce（2010）提出仅用企业规模和年龄这些相对外生的金融指标构建 SA 指数，构造的计算公式为 $SA = -0.737 \times size + 0.043 \times size^2 - 0.04 \times age$，SA 的值越小，说明企业受到的融资约束越小，融资相对宽松。Chen 和 Song（2013）、鞠晓生等（2013）和刘莉亚等（2015）同样采取该方法计算。本书借鉴 Hadlock 和 Pierce（2010）构建的 SA 指数来衡量企业内部融资约束程度，采用营业总收入表示企业规模（size），企业年龄（age）=成立年份－当期年份+1。

（3）行业效应和地区效应变量集 Z_{it}，包括：

a. 赫芬达尔—赫希曼指数 $\ln HHI_{it}$，衡量上市企业所在行业的市场化程度。HHI 是测度行业集中度的综合指数，由某行业内所有企业市场份额的加权平方和表示，计算公式为 $HHI = \sum_{i}^{N}(X_i/X)^2$。其中，N 表示该行业内所有企业的数量；$X_i$ 表示第 i 个企业的规模，本书仍采用营业总收入来衡量；X 表示该行业所有企业构成的市场规模总和，即该行业所有企业的营业收入总和。在此需要说明，本书筛选出的上市企业数据样本远不及全

[①] 内外部融资约束的区分：内部融资约束的定义侧重突出企业内在个体特征衡量的融资约束，外部融资约束更侧重资本市场的货币宽松程度衡量的融资约束。多数研究中常用企业规模（Cleary，1999；Almeida，2004）、负债率（Hu 和 Schiantarelli，1998；Hasen，1999）、股利分派率（连玉君，苏治，2008）作为衡量融资约束指标。

国制造业企业数量，因此在计算该指标时仅能用于衡量所选取样本所在的制造业细分行业的市场化程度，不具有普适性。一般情况，HHI 取值范围在 0 和 1 之间，HHI 数值越小说明市场竞争激烈，当取值为 0 时意味着企业所属行业属于完全竞争；反之，HHI 数值越大则说明市场集中度高，垄断程度强，当取值为 1 时意味着企业处于该行业的完全垄断地位。

b. 城市人均产值 $\ln CGDP_{it}$，衡量企业所在地级市或地级市区的经济发展水平，用来控制地区经济发展水平对企业劳动生产率受生产要素价格比影响的程度。大多研究采用省级数据来控制地区经济发展水平，就精确度来说，省级层面数据略不如地级市层面数据，地级市层面数据略不如所在区层面，按照精确度最高标准，本书首先搜集筛选的上市企业所在地级市的区的人均 GDP，若该数据缺失严重或没有公布，其次选择上市企业所在地级市的人均 GDP。并且，人均 GDP 名义值需采用各省市 GDP 指数进行平减，以 2007 年为基期，计算城市/区人均 GDP 实际值。

c. 城镇单位在岗员工平均工资（City Average Wage）$\ln CAW_{it}$，衡量企业所在城市的工资水平，进而窥探其经济发展水平。囿于地级市数据难以获取，采取各省市城镇单位在岗职工的平均工资，使用各省市 CPI 指数进行平减，同样以 2007 年为基期，计算得出城镇单位在岗员工平均工资的实际值。

在检验时所用到的其他相关指标还包括上市企业前十大国有股占比之和 $\ln SSP_{it}$、分行业专利申请数量 $\ln IP_{it}$，详细描述见实证部分内容。

综上，计量模型（4.1）和计量模型（4.2）涉及的指标解释及数据处理均已交代清楚，汇总详情如表 4-1 所示。

表 4-1　　　　　　各计量指标解释及数据来源汇总

指标类型	指标名称	计算方法	数据来源
被解释变量	劳动生产率（$\ln y_{it}$）	主营业务收入/员工总数	Wind 数据库 - 股票数据浏览器 - 报表附注/公司资料
	人力资本结构（$\ln LL_{it}$）	技术人员占比	Wind 数据库 - 股票数据浏览器 - 公司资料
	新技术经费（$\ln INT_{it}$）	行业规模以上工业企业引进技术经费支出 + 消化吸收经费支出 + 购买境内技术经费支出 + 技术改造经费支出	Wind 数据库 - 行业经济数据

续表

指标类型	指标名称	计算方法	数据来源
核心解释变量	生产要素价格比（$\ln wp_{it}$）	人均薪酬/机械设备价格	Wind 数据库 – 股票数据浏览器 – 现金流量表/公司资料
	工资（$\ln wage_{it}$）	支付给职工以及为职工支付的现金/员工总数	Wind 数据库 – 股票数据浏览器 – 现金流量表/公司资料
	机械设备价格（$\ln Pe_{it}$）	机器设备期末余额/生产量	1. 国泰君安数据库 2. Wind 数据库 – 深度资料 – 公司公告 – 年度报告
其他解释变量	总产出（$\ln Y_{it}$）	营业总收入	Wind 数据库 – 股票数据浏览器 – 报表附注
	中性技术进步率（$\alpha_3 T + \alpha_4 T^2$、$\beta_4 T + \beta_5 T^2$）	$T = 1, 2, 3, \cdots, 13$	$T = t - 2006$
	企业规模报酬递增效应（$\ln rs_{it}$）	主营业务收入变化/主营成本变化	Wind 数据库 – 股票数据浏览器 – 报表附注
	企业规模（$\ln scale_{it}$）	资产总计	Wind 数据库 – 股票数据浏览器 – 报表附注
	利润率（$\ln profit_{it}$）	净利润/营业总收入	Wind 数据库 – 股票数据浏览器 – 利润表/报表附注
	贸易开放程度（$\ln export_{it}$）	海外业务收入	Wind 数据库 – 股票数据浏览器 – 报表附注
企业控制变量	政府补助（$\ln gov_{it}$）	政府补助	Wind 数据库 – 股票数据浏览器 – 报表附注 – 非经常性损益
	外部融资约束（$\ln de_{it}$）	资产负债率	Wind 数据库 – 股票数据浏览器 – 财务分析 – 资本结构
	内部融资约束（$\ln SA_{it}$）	$SA = -0.737 * size + 0.043 * size^2 - 0.04 * age$	Wind 数据库 – 股票数据浏览器 – 报表附注/公司资料
	大股东国有股占比（$\ln SSP_{it}$）	前十大股东国有股占比总和	Wind 数据库 – 股票数据浏览器 – 公司资料
行业控制变量	赫芬达尔 – 赫希曼指数（$\ln HHI_{it}$）	$HHI = \sum_{i}^{N} \left(\dfrac{X_i}{X} \right)^2$	Wind 数据库 – 股票数据浏览器 – 报表附注
	行业创新水平（$\ln IP_{it}$）	分行业专利申请数量	Wind 数据库 – 宏观数据库

续表

指标类型	指标名称	计算方法	数据来源
地区控制变量	城市人均产值（$\ln CGDP_{it}$）	各城市/区人均 GDP	国家统计局
	城镇单位在岗员工平均工资（$\ln CAW_{it}$）	各省市城镇单位在岗职工的平均工资	国家统计局

4.2 要素比价对制造业技术进步影响的实证检验

本节依据计量模型（4.1）进行实证检验，分析要素价格比变化如何影响制造业技术进步。对数据进行基本计算和处理后，为减少异常值影响，进一步对劳动生产率、工资/机械设备价格比、工资、机械设备价格等核心变量进行上下1%，即（1%，99%）的 winsor 缩尾处理，得到2007—2019 年26131 个有效样本，各变量描述性统计如表4-2所示。

表4-2　　　　　　　　各变量的描述性统计

Variable	Obs	Mean	Std. Dev.	Min	Max
$\ln y_{it}$	21261	13.584	0.756	7.723	19.749
$\ln wp_{it}$	15361	1.725	2.528	-9.387	9.335
$\ln wage_{it}$	21257	11.436	0.606	4.571	17.028
$\ln Pe_{it}$	16653	9.903	2.436	2.361	20.897
$\ln Y_{it}$	22233	11.765	1.441	2.389	18.318
$\ln rs_{it}$	18614	0.005	0.712	-7.083	6.534
$\ln scale_{it}$	22183	12.201	1.374	5.151	18.257
$\ln profit_{it}$	20740	2.053	1.041	-5.006	14.105
$\ln export_{it}$	15994	9.593	2.200	-2.526	16.273
$\ln gov_{it}$	20045	6.689	1.593	-1.609	13.064
$\ln de_{it}$	22134	3.562	0.617	-0.345	9.179
$\ln SA_{it}$	8045	4.163	2.702	-6.468	15.066
$\ln HHI_{it}$	26122	-2.814	0.857	-4.332	0.000
$\ln CGDP_{it}$	24438	11.763	0.793	8.517	13.483
$\ln CAW_{it}$	24208	11.068	0.516	9.467	12.354

如表4-2所示，各变量标准差范围为0.5~2.8，说明数据较为稳健，为实证检验提供数据支撑。即使标准差过大，也只能说明企业、行业、地区存在异质性，可通过实证检验尽可能控制影响因素。

在基准回归之前，本书对多个重要变量间是否存在多重共线性进行检验，表4-3汇报了解释变量与主要控制变量的方差膨胀因子，可以看出，各变量的方差膨胀因子取值范围在1.01~2.72，远低于临界值10，说明解释变量和主要控制变量之间不存在显著的共线性问题。

表4-3　　　　　　　　主要变量的方差膨胀因子（VIF）

Variable	VIF	1/VIF
$lnscale_{it}$	2.72	0.367
$lnCAW_{it}$	2.47	0.404
$lnCGDP_{it}$	2.44	0.411
$lngov_{it}$	2.19	0.456
$lnde_{it}$	1.48	0.675
$lnexport_{it}$	1.45	0.688
$lnprofit_{it}$	1.35	0.742
$lnHHI_{it}$	1.07	0.937
$lnwp_{it}$	1.01	0.990
$lnrs_{it}$	1.01	0.990

4.2.1　基准回归

本部分重点关注工资/机械设备价格比变化对制造业企业劳动生产率的影响，依据计量模型（4.1），选取上市企业制造业企业2007—2019年26131个样本数据，进行面板回归分析。其中，被解释变量为制造业企业劳动生产率 lny_{it}，核心解释变量为工资/机械设备价格比 $lnwp_{it}$，重点关注 $lnwp_{it}$ 前系数显著性及正负号。结果如表4-4所示。

表4-4　　要素比价对制造业劳动生产率影响的基准回归结果

变量	(1) $\ln y_{it}$ OLS	(2) $\ln y_{it}$ OLS	(3) $\ln y_{it}$ FE	(4) $\ln y_{it}$ FE	(5) $\ln y_{it}$ RE	(6) $\ln LL_{it}$ FE	(7) $\ln INT_{it}$ FE
$\ln wp_{it}$	0.039*** (0.002)	0.025*** (0.002)	0.143*** (0.015)	0.105*** (0.017)	0.065*** (0.009)	0.047*** (0.017)	0.042*** (0.010)
$\ln Y_{it}$	0.253*** (0.003)	0.592*** (0.014)	0.391*** (0.022)	0.658*** (0.028)	0.649*** (0.023)	-0.086*** (0.032)	0.121*** (0.029)
T	-0.059*** (0.010)	-0.105*** (0.001)	-0.065*** (0.010)	0.022 (0.025)	0.023 (0.022)	-0.283*** (0.034)	-0.407*** (0.028)
T^2	0.005*** (0.001)	0.006*** (0.001)	0.003*** (0.001)	-0.002 (0.001)	-0.002 (0.001)	0.012*** (0.002)	0.018*** (0.001)
$\ln rs_{it}$		0.0003 (0.010)		-0.003 (0.004)	-0.003 (0.004)	-0.002 (0.006)	-0.003 (0.005)
$\ln scale_{it}$		-0.242*** (0.014)		-0.342*** (0.027)	-0.340*** (0.023)	0.110*** (0.031)	0.028 (0.028)
$\ln profit_{it}$		-0.019*** (0.007)		0.022*** (0.007)	0.022*** (0.007)	0.002 (0.009)	-0.012 (0.008)
$\ln export_{it}$		-0.057*** (0.004)		-0.023*** (0.009)	-0.030*** (0.007)	-0.015* (0.009)	-0.010 (0.007)
$\ln gov_{it}$		-0.079*** (0.006)		-0.021*** (0.006)	-0.026*** (0.006)	-0.006 (0.008)	0.012* (0.007)
$\ln de_{it}$		-0.110*** (0.013)		-0.069*** (0.016)	-0.073*** (0.015)	-0.033* (0.019)	-0.028 (0.018)
$\ln HHI_{it}$		-0.041*** (0.008)		-0.015 (0.034)	-0.037** (0.018)	-0.057 (0.037)	-0.677*** (0.055)
$\ln CGDP_{it}$		-0.062*** (0.017)		0.023 (0.040)	-0.002 (0.027)	-0.049 (0.048)	0.090** (0.043)
$\ln CAW_{it}$		0.327*** (0.032)		0.129 (0.086)	0.194 (0.056)	-0.066 (0.099)	0.101 (0.080)
_cons	10.680*** (0.060)	6.315*** (0.241)	9.010*** (0.251)	8.630*** (1.075)	8.411*** (0.633)	5.465*** (1.201)	10.340*** (0.908)
行业效应	不控制	控制	不控制	控制	控制	控制	控制

续表

变量	(1) $\ln y_{it}$ OLS	(2) $\ln y_{it}$ OLS	(3) $\ln y_{it}$ FE	(4) $\ln y_{it}$ FE	(5) $\ln y_{it}$ RE	(6) $\ln LL_{it}$ FE	(7) $\ln INT_{it}$ FE
地区效应	不控制	控制	不控制	控制	控制	控制	控制
时间效应①	不控制	不控制	不控制	控制	控制	控制	控制
N	15361	10613	15361	8019	8019	7127	7307
R^2	0.3042	0.4536	0.4381	0.4790	0.4732	0.0405	0.2256
F	1678.76	676.77	386.33	104.23	2613.45 (0)②	—	72.82

注：(1) 括号内为标准误 z 值；(2) ***、**、* 分别代表通过 1%、5%、10% 的显著性检验。

表 4-4 汇报了工资/机械设备价格比对制造业技术进步影响的基准回归结果。第 (1) 列以核心解释变量工资/机械设备价格比、其他解释变量总产出等对制造业企业劳动生产率进行简单的 OLS 回归（混合回归），核心解释变量 $\ln wp_{it}$ 前估计系数在 1% 的统计水平下显著为正，为 0.039，说明当工资/机械设备价格比每增加 1 个百分点，制造业企业的劳动生产率会同向变化 0.039 个百分点，与命题吻合。第 (2) 列在简单回归的基础上增加了控制企业个体特征、所在行业特征、所在地区特征的变量集，回归结果仍支持生产要素工资/机械设备价格比对企业劳动生产率的正向影响，且控制变量有效，$\ln wp_{it}$ 前估计系数在 1% 的统计水平下显著为正，但其数值减小至 0.025，相较不加控制变量前的回归结果，其作用程度降低了 0.014 个百分点。

第 (3) 列仅以核心解释变量工资/机械设备价格比、其他解释变量如总产出等对制造业劳动生产率采用面板固定效应进行回归，且 F 检验

---

① 控制时间效应可在 xtreg 命令中加入 i.year，不采用加入 i.industry、i.area 的方式控制行业效应和地区效应，原因在于在设置面板数据命令 "xtset ID year" 时已经控制了个体效应，企业个体受所在行业和所在地区影响较大，控制个体效应相当于同时控制了行业效应的地区效应，故不再单独进行设置。而加入的行业、地区控制变量意在尽可能排除行业、地区的影响。

② 第 (5) 列 RE 中 F 一栏汇报的是 chi2 的结果，0 值表示使用豪斯曼检验在处理面板数据时是采用固定效应还是随机效应，结果 P=0.000，强烈拒绝原假设："H0：ui 与 xit，zi 不相关"，认为使用固定效应模型而非随机效应模型。

p 值为 0.000，强烈拒绝原假设，即认为固定效应模型回归明显优于混合回归。并且，不加控制变量固定效应的回归结果仍可验证命题，即生产要素价格比提高可促进企业提升技术进步水平。第（4）列是增加企业个体特征、行业特征、地区特征控制变量集的固定效应回归结果，同时控制了时间效应。与第（2）列的混合回归相比，F 检验 p 值仍为 0，拒绝原假设，仍认为固定效应回归优于混合回归；与第（5）列随机效应模型相比，Hausman 检验的结果同样支持固定效应优于回归效应，因此，固定效应模型更适用于本节实证研究。此外，为避免关键变量存在单一指标伪回归问题，分别采用衡量企业自主研发的高人力资本投入指标 $\ln LL$（技术人员占比）、衡量企业所在行业使用新技术经费支出指标 $\ln INT$（规模以上工业企业使用新技术费用）替代企业劳动生产率作为被解释变量，进行固定效应回归，如第（6）列和第（7）列所示，得出的结论同样可佐证生产要素劳动/机械设备价格比增加可促进企业提高技术进步水平，作用程度分别为 4.7%、4.2%，相较第（4）列被解释变量为企业劳动生产率的作用程度略弱，支持在相同控制变量的条件下，企业劳动生产率作为被解释变量的合理性和有效性。

着重分析第（4）列固定效应模型的回归结果。核心解释变量生产要素劳动/机械设备价格比 $\ln wp_{it}$ 前系数显著为正，为 0.105，说明当工资/机械设备价格比值每增加 1 个百分点，企业劳动生产率会随之提高 0.105 个百分点，即生产要素劳动/机器设备价格比增加会促进企业提高技术进步水平，验证本书命题。其他解释变量，总产出 $\ln Y_{it}$ 前系数显著为正，为 0.658，表示企业总产出对劳动生产率有正向促进作用，总产出越大，劳动生产率越高，企业总产出每提高 1 个百分点，可带动劳动生产率提高 0.658 个百分点，符合预期。

控制变量中，除了企业规模报酬递增效应 $\ln rs_{it}$、赫芬达尔—赫希曼指数 $\ln HHI_{it}$、城市人均产值 $\ln CGDP_{it}$、城镇单位在岗员工平均工资 $\ln CAW_{it}$ 不显著以外，其他控制变量均显著。具体来讲，企业规模 $\ln scale_{it}$ 前系数显著为负，为 −0.342，说明上市企业规模与技术进步水平呈反向变化关系，规模越大反倒抑制企业提高技术进步水平。这个观点有学者早已论述，贺建风和张晓静（2018）研究发现，企业规模与企业创新并非一直呈正相关关系，随着企业规模扩大，企业有更多资金和人力资本投入到研发活动中，促进企业创新，但当企业规模扩大到一定程度并超过规模经济后，企业经济效率转而下降，并倾向垄断市场，阻碍创新。胡加明和吴迪（2020）也验证了企业规模与企业绩效间的非线性特征。企业利润率 $lnprofit_{it}$ 前系数显著为正，为 0.022，说明企业的利润率与其劳动生产率呈正相关关系，利润率增加 1 个百分点，会促进企业劳动生产率提高 0.022 个百分点。企业利润与企业规模对劳动生产率的作用方向不同，利润越高，会有更多资本投入到自主研发和引进先进机械设备，从而提高劳动生产率，而企业规模越大并不意味着企业的盈利能力更强，反而会增加经营风险导致亏损，不利于企业提高技术进步水平。海外业务收入 $lnexport_{it}$ 前系数显著为负，为 -0.023，表示企业出口规模越大、越不利于企业提高劳动生产率。政府补助 $lngov_{it}$ 前系数显著为负，为 -0.021，说明政府补助存在遏制企业提高生产率的可能性；政府补助目的在于矫正市场失灵、引导经济增长方式转变、促进企业技术进步水平提高，2009—2018 年，上市企业获得政府补助占比由 59% 提高至 88%，补助率极高（胡春阳，余泳泽，2019）；有关政府补助对企业技术进步影响的研究，可大致分为两点：一是政府补助可消除研发活动的外生性、遏制企业失灵，在存在融资约束的前提下，直接对企业研发投入存在促进效应（Almus 和 Czarnitzki，2003）；二是政府补助也存在损害企业技术创新的纯技术效率的可能，并且从政府补助方式、企业寻租等角度考虑，政府补助同样存在挤出效应，尤其是对我国东南沿海地区的战略性新兴产业企业，政府补助并未起到提高全要素生产率的作用（任优生，邱晓东，2017）。因此，政府补助对企业劳动生产率显著为负，极有可能是因为政府补助的挤出效应大于促进效应。资产负债率 $lnde_{it}$ 前系数显著为负，为 -0.069，说明企业资产负债率越高，越不利于促进企业提高劳动生产率。

综上所述，无论是采用混合回归、固定效应模型、随机效应模型等不同的计量分析方法，还是采用企业人力资本结构、规模以上工企使用新技术支付总费用等指标替代被解释变量企业劳动生产率，都能从不同维度支持本书命题 3.1b，即生产要素劳动/机械设备价格比提高会促进企业技术进步。

4.2.2 内生性检验

不可避免的是，生产要素劳动/机械设备价格比对企业技术进步的基准回归结果可能受到内生性问题的干扰。内生性问题主要包括两个方面，一是存在遗漏变量，二是核心解释变量与被解释变量互为因果。本书着手从这两个方面解决内生性问题。

1. 增加变量解决遗漏问题

上市企业工资/机械设备价格对技术进步的实证分析极有可能受到来自企业个体、地区、行业等异质性特征带来的内生性影响，虽然本书已经采用固定效应在最大程度上控制企业个体特征所带来的内生性问题，间接控制了行业效应和地区效应，但生产要素劳动/机械设备价格比对企业技术进步水平的影响仍然无法完全排除劳动/机械设备价格比与企业技术进步受某一地区、某一行业某些因素的共同影响而产生的估计偏误，因此，本书将通过增加可能遗漏的地区、行业的重要控制变量尽量减少偏误。

在增加地区变量时需同时考虑地区某些因素对工资、企业技术进步的共同影响，对机械设备价格、企业技术进步的共同影响，基于此，本书选择了三个较为重要的变量：

（1）地区劳动保护程度——各省市最低工资标准 $\ln lws$（Lowest Wage Standard）。增强劳动保护能够提高企业创新能力（倪骁然，朱玉杰，2016），促进企业技术进步。研究表明，在控制地区人均 GDP 和平均工资后，最低工资标准可以用来衡量地区对员工利益的保障程度（王珏，祝继高，2018），本书在基准回归中已经控制了城市人均 GDP 和城镇单位在岗职工平均工资，故可采取各地最低工资标准来衡量该地区的劳动保护程度。并且，最低工资标准提高可增加正式员工工资、提高非正式员工收入这一结论已在国内外学者的研究中达成共识（马双等，2012；邸俊鹏，韩清，2015；Long 和 Yang，2016；Mayneris 等，2018）。

综上，各地最低工资标准可通过增强劳动保护、增加劳动力成本两个渠道同时促进企业提高技术进步水平，可作为补充变量进行检验。

(2) 地区人力资本结构——各省市 6 岁及以上人口平均受教育年限（province labor structure，$PLS1$）、各省市 6 岁及以上大专以上人口占比[①]（province labor structure，$PLS2$）。人力资本结构直接影响企业创新水平，而地区的人力资本结构又可直接从供给层面影响企业人力资本结构，进而影响企业技术进步（蒲艳萍，顾冉，2019）。并且，人力资本结构与工资变化又息息相关，故本书选取如上两个指标作为衡量地区人力资本结构的依据。其中，各省市 6 岁及以上人口平均受教育年限的计算公式为（文盲人口×0 + 小学人口×6 + 初中人口×9 + 高中人口×12 + 大专及以上人口×16）/6 岁以上总人口；各省市 6 岁及以上大专以上人口占比采用 6 岁及以上大专以上人口/6 岁以上总人口。

(3) 地区交通便利程度——各省市公路里程 $\ln km$。(1) 和 (2) 两个指标均从劳动/工资、企业技术进步的角度考虑遗漏变量问题，而第 (3) 个指标则从机械设备、企业技术进步角度考虑。一方面，机械设备需要通过运输才能从生产地/购买地到达厂商，交通便利程度直接影响机械设备能否顺利被运至厂商投入使用，以提高生产效率；另一方面，各地交通便利程度也会通过影响地区经济发展、人才吸引力度来影响企业的营商环境、人力资本水平，进而影响企业的创新与技术进步。

(4) 行业创新水平——分行业专利申请数量 $\ln ip$（Industry Patent）。在分析了可能遗漏的重要地区重要控制变量外，也要考虑行业因素对企业要素价格和技术进步的影响。行业的专利申请情况直接影响企业所在行业的创新能力与技术进步水平，间接影响企业的创新能力和技术进步水平。

验证增加的四个遗漏变量是否合理，可将其分别加入基准回归模型

[①] 各省市 6 岁及以上人口平均受教育年限、各省市 6 岁及以上大专以上人口占比两个指标数据来源：根据各年《中国统计年鉴》中"分地区按性别、受教育程度分的 6 岁及以上人口"及"各地区按性别和受教育程度分的人口"两个表整理。部分年份如 2015 年后，统计年鉴中对受教育程度做了更进一步细分，为了保持前后指标计算的一致性，本书将"普通高中"和"中职"都纳入高中人数；"大学专科"、"大学本科"和"研究生"都纳入大专以上人数。

进行实证分析，观察核心解释变量 $\ln wp_{it}$ 前系数大小变化，若系数有所下降，说明增加的变量可有效控制地区效应或行业效应。具体检验结果如表 4-5 所示。

表 4-5　要素比价内生性检验：增加可能的遗漏变量

变量	(1) $\ln y_{it}$ FE	(2) $\ln y_{it}$ FE	(3) $\ln y_{it}$ FE	(4) $\ln y_{it}$ FE	(5) $\ln y_{it}$ FE	(6) $\ln y_{it}$ FE_地区聚类	(7) $\ln y_{it}$ FE_行业聚类
$\ln wp_{it}$	0.095*** (0.013)	0.095*** (0.013)	0.093*** (0.013)	0.085*** (0.012)	0.085*** (0.012)	0.085*** (0.011)	0.085*** (0.015)
$\ln lws_{it}$	0.059 (0.077)				0.008 (0.070)	0.008 (0.080)	0.008 (0.091)
$PLS1_{it}$		-0.066 (0.045)			-0.085* (0.051)	-0.085 (0.052)	-0.085* (0.047)
$PLS2_{it}$		0.003 (0.004)			0.003 (0.005)	0.003 (0.004)	0.003 (0.004)
$\ln km_{it}$			0.318* (0.167)		0.391** (0.167)	0.391* (0.192)	0.391*** (0.133)
$\ln ip_{it}$				-0.012 (0.040)	-0.007 (0.041)	-0.008 (0.031)	-0.008 (0.066)
$\ln Y_{it}$	0.634*** (0.026)	0.634*** (0.026)	0.627*** (0.027)	0.647*** (0.026)	0.643*** (0.026)	0.643*** (0.017)	0.643*** (0.031)
T	0.007 (0.031)	0.798 (0.499)	-0.073*** (0.024)	-0.109*** (0.027)	-0.120*** (0.033)	—	—
T^2	-0.001 (0.001)	-0.057 (0.036)	0.005*** (0.001)	0.007*** (0.001)	0.007*** (0.001)	0.0003 (0.001)	0.0003 (0.001)
$\ln rs_{it}$	-0.003 (0.004)	-0.003 (0.004)	-0.001 (0.004)	-0.002 (0.004)	-0.002 (0.004)	-0.002 (0.004)	-0.002 (0.005)
$\ln scale_{it}$	-0.339*** (0.024)	-0.338*** (0.024)	-0.335*** (0.025)	-0.346*** (0.025)	-0.343*** (0.025)	-0.343*** (0.020)	-0.343*** (0.022)
$\ln profit_{it}$	0.025*** (0.007)	0.025*** (0.007)	0.026*** (0.007)	0.026*** (0.007)	0.026*** (0.007)	0.026*** (0.008)	0.026*** (0.006)

续表

变量	(1) lny_{it} FE	(2) lny_{it} FE	(3) lny_{it} FE	(4) lny_{it} FE	(5) lny_{it} FE	(6) lny_{it} FE_地区聚类	(7) lny_{it} FE_行业聚类
$lnexport_{it}$	-0.016** (0.007)	-0.016** (0.007)	-0.016** (0.008)	-0.023*** (0.007)	-0.024*** (0.007)	-0.024*** (0.008)	-0.024*** (0.007)
$lngov_{it}$	-0.018*** (0.005)	-0.018*** (0.005)	-0.017*** (0.005)	-0.015*** (0.005)	-0.015*** (0.005)	-0.015** (0.006)	-0.015*** (0.005)
$lnde_{it}$	-0.070*** (0.015)	-0.070*** (0.015)	-0.069*** (0.015)	-0.069*** (0.015)	-0.068*** (0.015)	-0.068*** (0.012)	-0.068*** (0.012)
$lnHHI_{it}$	-0.009 (0.030)	-0.011 (0.030)	-0.019 (0.032)	-0.002 (0.032)	-0.007 (0.031)	-0.007 (0.031)	-0.007 (0.067)
$lnCGDP_{it}$	0.018 (0.039)	0.019 (0.038)	0.018 (0.039)	0.016 (0.037)	0.015 (0.038)	0.015 (0.050)	0.015 (0.026)
$lnCAW_{it}$	0.086 (0.079)	0.125 (0.083)	0.096 (0.085)	-0.001 (0.068)	0.018 (0.069)	0.018 (0.067)	0.018 (0.071)
_cons	8.943*** (1.100)	8.079*** (1.129)	5.677*** (2.282)	10.868*** (0.886)	6.770*** (2.315)	6.346*** (2.191)	6.346*** (2.441)
行业效应	控制	控制	控制	控制	控制	控制	控制
地区效应	控制	控制	控制	控制	控制	控制	控制
时间效应①	控制	控制	控制	控制	控制	控制	控制
N	8019	8019	7669	7307	7307	7307	7307
R^2	0.4853	0.4862	0.4756	0.4811	0.4829	0.4829	0.4829
F	100.97	98.59	102.34	122.63	104.07	2621.9	6090.37

注：(1) 括号内为标准误 z 值；(2) ***、**、*分别代表通过1%、5%、10%的显著性检验。

---

① 控制时间效应可在 xtreg 命令中加入 i.year，不采用加入 i.industry、i.area 的方式控制行业效应和地区效应，原因在于在设置面板数据命令 "xtset ID year" 时已经控制了个体效用，企业个体受所在行业和所在地区影响较大，控制个体效应相当于同时控制了行业效应的地区效应，故不再单独进行设置。而加入的行业、地区控制变量意在尽可能排除行业、地区的影响。

相较表 4-4 中第 (4) 列的固定效应模型基准回归结果，表 4-5 中第 (1) 列增加各省市最低工资标准 $\ln lws_t$ 变量后，核心解释变量 $\ln wp_{it}$ 前系数仍显著为正，但其系数大小已明显降低了 9.5%，说明该遗漏变量的确影响了劳动/机械设备价格比对企业技术进步的解释能力；第 (2) 列加入衡量人力资本水平的两个指标后，核心解释变量 $\ln wp_{it}$ 前系数仍显著为正，且其系数大小也明显降低了 9.5%，同样说明该遗漏变量有效；第 (3) 列加入衡量地区交通便利情况的各省市公路里程指标后，核心解释变量 $\ln wp_{it}$ 前系数在 1% 的水平上显著为正且出现了更明显的降低，降至 0.093；第 (4) 列加入各行业专利申请数量这一行业遗漏变量后，核心解释变量要素价格比下降幅度超越前三个遗漏变量结果，降低了 19.5%。同时将地区、行业遗漏的重要控制变量加入基准模型进行回归后，结果仍然支持遗漏变量降低了核心解释变量系数大小，说明一部分本该由地区劳动保护程度、人力资本结构和交通便利程度，以及行业创新能力解释的效应在基准回归中被生产要素劳动/机械设备价格比解释了，遗漏变量导致生产要素价格比对企业劳动生产率的估计系数被高估。其他解释变量和控制变量不再赘述。

考虑到同一地区、同一行业在不同年份之间可能会相互影响，本书再次对增加遗漏变量的基准模型进行检验，第 (6) 列和第 (7) 列分别汇报了地区和行业层面的聚类稳健标准误，核心解释变量 $\ln wp_{it}$ 前系数仍在 1% 的显著水平上显著为正，通过检验。

2. 工具变量解决互为因果问题

企业劳动生产率提高会促进整个行业或地区劳动生产率提高，反过来刺激劳动力成本上涨。Reenen (1996) 根据租金分享理论，证明了企业创新是高工资来源之一，且技术水平较高的创新型企业相较其他企业拥有较高的平均工资。工资上涨进一步导致劳动/机械设备价格比增加，又促进企业技术进步。因此，核心解释变量与被解释变量互为因果关系，存在内生性问题，需采用工具变量法解决。

学术界常用的工具变量法依赖于寻找到一个与劳动/机械设备价格比强烈相关、但与企业劳动生产率毫不相关的外生变量。但是，与生产要素价格比相关性较高的外生变量可能会通过其他途径影响企业技术进步，如马双和赖漫桐（2020）采用各地市最低工资标准来代替企业平均工资或职工平均薪酬，但本书已采用各省份最低工资标准作为地区控制变量，若使用各地区最低工资标准容易出现共线性问题。并且，不受企业技术进步影响的工具变量与生产要素价格比的相关性可能又较弱，例如企业的年龄虽不受技术进步影响，但与劳动/机械设备价格比相关性极弱。因此，寻找到合适的工具变量对于内生性检验非常困难，通常存在较大争议，但却至关重要。

若能不借助外部因素，构建出同样有效的内部工具变量，可解决学术界对工具变量的寻找难题。Lewbel（1997）在其研究中便提出了该方法，张杰等（2011）、高翔等（2018）、蒲艳萍和顾冉（2019）均采用该方法构建了要素市场扭曲[①]、工资扭曲[②]的工具变量，本书借鉴该方法，构建生产要素价格比的有效工具变量：企业工资/机械设备价格比与所有企业工资/机械设备价格比均值的差额的三次方，即（企业工资/机械设备价格比 − 所有企业工资/机械设备价格比均值）^{3}。表4-6汇报了生产要素价格比工具变量的详细估计结果。

表4-6　　要素比价内生性检验：工具变量的估计结果

变量	(1) $\ln y_{it}$ FE	(2) $\ln y_{it}$ 一阶段	(3) $\ln y_{it}$ IV	(4) $\ln y_{it}$ FE	(5) $\ln LL_{it}$ IV	(6) $\ln LL_{it}$ FE	(7) $\ln INT_{it}$ IV	(8) $\ln INT_{it}$ FE
$\ln wp_{it}$	0.105*** (0.017)		0.072*** (0.008)	0.121*** (0.019)	0.030*** (0.011)	0.051** (0.022)	0.036*** (0.011)	0.042*** (0.014)
Lewbel 工具变量		0.016*** (0.002)		−0.001 (0.001)		−0.0004 (0.0004)		−0.0002 (0.0004)
控制变量	控制	控制	控制	控制	控制	控制	控制	控制
行业效应	控制	控制	控制	控制	控制	控制	控制	控制

---

① 张杰等（2011）构建的要素市场扭曲工具变量为：（要素市场扭曲 − 要素市场扭曲均值）^{3}。
② 蒲艳萍和顾冉（2019）构建的工资扭曲的工具变量为：（企业工资扭曲 − 行业工资扭曲均值）^{3}。

续表

变量	(1) $\ln y_{it}$ FE	(2) $\ln y_{it}$ 一阶段	(3) $\ln y_{it}$ IV	(4) $\ln y_{it}$ FE	(5) $\ln LL_{it}$ IV	(6) $\ln LL_{it}$ FE	(7) $\ln INT_{it}$ IV	(8) $\ln INT_{it}$ FE
地区效应	控制	控制	控制	控制	控制	控制	控制	控制
时间效应①	控制	控制	控制	控制	控制	控制	控制	控制
N	8019	8019	8019	7745	7127	6858	7307	7035
R^2	0.4790	0.4468	0.4756	0.4729	0.0395	0.0372	0.2254	0.2273
F	104.23	29.61	28.46	97.26	16.28	—	48.17	65.60

注：（1）括号内为标准误 z 值；（2）***、**、* 分别代表通过 1%、5%、10% 的显著性检验。

表 4–6 中第（1）列是作为对照的基准回归结果。第（2）列和第（3）列分别为使用 Lewbel 工具变量的一阶段和二阶段回归结果，第（2）列一阶段估计结果显示 Lewbel 工具变量与核心解释变量 $\ln wp_{it}$ 显著正相关，且 F 统计值大于经验规则 10，说明本书选取的工具变量不存在弱工具变量问题；第（3）列二阶段估计即为 IV 估计，结果显示要素价格比前系数仍在 1% 显著水平下为正，为 0.072，与基准回归结果相比，劳动/机械设备价格比对企业劳动生产率的解释力度降低 31.4%，说明互为因果关系同样高估了劳动要素价格比对企业劳动生产率的影响。第（5）列和第（7）列分别以企业人力资本结构 $\ln LL_{it}$、行业规模以上工业企业使用新技术经费 $\ln INT_{it}$ 为被解释变量，使用 Lewbel 工具变量进行回归的估计结果，与对应基准回归结果相比，$\ln LL_{it}$、$\ln INT_{it}$ 工具变量回归模型中劳动/机械设备价格比系数分别下降 36.2%、14.3%，再次说明互为因果关系高估了劳动要素价格比对企业劳动生产率的影响，同时为工具变量回归的稳健性提供证据。

检验工具变量的有效性分为两个部分：一是在工具变量回归的一阶

---

① 控制时间效应可在 xtreg 命令中加入 i. year，不采用加入 i. industry、i. area 的方式控制行业效应和地区效应，原因在于在设置面板数据命令"xtset ID year"时已经控制了个体效用，企业个体受所在行业和所在地区影响较大，控制个体效应相当于同时控制了行业效应的地区效应，故不再单独进行设置。而加入的行业、地区控制变量意在尽可能排除行业、地区的影响。

段，验证工具变量与核心解释变量的相关性，检验弱工具变量问题；二是检验 Lewbel 工具变量的排他性约束条件，即验证 Lewbel 工具变量是否与基准模型扰动项相关。弱工具变量问题已经在工具变量一阶段回归时验证，结果显示 Lewbel 工具变量与核心解释变量存在显著正相关关系，故可判断不存在弱工具变量问题。排他性约束条件可通过将工具变量加入基准模型进行回归，其估计系数若表现出无显著性影响，则表明本书选取工具变量符合排他性约束条件（孙圣民，陈强，2017）。表 4 - 6 的第（4）列、第（6）列和第（8）列汇报了工具变量的排他性约束检验结果，结果显示将 Lewbel 工具变量加入基准模型后其回归系数并不显著，未通过显著性检验，由此说明 Lewbel 工具变量除通过影响核心解释变量劳动/机械设备价格外，不存在其他直接影响企业技术进步水平的途径，可佐证工具变量的外生性。

综上，选取的工具变量可有效解决核心解释变量和被解释变量间互为因果的问题，同时也支持本书命题，即生产要素劳动/机械设备价格比增加可促进企业技术进步。

4.2.3 稳健性检验

本书稳健性检验将从三个维度进行，分别包括替换资本价格指标、更换计量模型和实证方法。

1. 替换机械设备价格——采用实际利率 i

在多数研究中，学者常采用贷款利率 r 来衡量资本价格，该资本涵盖了生产所用的通用设备、专用设备、办公设备、厂房、运输设备等所有维持企业生产运营的固定设备。虽然其包含的资本种类较多，但仍可间接衡量机械设备价格，原因在于企业在购买机械设备时也需向银行贷款，贷款利率也可间接反映购买机械设备成本。与其他学者所用利率不同，本书采用实际利率 i 来衡量，对应各指标的实际值，实际利率 i = 名义利率[①] – CPI。具体检验结果如表 4 - 7 所示。

[①] 名义利率为中长期贷款利率（1 至 3 年，包括 3 年），数据来自 Wind。

表 4-7 要素比价稳健性检验：替换机械设备价格指标

变量	基准检验 (1) $\ln y_{it}$ FE①	(2) $\ln y_{it}$ RE	(3) $\ln LL_{it}$ FE	(4) $\ln RD_{it}$ FE	内生性检验1 (5) $\ln y_{it}$ FE	内生性检验2 (6) $\ln y_{it}$ IV
$\ln wi_{it}$	0.780*** (0.022)	0.778*** (0.021)	0.317*** (0.058)	0.068* (0.039)	0.749*** (0.026)	0.849*** (0.019)
Lewbel 工具变量						
$\ln lws_{it}$					0.098* (0.054)	
$PLS1_{it}$					-0.054 (0.036)	
$PLS2_{it}$					0.004 (0.003)	
$\ln km_{it}$					0.215 (0.133)	
$\ln ip_{it}$					-0.023 (0.029)	
$\ln Y_{it}$	0.576*** (0.022)	0.570*** (0.019)	-0.114*** (0.029)	-0.436*** (0.042)	0.558*** (0.021)	0.566*** (0.009)
T	0.429*** (0.023)	0.443*** (0.022)	0.226*** (0.050)	0.018 (0.069)	0.619*** (0.037)	0.466*** (0.019)
T^2	-0.031*** (0.002)	-0.031*** (0.002)	-0.014*** (0.003)	0.002 (0.004)	-0.034*** (0.002)	-0.033*** (0.001)
$\ln rs_{it}$	-0.001 (0.003)	-0.001 (0.003)	0.001 (0.005)	0.0004 (0.009)	-0.0002 (0.003)	-0.001 (0.003)
$\ln scale_{it}$	-0.292*** (0.017)	-0.298*** (0.016)	0.108*** (0.027)	0.237*** (0.036)	-0.269*** (0.018)	-0.290*** (0.008)
$\ln profit_{it}$	0.033*** (0.006)	0.031*** (0.005)	0.010 (0.008)	0.028** (0.011)	0.038*** (0.006)	0.034*** (0.003)

① 针对选择固定效应还是随机效应，可采用 Hausman 检验来判断，结果 p 为 0.0000，强烈拒绝原假设，认为应该使用固定效应模型。

续表

变量	基准检验				内生性检验1	内生性检验2
	(1) $\ln y_{it}$ FE	(2) $\ln y_{it}$ RE	(3) $\ln LL_{it}$ FE	(4) $\ln RD_{it}$ FE	(5) $\ln y_{it}$ FE	(6) $\ln y_{it}$ IV
$\ln export_{it}$	-0.031*** (0.005)	-0.033*** (0.005)	-0.014* (0.007)	0.013 (0.010)	-0.028*** (0.005)	-0.031*** (0.003)
$\ln gov_{it}$	-0.020*** (0.004)	-0.022*** (0.004)	-0.007 (0.007)	0.034*** (0.009)	-0.020*** (0.004)	-0.019*** (0.003)
$\ln de_{it}$	-0.061*** (0.010)	-0.062*** (0.010)	-0.015 (0.017)	0.010*** (0.020)	-0.058*** (0.011)	-0.058*** (0.006)
$\ln HHI_{it}$	0.009 (0.020)	-0.005 (0.014)	-0.067** (0.020)	-0.015 (0.040)	-0.054** (0.018)	0.009 (0.010)
$\ln CGDP_{it}$	0.009 (0.027)	-0.008 (0.023)	-0.017 (0.044)	-0.036 (0.062)	0.008 (0.027)	0.005 (0.016)
$\ln CAW_{it}$	-0.013 (0.051)	-0.064 (0.040)	-0.024 (0.091)	-0.200* (0.112)	0.011 (0.049)	-0.031 (0.035)
_cons	1.856*** (0.653)	2.719*** (0.487)	-0.936 (1.395)	4.769*** (1.580)	-2.690 (1.750)	1.361*** (0.403)
行业效应	控制	控制	控制	控制	控制	控制
地区效应	控制	控制	控制	控制	控制	控制
时间效应①	控制	控制	控制	控制	控制	控制
N	10613	10613	7860	6606	8399	10613
R^2	0.7134	0.7129	0.0807	0.0911	0.6738	0.7111
F	253.97	6015.54②	7.22	14.31	207.88	43.48

注：(1) 括号内为标准误 z 值；(2) ***、**、*分别代表通过1%、5%、10%的显著性检验。

① 控制时间效应可在 xtreg 命令中加入 i.year，不采用加入 i.industry、i.area 的方式控制行业效应和地区效应，原因在于在设置面板数据命令"xtset ID year"时已经控制了个体效应，企业个体受所在行业和所在地区影响较大，控制个体效应相当于同时控制了行业效应的地区效应，故不再单独进行设置。而加入的行业、地区控制变量意在尽可能排除行业、地区的影响。

② 此处汇报的是随机效应模型的 Wald chi2 (22) 结果。

表4-7的第（1）列和第（2）列分别汇报了基准回归的固定效应模型、随机效应模型估计结果，结果显示核心解释变量 $\ln wi_{it}$ 前系数显著为正，为0.780，高于机械设备价格 Pe 的基准回归系数0.67个百分点，且拟合优度高达71%，说明实际利率 i 指标作为核心解释变量的回归拟合度较好，并且结果也支持本书命题，即生产要素劳动/资本价格比增加可促进企业技术进步。为避免关键变量出现单一伪回归问题，本书采用被解释变量的替代指标再次进行验证，第（3）列和第（4）列分别汇报了被解释变量为企业人力资本结构 $\ln LL_{it}$、企业研发投入 $\ln RD_{it}$ 的基准回归结果，虽然两个基准模型的拟合优度并不高，甚至企业人力资本结构 $\ln LL_{it}$ 的 F 值检验小于经验规则10，但是，其结果支持生产要素价格比上升可促进企业技术进步这一结论，说明结果较为稳健。

第（5）列和第（6）列在第（1）列基准回归的基础上进行内生性检验，第（5）列汇报增加地区（地区劳动保护程度、地区人力资本结构、地区交通便利程度）、行业（行业创新能力）等遗漏变量后的基准回归结果，核心解释变量 $\ln wi_{it}$ 前系数通过1%显著水平检验且显著为正，大小相较基准检验降低了4%，说明原基准检验高估了生产要素价格比对企业劳动生产率的解释程度，但同时也再次验证了本书命题；第（6）列汇报了面板工具变量 IV 估计结果，此处仍采用 $\ln wi_{it}$ 的 Lewbel 工具变量，结果仍然支持生产要素价格比上升会促进提高企业技术进步水平这一结论。

2. 更换计量模型和实证方法——采用增长率计量模型、GMM 计量方法

依据理论推导公式，计量模型除可用求对数形式外，还可用其增长率①形式，根据理论公式 $\dfrac{\dot{Y}}{L} = \dfrac{1}{\mu}\dot{A} + \sigma\left(\dfrac{\dot{w}}{r}\right) + \mu \dot{Y}, A = A_0 e^{at+bt^2}$，可得增长率形式的计量模型为：

$$yR_{it} = \alpha_0 + \alpha_1 wpR_{it} + \alpha_2 YR_{it} + \alpha_3 T + \alpha_4 X_{it} + \alpha_5 Z_{it} + \lambda_i + \delta_t + \varepsilon_{it}$$

---

① 增长率的计算公式为：（t 期指标 $-t-1$ 期指标）/$t-1$ 期指标 $\times 100$，例如 $yR = (y_t - y_{t-1})/y_{t-1} \times 100$。

其中，yR_{it} 表示第 i 个企业 t 时期劳动生产率的增长率，wpR_{it} 表示第 i 个企业 t 时期生产要素劳动/机械设备价格比的增长率，YR_{it} 表示第 i 个企业 t 时期总产出的增长率，X_{it}、Z_{it} 分别表示企业个体特征、行业特征、地区特征的控制变量，已在模型设定与数据说明章节详细描述，不再赘述。采用该模型进行实证检验只需验证生产要素价格比增长率 wpR_{it} 增加会促进企业劳动生产率 yR_{it} 增长率增加即可验证命题。

此外，在前文研究中，本书采用静态面板数据分析生产要素价格比对企业劳动生产率的影响，但实际上，企业劳动生产率同样受上期劳动生产率影响，具有滞后性，形成动态面板数据。处理动态面板数据最适用的计量方法是差分 GMM 估计方法和系统 GMM 估计方法，此外，GMM 估计方法可同时控制多个可能具有内生性问题的变量，使回归结果更加稳健。

更换计量模型和计量方法的实证结果如表 4-8 和表 4-9 所示。

表 4-8　　　　　要素比价稳健性检验：采用增长率模型

变量	(1) yR_{it} OLS	(2) yR_{it} FE	(3) yR_{it} OLS	(4) yR_{it} FE
wpR_{it}	0.002 *** (0.0001)	0.012 (0.012)		
wiR_{it}			0.064 *** (0.001)	0.071 *** (0.002)
YR_{it}	0.024 *** (0.004)	0.563 *** (0.191)	0.165 *** (0.001)	0.138 *** (0.022)
T	-0.604 (0.617)	2.171 *** (0.696)	-0.652 (0.626)	1.205 *** (0.404)
rsR_{it}		-0.0001 (0.0001)		-0.00002 (0.0002)
$scaleR_{it}$		-0.328 *** (0.125)		-0.144 *** (0.048)
$profitR_{it}$		0.001 (0.001)		0.002 (0.001)
$govR_{it}$		-0.0003 (0.001)		0.001 ** (0.0002)

第 4 章　中国制造业技术进步诱致性因素的实证研究

续表

变量	(1) yR_{it} OLS	(2) yR_{it} FE	(3) yR_{it} OLS	(4) yR_{it} FE
SAR_{it}		0.001 (0.001)		0.0003 (0.0003)
deR_{it}		−0.059 (0.043)		−0.037 (0.025)
$SSPR_{it}$		0.005 (0.007)		−0.008 (0.006)
$HHIR_{it}$		0.032 (0.094)		0.083 (0.058)
IPR_{it}		0.085 (0.101)		−0.034 (0.055)
$CGDPR_{it}$		0.017 (0.039)		0.023 (0.031)
$CAWR_{it}$		−0.014 (0.084)		−0.082 (0.072)
行业效应	不控制	控制	控制	控制
地区效应	不控制	控制	控制	控制
时间效应	不控制	控制	控制	控制
N	13341	3676	19233	4149
R^2	0.0195	0.5862	0.5299	0.8502
F	88.48	16.03	7224.6	467.87

注：(1) 括号内为标准误 z 值；(2) ***、**、* 分别代表通过 1%、5%、10% 的显著性检验。

表 4-8 的第 (1) 列和第 (2) 列分别汇报了劳动/机械设备价格比增长率对企业劳动生产率增长率影响的简单 OLS 回归和固定效应回归结果，OLS 回归中劳动/机械设备价格比增长率 wpR_{it} 前系数显著为正，支持本书命题，而固定效应回归模型估计系数虽然为正但并不显著。第 (3) 列和第 (4) 列为第 (1) 列和第 (2) 列的稳健性检验，采用实际利率 i 替换机械设备价格指标，回归结果显示，无论是简单的混合回归还是固定效应回归，其核心解释变量劳动/机械设备价格比增长率 wiR_{it}

前系数显著为正，均支持工资/机械设备价格比增长率提高可促进企业劳动生产率增加这一结论，验证本书命题，即生产要素价格比增加可促进企业技术进步。

更换计量方法的检验结果如表4-9所示。

表4-9　　　要素比价稳健性检验：采用 GMM 计量方法

变量	(1) $\ln y_{it}$ 差分 GMM	(2) $\ln y_{it}$ 系统 GMM
$L.\ln y_{it}$	0.398*** (0.143)	0.681*** (0.078)
$\ln wp_{it}$	0.288*** (0.071)	0.281*** (0.053)
$\ln Y_{it}$	0.804*** (0.265)	0.679*** (0.135)
T	-0.124** (0.054)	-0.010 (0.002)
T^2	0.006** (0.002)	0.003* (0.002)
$\ln rs_{it}$	-0.005 (0.006)	-0.00003 (0.007)
$\ln scale_{it}$	-0.333*** (0.110)	-0.180*** (0.082)
$\ln profit_{it}$	0.014*** (0.010)	0.011*** (0.010)
$\ln gov_{it}$	-0.002 (0.008)	-0.001 (0.010)
$\ln SA_{it}$	-0.004 (0.053)	0.017 (0.025)
$\ln de_{it}$	0.017 (0.044)	-0.026 (0.045)
$\ln SSP_{it}$	-0.018 (0.017)	-0.016 (0.018)
$\ln HHI_{it}$	0.033 (0.053)	0.090* (0.052)

续表

变量	(1) $\ln y_{it}$ 差分 GMM	(2) $\ln y_{it}$ 系统 GMM
$\ln IP_{it}$	0.148 (0.111)	-0.042 (0.043)
$\ln CGDP_{it}$	0.047 (0.065)	-0.038 (0.064)
$\ln CAW_{it}$	-0.010 (0.077)	-0.109 (0.115)
行业效应	控制	控制
地区效应	控制	控制
N	1363	1706
AR (2)	0.8972	0.8168
Sargan - p	0.4908	0.0656
工具变量	L (2/4) . lny; L (2/2) . L lnwp; L (2/2) . L lnY	

注：(1) 括号内为标准误 z 值；(2) ***、**、* 分别代表通过 1%、5%、10% 的显著性检验；(3) 差分 GMM 和系统 GMM 估计结果分别汇报了扰动项的二阶自相关结果 AR (2) 和工具变量的过度识别检验 Sargan - p，结果均通过检验，即扰动项不存在二阶自相关，工具变量均有效（系统 GMM 的工具变量在 5% 显著水平上接受"所有工具变量均有效"的原假设）。

表 4-9 的第 (1) 列和第 (2) 列分别汇报了采用差分 GMM 计量方法和系统 GMM 计量方法的估计结果，核心解释变量生产要素价格比 $\ln wp_{it}$ 前的估计系数均在 1% 的显著水平下为正，分别为 0.288、0.281，说明当生产要素价格比每上涨 1 个百分点，企业劳动生产率随之分别提高 0.288 个、0.281 个百分点，支持本书命题。

4.2.4 异质性分析

本书充分考虑企业异质性，从个体、地区、行业三个方面依次进行异质性检验，考察企业存在差异条件下，生产要素价格比变化对企业技术进步的影响会出现何种不同。具体地，用规模大小、是否存在对外贸易、企业属性、地理位置、要素密集度、是否属于装备制造业、是否属于高端制造业等方面进行验证。

表4-10汇报了不同企业规模、是否出口的异质性分析，考察要素价格比对企业技术进步会产生何种不同影响，具体结果如表4-10所示。

表4-10　　　要素比价异质性分析：企业规模、对外贸易

lny_{it}	企业规模			是否出口	
	(1) 大型 FE	(2) 中型 FE	(3) 小型 FE	(4) 内贸型 FE	(5) 外贸型 FE
$lnwp_{it}$	0.141 *** (0.019)	0.111 *** (0.018)	0.156 * (0.081)	0.232 *** (0.030)	0.138 *** (0.016)
控制变量	控制	控制	控制	控制	控制
行业效应	控制	控制	控制	控制	控制
地区效应	控制	控制	控制	控制	控制
时间效应	控制	控制	控制	控制	控制
N	7847	2099	216	2493	10162
R^2	0.4448	0.5327	0.4821	0.5818	0.4493
F	76.86	31.43	—	31.86	94.44

注：(1) 括号内为标准误 z 值；(2) ***、**、* 分别代表通过1%、5%、10%的显著性检验；(3) 异质性分析采用固定效应模型，控制变量在原基准模型的基础上增加新增遗漏变量(lnlws/PLS1/PLS2)，并同时控制了行业效应、地区效应和时间效应。

表4-10的估计结果再次从不同维度证明本书命题，即劳动/机械设备价格比增加会促进企业提高技术进步水平，进而提升劳动生产效率。其中，第（1）列、第（2）列和第（3）列分别汇报了企业规模分别为大型、中型、小型时，要素劳动/机械设备价格比变化对企业劳动生产率的影响程度，估计结果显示大型和小型企业劳动生产率对要素价格比变化更为敏感，系数分别高于中型企业0.03个、0.045个百分点。小型企业的敏感程度最高，说明当劳动力成本上涨速度快于机械设备价格上涨速度、或当机械设备价格稍微有所下降引起的要素价格比变化时，小型企业的反应最为灵敏，有更强烈的意愿引入先进机械设备，提高劳动生产率，获取利润缓解成本压力。第（4）列和第（5）列汇报了制造业企业是否存在对外贸易，对要素价格比变化如何影响企业劳动生产率产生何种影响，结果显示，相较于出口型企业，无海外业务收入或称无对外

贸易的内贸型企业的核心解释变量 $\ln wp_{it}$ 前估计系数较大,说明内贸型制造业企业的劳动生产率对要素价格比变化更为敏感。

表 4-11 汇报了不同企业属性、地理位置的异质性分析,考察要素价格比对企业技术进步会产生何种不同影响,具体结果如表 4-11 所示。

表 4-11　　　　　要素比价异质性分析:企业属性、地理位置

$\ln y_{it}$	企业属性①				地理位置			
	(1) 国有企业 FE	(2) 民营企业 FE	(3) 外资企业 FE	(4) 其他企业 FE	(5) 东部地区 FE	(6) 中部地区 FE	(7) 西部地区 FE	(8) 东北地区 FE
$\ln wp_{it}$	0.186*** (0.048)	0.112*** (0.015)	0.221*** (0.056)	0.127*** (0.044)	0.122*** (0.018)	0.177*** (0.031)	0.188*** (0.043)	0.162** (0.064)
控制变量	控制	控制	控制	控制	控制	控制	控制	控制
行业效应	控制	控制	控制	控制	控制	控制	控制	控制
地区效应	控制	控制	控制	控制	控制	控制	控制	控制
时间效应	控制	控制	控制	控制	控制	控制	控制	控制
N	2452	6859	390	461	7082	1521	1155	404
R^2	0.5622	0.4311	0.4894	0.4521	0.4063	0.4875	0.6052	0.6345
F	38.17	65.87	13.77	—	74.99	24.90	15.56	17.57

注:(1)括号内为标准误 z 值;(2)***、**、*分别代表通过 1%、5%、10% 的显著性检验;(3)异质性分析采用固定效应模型,控制变量在原基准模型的基础上增加新增遗漏变量,并同时控制了行业效应、地区效应和时间效应。

表 4-11 的估计结果显示无论将企业如何分类,其核心解释变量劳动/机械设备价格比 $\ln wp_{it}$ 前估计系数均在 1% 的显著水平下为正值,支持本书命题:生产要素劳动/机械设备价格比提高会促进企业技术进步。

但是,不同分类产生的估计结果也因异质性而存在差异。第(1)列至第(4)列汇报了企业属性异质性的估计结果,企业性质不同,核心解释变量前估计结果大小也不相同。具体地,按照技术进步对生产要素劳动/机械设备价格变化的敏感度排序,外资企业排在首位,生产要素

---

① 企业属性分类:国有企业包括地方国有企业、中央国有企业,外资企业包括外资企业和中外合资企业,其他企业包括集体企业、公众企业和其他企业。

价格比每变化 1 个百分点，外资企业技术进步水平变化相较国有企业、民营企业、其他企业分别高出 0.035 个、0.109 个、0.094 个百分点，其次是国有企业、其他企业和民营企业。

第（5）列至第（8）列汇报了企业所在地理位置的异质性分析结果。估计结果显示，西部地区企业技术进步对生产要素价格比变化的敏感程度要分别高于中部地区、东北地区和东部地区。

表 4-12 汇报了不同要素密集度、是否为装备制造业、是否为高端制造业的异质性分析，考察要素价格比对企业技术进步会产生何种不同影响，具体结果如表 4-12 所示。

表 4-12　　　要素比价异质性分析：要素密集度、
是否为装备制造业/高端制造业

$\ln y_{it}$	要素密集度①			是否装备制造业②		是否高端制造业③	
	（1）劳动密集型 FE	（2）资本密集型 FE	（3）技术密集型 FE	（4）装备制造业 FE	（5）其他制造业 FE	（6）高端制造业 FE	（7）其他制造业 FE
$\ln wp_{it}$	0.191 *** (0.053)	0.117 *** (0.018)	0.136 *** (0.022)	0.115 *** (0.018)	0.186 *** (0.027)	0.122 *** (0.015)	0.174 ** (0.038)
控制变量	控制	控制	控制	控制	控制	控制	控制
行业效应	控制	控制	控制	控制	控制	控制	控制

① 劳动密集型制造业包括农副食品加工业、食品制造业、酒饮料和精制茶制造业、烟草制造业、纺织业、纺织服装服饰业、皮革毛皮羽毛及其制品和制鞋业、木材加工及木竹藤棕草制品业、家具制造业、造纸及纸制品业、印刷业和记录媒介的复制、文教工美体育和娱乐用品制造业、橡胶和塑料制造业等 13 个行业。资本密集型制造业包括石油煤炭及其他燃料加工业、非金属矿物制造业、黑色金属冶炼及压延加工业、有色金属冶炼及压延加工业、金属制品业、通用设备制造业、专用设备制造业、仪器仪表制造业等 8 个行业。技术密集型制造业包括医药制造业、化学原料及化学制品制造业、化学纤维制造业、汽车制造、铁路船舶航空航天和其他运输设备制造业、电气机械及器材制造业、计算机通信和其他电子设备制造业等 7 个行业。

② 装备制造业包括金属制品业、通用设备制造业、专用设备制造业、仪器仪表制造业、汽车制造、铁路船舶航空航天和其他运输设备制造业、电气机械及器材制造业、计算机通信和其他电子设备制造业。

③ 参考傅元海等（2016）对高端制造业的分类，包括医药制造业、化学原料及化学制品制造业、化学纤维制造业、通用设备制造业、专用设备制造业、汽车制造、铁路船舶航空航天和其他运输设备制造业、电气机械及器材制造业、计算机通信和其他电子设备制造业。

续表

lny_{it}	要素密集度			是否装备制造业		是否高端制造业	
	(1) 劳动密集型 FE	(2) 资本密集型 FE	(3) 技术密集型 FE	(4) 装备制造业 FE	(5) 其他制造业 FE	(6) 高端制造业 FE	(7) 其他制造业 FE
地区效应	控制	控制	控制	控制	控制	控制	控制
时间效应	控制	控制	控制	控制	控制	控制	控制
N	1660	3189	5313	5267	4895	6503	3659
R^2	0.5002	0.4839	0.4409	0.3936	0.5420	0.4424	0.4878
F	14.05	55.45	53.83	53.15	70.91	72.04	40.70

注：(1) 括号内为标准误 z 值；(2) ***、**、* 分别代表通过1%、5%、10%的显著性检验；(3) 异质性分析采用固定效应模型，控制变量在原基准模型的基础上增加新增遗漏变量，并同时控制了行业效应、地区效应和时间效应。

表4-12汇报了企业所属行业的异质性回归结果，总体而言，不同模型的核心解释变量 $lnwp_{it}$ 估计结果仍然支持本书命题：企业生产要素劳动/机械设备价格比增加可促进制造业企业技术进步。

第 (1) 列、第 (2) 列和第 (3) 列的估计结果显示制造业技术进步对生产要素价格比的敏感程度因要素密集度不同而存在差异。劳动密集型制造业企业生产要素价格比对企业技术进步的促进作用更大，即该类型企业对要素价格变化更加敏感，工资上涨过快或机械设备价格稍有降低，劳动密集型企业便会通过引进先进机械设备或提高企业自主创新能力提升劳动生产率，缓解成本压力。资本密集型和技术密集型企业技术进步对生产要素价格比变化的敏感程度虽略有不及劳动密集型企业，但也会因要素价格比的上涨而提高技术进步水平。在此需强调的是要素密集度不同的企业对不同要素的价格变化反应应该也不同，具体分析可见下文要素价格对企业技术进步影响的实证分析。

第 (4) 列和第 (5) 列的估计结果说明装备制造业的技术进步对要素价格比的敏感程度弱于非装备制造业。最终消费品多为批量化、流水线式标准生产，而装备制造业的生产过程相较复杂，根据产品或订单项目的不同分为按单制造、非标准化制造、按项目制造等生产模式，生产过程存在大量定制化设计、定制化装配、技术工艺变更、生产计划调整等情况，需要劳动者亲力亲为，而非"傻瓜式"复制生产[①]，因此，装备制造业资本—劳动替代弹性较为稳定，即使生产要素劳动/机械设备价格比发生变化，装备制造业也不会轻易因劳动力成本上涨过快而辞退专业技术工人；当机械设备价格下降引进先进设备时，也会投入相匹配的技能型劳动力。综上，装备制造业因其较为稳定的资本—劳动替代弹性，劳动生产率对生产要素价格比变化的反应要弱于非装备制造业。

第（6）列和第（7）列汇报了高端制造业和非高端制造业技术进步对生产要素价格比变化的反应程度，结果显示，高端制造业技术进步对生产要素价格比变化的敏感程度要弱于非高端制造业。高端制造业涵盖了所有装备制造业，同时包括技术密集型的医药制造业、化学原料与化学产品制造业及化学纤维制造业，特殊的生产模式、较为稳定的资本—劳动替代弹性导致其对要素价格的变化较弱。

4.3　要素价格对制造业技术进步影响的实证检验

上文已详细论述制造业企业技术进步对劳动/机械设备价格比变化的反应，验证本书命题，即生产要素价格比增加会促进制造业企业技术进步。

进一步，分析企业技术进步对劳动力成本、生产设备成本变化的敏感程度，判定目前我国制造业技术进步是由劳动力成本上升诱致，还是由资本设备价格下降引致。若是劳动诱致型技术进步，则无须过度担心"技术进步吞噬就业"问题，因为这是由劳动力成本上涨所引起的"被动补充就业"；若是资本诱致型技术进步，则需要重视技术进步"主动吞噬"就业问题，因为这是由资本价格下降所导致的"主动替代就业"，会对就业产生一定威胁，严重时会影响社会稳定。

依据计量模型（4.2），进一步探讨工资变化、机械设备价格变化对企业技术进步分别会产生何种影响，两个变量的作用方向与大小会出现

[①] 资料来源："装备制造业是什么？"，搜狐新闻，2019年6月。https://www.sohu.com/a/323005610_262768.

何种不同。

4.3.1 基准回归

依据计量模型（4.2），选取上市企业制造业企业 2007—2019 年 26131 个样本数据进行回归分析。其中，被解释变量为制造业企业劳动生产率 lny_{it}，核心解释变量为工资 $lnwage_{it}$、机械设备价格 $lnPe_{it}$，重点关注工资 $lnwage_{it}$、机械设备价格 $lnPe_{it}$ 前系数显著性、正负号及绝对值大小。具体回归结果如表 4-13 所示。

表 4-13　　　　　工资、机械设备价格对制造业劳动生产率影响的基准回归结果

变量	(1) lny_{it} OLS	(2) lny_{it} OLS	(3) lny_{it} FE	(4) lny_{it} FE	(5) lny_{it} RE
$lnwage_{it}$	0.684*** (0.011)	0.736*** (0.013)	0.727*** (0.028)	0.733*** (0.037)	0.736*** (0.032)
$lnPe_{it}$	-0.025*** (0.002)	-0.018*** (0.002)	-0.028*** (0.008)	-0.019** (0.008)	-0.020*** (0.005)
lnY_{it}	0.218*** (0.003)	0.293*** (0.005)	0.343*** (0.017)	0.366*** (0.020)	0.327*** (0.014)
T	-0.132*** (0.009)	-0.112*** (0.013)	-0.152*** (0.010)	-0.064*** (0.020)	-0.040** (0.018)
T^2	0.005*** (0.0004)	0.005*** (0.001)	0.005*** (0.0004)	-0.001 (0.001)	-0.001 (0.001)
$lnrs_{it}$		0.019*** (0.007)		0.004 (0.003)	0.005 (0.003)
$lnprofit_{it}$		-0.034*** (0.006)		0.033*** (0.006)	0.031*** (0.005)
$lngov_{it}$		-0.118*** (0.004)		-0.038*** (0.004)	-0.045*** (0.004)
$lnde_{it}$		-0.049*** (0.010)		-0.043*** (0.015)	-0.039*** (0.014)

续表

变量	(1) $\ln y_{it}$ OLS	(2) $\ln y_{it}$ OLS	(3) $\ln y_{it}$ FE	(4) $\ln y_{it}$ FE	(5) $\ln y_{it}$ RE
$\ln HHI_{it}$		0.014** (0.006)		0.031 (0.023)	0.013 (0.014)
$\ln CGDP_{it}$		-0.050*** (0.013)		0.055* (0.032)	0.019 (0.024)
$\ln CAW_{it}$		-0.112*** (0.027)		-0.014 (0.050)	-0.067* (0.039)
_cons	4.096*** (0.121)	5.291*** (0.235)	2.336*** (0.340)	1.610** (0.690)	2.931*** (0.465)
行业效应	不控制	控制	不控制	控制	控制
地区效应	不控制	控制	不控制	控制	控制
时间效应①	不控制	不控制	不控制	控制	控制
N	15361	10602	15361	10602	10602
R^2	0.4395	0.4846	0.6126	0.6553	0.6529
F	2407.81	829.59	556.92	174.41	4148.85（0②）

注：(1) 括号内为标准误 z 值；(2) ***、**、* 分别代表通过 1%、5%、10% 的显著性检验。

表 4–13 汇报了工资、机械设备价格变化对制造业技术进步影响的基准回归结果。第（1）列汇报以核心解释变量工资、机械设备价格、其他解释变量总产出等对制造业企业劳动生产率的简单 OLS 回归（面板数据中称混合回归），核心解释变量工资 $\ln wage_{it}$ 前估计系数在 1% 的显

---

① 控制时间效应可在 xtreg 命令中加入 i.year，不采用加入 i.industry、i.area 的方式控制行业效应和地区效应，原因在于在设置面板数据命令"xtset ID year"时已经控制了个体效应，企业个体受所在行业和所在地区影响较大，控制个体效应相当于同时控制了行业效应的地区效应，故不再单独进行设置。而加入的行业、地区控制变量意在尽可能排除行业、地区的影响。

② 第（5）列 RE 中 F 一栏汇报的是 chi2 的结果，0 值表示使用豪斯曼检验在处理面板数据时是采用固定效应还是随机效应，结果 P=0.000，强烈拒绝原假设："H_0：u_i 与 x_{it}，z_i 不相关"，认为使用固定效应模型而非随机效应模型。

著水平上显著为正,为 0.684,表示当工资上涨 1 个百分点,企业劳动生产率会同向变化 0.684 个百分点;另一个核心解释变量机械设备价格 $\ln Pe_{it}$ 前估计系数在 1% 的显著水平上显著为负,为 -0.025,说明若机械设备价格发生变化,制造业企业劳动生产率会向相反方向变化,即每当机械设备价格下降 1 个百分点时,企业劳动生产率将提高 0.025 个百分点,为机械设备价格与企业技术进步反向相关这一论述提供了经验证据。此外,工资估计系数绝对值要远大于机械设备价格绝对值,由此可得:在混合回归分析下,我国制造业企业技术进步主要由劳动力成本上涨所诱致,属于劳动诱致型技术进步。

为验证这一判断,第(2)列在简单回归的基础上增加企业个体特征、行业特征、地区特征控制变量集,其回归结果仍支持工资变化对企业劳动生产率的正向影响、机械设备价格对企业劳动生产率的负向影响,以及工资变化所引起企业生产率向上的变化幅度要大于机械设备价格变化所引起企业生产率向下的变化幅度,即认为制造业企业技术进步对工资变化更加敏感。

第(3)列汇报了仅以核心解释变量工资、机械设备价格、其他解释变量如总产出等对制造业劳动生产率的面板固定效应估计结果,且 F 检验 p 值为 0.000,强烈拒绝原假设,即认为固定效应模型回归明显优于第(1)列的混合回归。并且,不加控制变量的固定效应回归结果仍可验证命题,即工资上涨可促进企业提高技术进步水平,机械设备价格下降也可促进企业技术进步,且企业技术进步对工资变化的敏感程度要强于对机械设备价格的敏感程度。

第(4)列在第(3)列回归的基础上增加企业个体特征、行业特征、地区特征控制变量集的固定效应回归结果,同时控制了时间效应。与第(2)列的混合回归相比,F 检验 p 值仍为 0,拒绝原假设,认为固定效应回归优于混合回归。与第(5)列随机效应模型相比,Hausman 检验的结果同样支持固定效应优于回归效应,因此,固定效应模型更适用于本节实证研究。

接着,着重分析第(4)列固定效应模型的回归结果。核心解释变量生产要素劳动力价格，即工资 $lnwage_{it}$ 前系数显著为正，为 0.733，说明工资每上涨 1 个百分点，会促进企业提高技术进步水平 0.733 个百分点；机械设备价格 $lnPe_{it}$ 前系数显著为负，为 0.019，表示机械设备价格每下降 1 个百分点，会促进企业提高技术进步水平 0.019 个百分点；并且，工资上涨所引起的企业技术进步向上的增幅远大于资本价格下降所引起的技术进步向上的增幅，高出 37.58 倍，这意味着我国制造业企业技术进步主要由工资上涨所诱致，而非机械设备价格下降诱致，即我国制造业技术进步类型为劳动诱致型技术进步。

其他解释变量，总产出 lnY_{it} 前系数显著为正，为 0.366，表示企业总产出对劳动生产率有正向促进作用，总产出越大，劳动生产率越高，企业总产出每提高 1 个百分点，可带动劳动生产率提高 0.366 个百分点，符合预期。

控制变量中，除企业规模报酬递增效应 $lnrs_{it}$、衡量市场集中度的赫芬达尔—赫希曼指数 $lnHHI_{it}$、城镇单位在岗员工平均工资 $lnCAW_{it}$ 估计系数不显著外，其他控制变量的系数均通过显著性检验。具体地，企业利润率 $lnprofit_{it}$ 前系数显著为正，为 0.033，说明企业的利润率与其劳动生产率呈正相关关系，利润率增加 1 个百分点，会促进企业劳动生产率提高 0.033 个百分点。企业利润与企业规模对劳动生产率的作用方向不同，利润越高，会有更多资本投入到自主研发和引进先进机械设备，从而提高劳动生产率，而企业规模越大并不意味着企业的盈利能力更强，反而会增加经营风险导致亏损，不利于企业提高技术进步水平。政府补助 $lngov_{it}$ 前系数显著为负，为 -0.038，说明政府补助存在遏制企业提高生产率的可能性。政府补助也存在损害企业技术创新的纯技术效率的可能，并且从政府补助方式、企业寻租等角度考虑，政府补助存在挤出效应，尤其是对我国东南沿海地区的战略性新兴产业企业，政府补助并未起到提高全要素生产率的作用（任优生，邱晓东，2017）。因此，政府补助对企业劳动生产率显著为负，极可能是因为政府补助的挤出效应大于促进效应。资产负债率 $lnde_{it}$ 前系数显著为负，为 -0.043，说明企业资产负债率越高，越不利于促进企业提高劳动生产率。企业所在城市人均 GDP 即 $\ln CGDP_{it}$ 前系数显著为正，为 0.055，表明企业所在地经济发展水平与企业技术进步存在正相关关系，事实的确如此。

综上，无论采用混合回归，还是固定效应回归、随机效应回归等不同的计量分析方法，其估计结果均能支持本书命题 3.1a，即工资上涨可促进企业技术进步，资本价格下降也可促进企业技术进步。并且，工资上涨促进企业技术进步的幅度远大于资本价格下降促进技术进步的幅度，这意味着我国制造业企业技术进步主要由工资上涨所诱致，属于劳动诱致型。

该结论为辩证看待制造业"技术进步吞噬就业"提供客观视角，制造业技术进步属于劳动诱致型，是作为就业的"被动补充"，而非资本诱致型技术进步对就业的"主动吞噬"，因此，无须将技术进步尤其是新一轮以人工智能为核心的技术进步"妖魔化"，反而要不断促进企业提高技术进步水平，在双循环经济背景下，提高产品供给质量，实现产业升级。

4.3.2　内生性检验

同样地，工资、机械设备价格对企业技术进步的基准回归结果也存在受到内生性问题干扰的可能。本书仍着手从遗漏变量、方向因果两个方面解决内生性问题。

1. 增加变量解决遗漏问题

表 4-14 汇报了增加可能遗漏变量各省市 6 岁及以上人口平均受教育年限（Province Labor Structure，PLS1）、各省市 6 岁及以上大专以上人口占比（Province Labor Structure，PLS2）、各省市公路里程 lnkm 的估计结果。增加的遗漏变量是否合理，需通过将其分别加入基准回归模型进行实证分析，观察核心解释变量前系数大小变化，若系数有所下降，说明增加的遗漏变量有效。具体结果如表 4-14 所示。

表4-14　　　　要素价格内生性检验：增加可能的遗漏变量

变量	(1) $\ln y_{it}$ FE	(2) $\ln y_{it}$ FE	(3) $\ln y_{it}$ FE	(4) $\ln y_{it}$ FE_地区聚类	(5) $\ln y_{it}$ FE_行业聚类
$\ln wage_{it}$	0.727*** (0.037)	0.725*** (0.038)	0.725*** (0.038)	0.725*** (0.036)	0.725*** (0.044)
$\ln Pe_{it}$	-0.018** (0.008)	-0.018** (0.008)	-0.018** (0.008)	-0.018** (0.008)	-0.018** (0.008)
$PLS1_{it}$	0.006 (0.041)		-0.052 (0.040)	-0.052 (0.048)	-0.052 (0.040)
$PLS2_{it}$	-0.002 (0.004)		0.003 (0.004)	0.003 (0.004)	0.003 (0.004)
$\ln km_{it}$		0.345*** (0.129)	0.372*** (0.128)	0.372* (0.205)	0.372** (0.141)
$\ln Y_{it}$	0.363*** (0.020)	0.356*** (0.020)	0.356*** (0.020)	0.356*** (0.022)	0.356*** (0.023)
T	-0.136*** (0.016)	-0.148*** (0.016)	-0.143*** (0.017)	-0.174*** (0.015)	-0.174*** (0.018)
T^2	0.005*** (0.001)	0.005*** (0.001)	0.005*** (0.001)	0.007*** (0.001)	0.007*** (0.001)
$\ln rs_{it}$	0.005 (0.003)	0.005* (0.003)	0.006* (0.003)	0.006* (0.003)	0.006 (0.005)
$\ln profit_{it}$	0.033*** (0.006)	0.036*** (0.005)	0.036*** (0.005)	0.036*** (0.006)	0.036*** (0.006)
$\ln gov_{it}$	-0.037*** (0.004)	-0.036*** (0.004)	-0.036*** (0.004)	-0.036*** (0.005)	-0.036*** (0.005)
$\ln de_{it}$	-0.048*** (0.015)	-0.044*** (0.014)	-0.044*** (0.014)	-0.044*** (0.013)	-0.044*** (0.013)
$\ln HHI_{it}$	0.024 (0.025)	0.034 (0.025)	0.034 (0.025)	0.034 (0.030)	0.034 (0.062)
$\ln CGDP_{it}$	0.057* (0.033)	0.046 (0.032)	0.048 (0.033)	0.048 (0.029)	0.048* (0.027)
$\ln CAW_{it}$	-0.033 (0.052)	-0.033 (0.050)	-0.026 (0.051)	-0.026 (0.043)	-0.026 (0.069)
_cons	1.975** (0.731)	-1.772 (1.642)	-1.765 (1.637)	-1.712 (2.223)	-1.765 (1.637)

续表

变量	(1) $\ln y_{it}$ FE	(2) $\ln y_{it}$ FE	(3) $\ln y_{it}$ FE	(4) $\ln y_{it}$ FE_地区聚类	(5) $\ln y_{it}$ FE_行业聚类
行业效应	控制	控制	控制	控制	控制
地区效应	控制	控制	控制	控制	控制
时间效应	控制	控制	控制	控制	控制
N	10162	10162	10162	10162	10162
R^2	0.6541	0.6423	0.6425	0.6425	0.6425
F	164.29	174.82	161.40	825.23	705.22

注：(1) 括号内为标准误 z 值；(2) ***、**、*分别代表通过1%、5%、10%的显著性检验。

表4-14中第(1)列加入了衡量地区人力资本结构的两个指标，结果显示核心解释变量工资 $\ln wage_{it}$ 前的系数显著为正，为0.727，相较基准回归结果保持不变；但另一核心解释变量机械设备价格 $\ln Pe_{it}$ 前系数在显著条件下下降了35.7%，降至-0.018，由此说明地区人力资本结构指标有效。第(2)列汇报了加入衡量地区交通便利程度的控制变量的估计结果，两个核心解释变量工资 $\ln wage_{it}$、机械设备价格 $\ln Pe_{it}$ 前系数在满足1%显著水平前提下，系数大小均出现不同程度下降，相较基准回归分别下降了0.3%、35.7%，可验证控制变量有效。第(3)列汇报同时加入三个可能的遗漏变量的估计结果，仍然可得出核心解释变量在保证显著前提下出现下降。加入遗漏变量降低了核心解释变量的系数大小，说明本该由地区人力资本结构和交通便利程度解释的部分效应在基准回归中被工资、机械设备价格解释了，对企业劳动生产率的影响估计出现高估情况。其他解释变量和控制变量描述不再赘述。

考虑到同一地区、同一行业在不同年份之间可能会相互影响，本书再次对增加遗漏变量的基准模型进行检验，第(4)列和第(5)列分别汇报了地区和行业层面的聚类稳健标准误，核心解释变量工资 $\ln wage_{it}$、机械设备价格 $\ln Pe_{it}$ 前系数仍在1%的显著水平上显著为正，通过检验。

综上，即使存在遗漏变量，导致工资、机械设备价格对企业劳动生产率的解释出现高估，但是，表4-14的回归结果仍可支持本书的判断：工资上涨促进技术进步的幅度大于资本价格下降促进技术进步的幅度，由此，我国制造业技术进步属于劳动诱致型。

2. 工具变量解决互为因果问题

本节仍借鉴 Lewbel（1997）的方法，构建生产要素价格的有效工具变量：企业人均薪酬与所有企业人均薪酬均值的差额的三次方，即（企业人均薪酬－所有企业人均薪酬均值）³；企业购买机械设备价格与所有企业购买机械设备价格均值的差额的三次方，即（企业购买机械设备价格－所有企业购买机械设备价格均值）³。表4-15汇报了生产要素价格工具变量的详细估计结果。

表4-15　　　要素价格内生性检验：工具变量的估计结果

变量	(1) $\ln y_{it}$ FE	(2) $\ln y_{it}$ 一阶段	(3) $\ln y_{it}$ 一阶段	(4) $\ln y_{it}$ IV	(5) $\ln y_{it}$ FE
$\ln wage_{it}$	0.727 *** (0.037)			0.784 *** (0.020)	0.789 *** (0.027)
$\ln Pe_{it}$	-0.018 ** (0.008)			-0.014 ** (0.007)	-0.008 (0.010)
Lewbel 工具变量 (IV wage)		0.122 *** (0.019)			-0.001 (0.009)
Lewbel 工具变量 (IV Pe)			0.016 *** (0.002)		-0.0001 (0.002)
控制变量	控制	控制	控制	控制	控制
行业效应	控制	控制	控制	控制	控制
地区效应	控制	控制	控制	控制	控制
时间效应	控制	控制	控制	控制	控制
N	10162	7669	7669	7669	7669
R^2	0.6541	0.7043	0.4187	0.6654	0.6655
F	164.29	213.60	13.61	37.23	164.04

注：(1) 括号内为标准误z值；(2) ***、**、* 分别代表通过1%、5%、10%的显著性检验。

表4-15的第（1）列是作为对照的基准回归结果。第（2）列和第（3）列分别为使用Lewbel工具变量（IV wage）和Lewbel工具变量（IV Pe）的一阶段回归结果，第（2）列一阶段估计结果显示Lewbel工具变量（IV wage）与核心解释变量$lnwage_{it}$存在显著正相关关系，且F统计值大于经验规则10，说明本书选取工资的工具变量不存在弱工具变量问题；第（3）列一阶段估计结果显示Lewbel工具变量（IV Pe）与核心解释变量$lnPe_{it}$存在显著负相关关系，且F统计值大于经验规则10，同样说明本书选取机械设备价格的工具变量不存在弱工具变量问题。

第（4）列是同时采用两个工具变量进行二阶段估计即IV估计的回归结果，结果显示工资$lnwage_{it}$前系数仍在1%显著水平下为正，为0.784，高出基准回归结果0.057个百分点，说明基准回归模型中工资对企业劳动生产率的作用被低估；机械设备价格$lnPe_{it}$前系数仍在5%的显著水平下为负，为-0.014，低于基准回归结果，说明基准回归模型中机械设备价格对企业劳动生产率的影响被高估。

第（5）列汇报了工具变量有效性的排他性约束条件的检验结果。将两个工具变量加入基准模型进行回归，Lewbel工具变量（IV wage）的回归系数并不显著，未通过显著性检验；Lewbel工具变量（IV Pe）的回归系数也不显著，同样未通过显著性检验。由此说明Lewbel工具变量（IV wage）和Lewbel工具变量（IV Pe）除通过分别影响核心解释变量工资$lnwage_{it}$和机械设备价格$lnPe_{it}$外，不存在其他直接影响企业技术进步水平的途径，可佐证工具变量的外生性。

综上，选取的工具变量可有效解决核心解释变量和被解释变量间互为因果的问题，同时也再次验证本书判断：我国制造业技术进步主要由工资上涨所诱致，属于劳动诱致型。

4.3.3 稳健性检验

1. 替换机械设备价格——采用实际利率i

采用实际利率i替代机械设备价格Pe，进行稳健性分析，具体结果如表4-16所示。

表 4−16　　　要素价格稳健性检验：替换机械设备价格指标

变量	基准回归			内生性检验 1		内生性检验 2
	(1) $\ln y_{it}$ FE①	(2) $\ln y_{it}$ RE	(3) $\ln y_{it}$ FE	(4) $\ln y_{it}$ FE_地区聚类	(5) $\ln y_{it}$ FE_行业聚类	(6) $\ln y_{it}$ IV
$\ln wage_{it}$	0.784*** (0.021)	0.785*** (0.021)	0.772*** (0.023)	0.769*** (0.024)	0.769*** (0.023)	0.857*** (0.020)
$\ln i_{it}$	−0.033*** (0.005)	−0.104* (0.059)	−0.108 (0.068)	−0.035 (0.011)	−0.035** (0.013)	−0.064 (0.085)
$PLS1_{it}$			−0.045 (0.035)	−0.016 (0.020)	−0.016 (0.024)	
$PLS2_{it}$			0.002 (0.004)	−0.001 (0.002)	−0.001 (0.002)	
$\ln km_{it}$			0.097 (0.126)	−0.034 (0.175)	−0.034 (0.109)	
$\ln Y_{it}$	0.588*** (0.021)	0.568*** (0.019)	0.544*** (0.021)	0.560*** (0.019)	0.560*** (0.028)	0.564*** (0.009)
T	−0.121*** (0.011)	0.025 (0.040)	−0.050 (0.037)	−0.122*** (0.016)	−0.122*** (0.012)	−0.022 (0.055)
T^2	0.004*** (0.0004)	−0.005* (0.003)	0.0001 (0.002)	0.004*** (0.001)	0.004*** (0.001)	−0.003 (0.003)
$\ln rs_{it}$	−0.002 (0.003)	−0.0004 (0.003)	0.002 (0.003)	−0.0001 (0.002)	−0.0001 (0.003)	−0.0003 (0.003)
$\ln scale_{it}$	−0.295*** (0.016)	−0.298*** (0.015)	−0.272*** (0.016)	−0.277*** (0.014)	−0.277*** (0.018)	−0.290*** (0.008)
$\ln profit_{it}$	0.036*** (0.005)	0.031*** (0.005)	0.036*** (0.006)	0.038*** (0.007)	0.038*** (0.004)	0.034*** (0.003)
$\ln export_{it}$	−0.032*** (0.005)	−0.033*** (0.005)	−0.023*** (0.005)	−0.025*** (0.007)	−0.025*** (0.006)	−0.031*** (0.003)
$\ln gov_{it}$	−0.018*** (0.004)	−0.022*** (0.004)	−0.020*** (0.003)	−0.018*** (0.002)	−0.018*** (0.003)	−0.019*** (0.002)

---

① 针对选择固定效应还是随机效应，可采用 Hausman 检验来判断，结果 p 为 0.0000，强烈拒绝原假设，认为应该使用固定效应模型。

续表

变量	基准回归			内生性检验1		内生性检验2
	(1) $\ln y_{it}$ FE	(2) $\ln y_{it}$ RE	(3) $\ln y_{it}$ FE	(4) $\ln y_{it}$ FE_地区聚类	(5) $\ln y_{it}$ FE_行业聚类	(6) $\ln y_{it}$ IV
$\ln de_{it}$	-0.068*** (0.010)	-0.061*** (0.010)	-0.056*** (0.010)	-0.064*** (0.014)	-0.064*** (0.010)	-0.057*** (0.006)
$\ln HHI_{it}$	0.023 (0.019)	-0.004 (0.014)	0.009 (0.020)	0.027 (0.017)	0.027 (0.053)	0.010 (0.010)
$\ln CGDP_{it}$	0.018 (0.024)	-0.008 (0.022)	0.009 (0.027)	0.030 (0.027)	0.030 (0.022)	0.005 (0.016)
$\ln CAW_{it}$	-0.025 (0.048)	-0.063 (0.040)	-0.005 (0.052)	-0.001 (0.045)	-0.001 (0.031)	-0.027 (0.035)
_cons	2.665*** (0.573)	3.232*** (0.477)	1.824 (1.550)	3.045 (2.115)	3.044*** (0.937)	1.941*** (0.402)
行业效应	控制	控制	控制	控制	控制	控制
地区效应	控制	控制	控制	控制	控制	控制
时间效应	控制	控制	控制	控制	控制	控制
N	10613	10613	10262	10262	10262	10613
R^2	0.7079	0.7153	0.6896	0.6807	0.6807	0.7135
F	362.55	6110.56①	206.13	1093.88	986.44	43.85

注：(1) 括号内为标准误 z 值；(2) ***、**、* 分别代表通过1%、5%、10%的显著性检验。

表4-16汇报了采用实际利率 i 替换机械设备价格 Pe 的基准回归和内生性检验结果。具体地，第（1）列和第（2）列分别汇报了基准回归的固定效应模型、随机效应模型估计结果，其中，核心解释变量工资 $\ln wage_{it}$ 前系数显著为正，为 0.784；机械设备价格 $\ln i_{it}$ 前系数显著为负，为 -0.033，结果支持工资上涨、机械设备价格下降均可促进企业技术进步这一结论，进而可判断我国制造业技术进步属于劳动诱致型。该模型拟合优度高达71%，说明实际利率 i 作为核心解释变量的回归拟合度较

---
① 此处汇报的是随机效应模型的 Wald chi2 结果。

好，结论可信度高。

第（3）列至第（6）列汇报了在第（1）列基准回归的基础上进行内生性检验。第（3）列、第（4）列和第（5）列汇报了增加地区人力资本结构 $PLS1/PLS2$、地区交通便利程度 $\ln km$ 遗漏变量后的回归结果。由第（3）列可知，工资 $\ln wage_{it}$ 前系数通过1%显著水平检验且显著为正，大小相较基准检验降低了1.5%，说明原基准检验高估了工资对企业劳动生产率的解释程度；机械设备价格 $\ln i_{it}$ 前系数不显著或显著但系数无太大变化。考虑到同一地区、同一行业在不同年份之间可能会相互影响，本书再次对增加遗漏变量的基准模型进行检验，第（4）列和第（5）列分别汇报了地区和行业层面的聚类稳健标准误，核心解释变量工资 $\ln wage_{it}$ 前系数仍在1%的显著水平上为正，机械设备价格 $\ln Pe_{it}$ 前系数在5%显著水平下为负，通过检验。

第（6）列汇报了面板工具变量 IV 估计结果，此处仍使用 Lewbel 工具变量，结果仍然支持工资上涨、机械设备价格下降均会促进企业技术进步，但工资上涨对企业技术进步的影响更大，因此，可判断我国制造业技术进步属于劳动诱致型。

2. 更换计量模型和实证方法——采用增长率计量模型、GMM 计量方法

根据理论公式 $\dfrac{\dot{Y}}{L} = \dfrac{1}{\mu}\dot{A} + \sigma\left(\dfrac{\dot{w}}{r}\right) + \mu \dot{Y}, A = A_0 e^{at+bt^2}$，可得增长率形式的计量模型为：

$$yR_{it} = \alpha_0 + \alpha_1 wR_{it} + \alpha_2 PeR_{it} + \alpha_3$$
$$YR_{it} + \alpha_4 T + \alpha_5 X_{it} + \alpha_6 Z_{it} + \lambda_i + \delta_t + \varepsilon_{it}$$

其中，yR_{it} 表示第 i 个企业 t 时期劳动生产率的增长率，wR_{it} 表示第 i 个企业 t 时期的工资增长率，PeR_{it} 表示第 i 个企业 t 时期购买的机械设备价格增长率，YR_{it} 表示第 i 个企业 t 时期总产出的增长率，X_{it}、Z_{it} 分别为企业个体特征、行业特征、地区特征的控制变量，已在模型设定与数据说明一章详细描述，不再一一赘述。采用该模型进行实证检验只需验证工资增长率 wR_{it} 增加会促进企业劳动生产率 yR_{it} 增长率增加，机械设备价格增

长率 PeR_{it} 下降会促进企业劳动生产率 yR_{it} 增长率增加。

此外,本书仍使用差分 GMM 估计方法和系统 GMM 估计方法重新进行检验。

更换计量模型和计量方法的实证结果如表 4-17 和表 4-18 所示。

表 4-17　　　　　要素价格稳健性检验:采用增长率模型

变量	(1) yR_{it} FE	(2) yR_{it} RE	(3) yR_{it} FE	(4) yR_{it} RE
wR_{it}	0.085 *** (0.010)	0.087 *** (0.010)	0.806 *** (0.103)	0.835 *** (0.084)
PeR_{it}	-0.023 ** (0.011)	-2.85e-06 (1.97e-06)		
iR_{it}			-0.036 * (0.019)	-0.034 ** (0.017)
YR_{it}	0.304 *** (0.093)	0.289 *** (0.090)	0.125 *** (0.027)	0.123 *** (0.026)
T	-1.189 (2.692)	-1.201 (2.498)	-0.699 (0.828)	-0.845 (0.745)
rsR_{it}	-0.00005 (0.0001)	-0.0001 (0.0001)	9.48e-07 *** (1.20e-07)	9.80e-07 *** (8.48e-08)
$scaleR_{it}$	-0.114 ** (0.049)	-0.114 ** (0.048)	-0.124 ** (0.057)	-0.120 ** (0.056)
$profitR_{it}$	0.001 (0.001)	0.001 (0.001)	0.002 *** (0.001)	0.002 *** (0.0004)
$exportR_{it}$			6.74e-06 (8.29e-06)	0.00002 (0.00001)
$SSPR_{it}$	0.002 (0.005)	0.004 (0.004)	0.0004 (0.005)	-0.002 (0.003)
$govR_{it}$	-0.004 (0.0005)	-0.0001 (0.0003)	0.00002 (0.0004)	0.0001 (0.0003)
deR_{it}	-0.067 * (0.040)	-0.063 * (0.037)	0.012 (0.034)	-0.0006 (0.026)

续表

变量	(1) yR_{it} FE	(2) yR_{it} RE	(3) yR_{it} FE	(4) yR_{it} RE
$HHIR_{it}$	-0.030 (0.057)	0.024 (0.045)	0.047 (0.042)	0.058* (0.034)
$CGDPR_{it}$	0.073 (0.048)	0.061 (0.039)	0.019 (0.031)	0.021 (0.028)
$CAWR_{it}$	-0.107 (0.084)	-0.093 (0.072)	-0.134** (0.065)	-0.115* (0.059)
行业效应	控制	控制	控制	控制
地区效应	控制	控制	控制	控制
时间效应	控制	控制	控制	控制
N	4218	4218	4002	4002
R^2	0.6469	0.6449	0.8174	0.8172
F	131.18	2698.39①	1072.64	11353.46②

注：(1) 括号内为标准误 z 值；(2) ***、**、* 分别代表通过1%、5%、10%的显著性检验。

表4-17 汇报了更换计量模型的回归结果。其中，第（1）列和第（2）列分别汇报了机械设备价格为 Pe 时，工资、机械设备价格增长率对企业劳动生产率增长率影响的固定效应模型、随机效应模型的回归结果。第（3）列和第（4）列为第（1）列和第（2）列的稳健性检验，采用实际利率 i 替换机械设备价格指标，检验工资、机械设备价格增长率对企业劳动生产率增长率影响的固定效应模型、随机效应模型的回归结果。两组 Hausman 检验均支持使用固定效应模型，而非随机效应。第（1）列和第（3）列的固定效应模型回归结果显示工资增长率上涨会促进企业劳动增长率上涨，机械设备价格增长率下降会促进企业劳动增长率上涨，且工资增长率变化引起企业劳动生产率增长率变化的幅度大于机械设备价格增长率变化引起企业劳动生产率增长率变化幅度，支持本

---

① 此处汇报的是 Wald chi2 结果。
② 此处汇报的是 Wald chi2 结果。

书结论,即我国制造业企业技术进步主要由工资上涨推动,属于劳动诱致型技术进步。

表4-18汇报了更换计量检验方法的稳健性检验结果,具体如表4-18所示。

表4-18　　　要素价格稳健性检验:采用 GMM 计量方法

变量	(1) $\ln y_{it}$ 差分 GMM	(2) $\ln y_{it}$ 系统 GMM
$L.\ln y_{it}$	0.205 *** (0.078)	0.587 *** (0.091)
$\ln wage_{it}$	0.543 *** (0.110)	0.446 *** (0.131)
$\ln Pe_{it}$	-0.194 *** (0.062)	-0.227 *** (0.061)
$\ln Y_{it}$	0.935 *** (0.162)	0.693 *** (0.115)
T	-0.170 *** (0.044)	-0.033 (0.039)
T^2	0.007 *** (0.002)	0.004 ** (0.002)
$\ln rs_{it}$	-0.006 (0.005)	-0.002 (0.006)
$\ln scale_{it}$	-0.303 *** (0.081)	-0.141 ** (0.071)
$\ln profit_{it}$	0.022 *** (0.008)	0.017 * (0.009)
$\ln gov_{it}$	-0.004 (0.006)	-0.001 (0.009)
$\ln SA_{it}$	-0.031 (0.032)	0.016 (0.021)
$\ln de_{it}$	-0.004 (0.037)	-0.054 (0.039)

续表

变量	(1) $\ln y_{it}$ 差分 GMM	(2) $\ln y_{it}$ 系统 GMM
$\ln SSP_{it}$	-0.020 (0.014)	-0.023 (0.016)
$\ln HHI_{it}$	0.075* (0.042)	0.079* (0.045)
$\ln IP_{it}$	0.041 (0.071)	-0.115*** (0.044)
$\ln CGDP_{it}$	0.016 (0.054)	-0.002 (0.060)
$\ln CAW_{it}$	0.016 (0.070)	-0.168 (0.120)
行业效应	控制	控制
地区效应	控制	控制
N	1363	2223
AR (2)	0.8938	0.7417
Sargan-p	0.1116	0.1324
工具变量	L (2/4) . lnLP; L (2/2) . L. lnwage; L (2/3) . L. lnPe; L (2/2) . L. lnY	

注：(1) 括号内为标准误 z 值；(2) ***、**、*分别代表通过1%、5%、10%的显著性检验；(3) 差分 GMM 和系统 GMM 估计结果分别汇报了扰动项的二阶自相关结果 AR (2) 和工具变量的过度识别检验，结果均通过检验，即扰动项不存在二阶自相关，工具变量均有效。

表 4 – 18 的第 (1) 列和第 (2) 列分别汇报了采用差分 GMM 计量方法和系统 GMM 计量方法的估计结果，核心解释变量工资 $\ln wage_{it}$ 前的估计系数均在 1% 的显著水平下为正，分别为 0.543、0.446，说明工资每上涨 1 个百分点，企业劳动生产率随之分别提高 0.543 个、0.446 个百分点；机械设备价格 $\ln Pe_{it}$ 前的估计系数也在 1% 的显著水平下为负，分别为 -0.194、-0.227，说明当机械设备价格每下降 1 个百分点，企业劳动生产率便随之分别提高 0.194 个、0.227 个百分点。可以看出，工资每变化 1 个百分点促进企业技术进步变化的幅度要高于机械设备价格每变化 1 个百分点促进企业技术进步变化的幅度 0.349 个、0.219 个百分

点，由此验证本书结论，我国制造业企业技术进步对工资变化的敏感程度要高于对机械设备价格的敏感程度，那么可以认为我国制造业企业技术进步属于劳动诱致型技术进步，而非资本诱致型技术进步。

4.3.4 异质性分析

从企业规模大小、是否存在对外贸易、企业属性、地理位置、要素密集度、是否属于装备制造业、是否属于高端制造业等方面进行异质性分析。

表4-19汇报了不同企业规模、是否出口的异质性分析，考察要素价格变化对不同类型企业的技术进步会产生何种不同影响，具体结果如表4-19所示。

表4-19   要素价格异质性分析：企业规模、对外贸易

$\ln y_{it}$	企业规模			是否出口	
	(1) 大型 FE	(2) 中型 FE	(3) 小型 FE	(4) 内贸型 FE	(5) 外贸型 FE
$\ln wage_{it}$	0.737*** (0.041)	0.634*** (0.054)	1.025* (0.144)	0.652*** (0.097)	0.728*** (0.037)
$\ln Pe_{it}$	-0.011 (0.009)	-0.038*** (0.013)	-0.022 (0.030)	-0.062*** (0.018)	-0.018** (0.008)
控制变量	控制	控制	控制	控制	控制
行业效应	控制	控制	控制	控制	控制
地区效应	控制	控制	控制	控制	控制
时间效应	控制	控制	控制	控制	控制
N	7847	2099	216	2493	10162
R^2	0.6683	0.6421	0.7133	0.7091	0.6544
F	142.33	48.13	—	46.15	159.59

注：(1) 括号内为标准误z值；(2) ***、**、*分别代表通过1%、5%、10%的显著性检验；(3) 异质性分析采用固定效应模型，控制变量在原基准模型的基础上增加新增遗漏变量($\ln lws$/PLS1/PLS2)，并同时控制了行业效应、地区效应和时间效应。

表4-19的第(1)列、第(2)列和第(3)列分别汇报了企业规模分别为大型、中型、小型时，工资、机械设备价格变化对企业劳动生产率的影响程度的估计结果。结果显示，小型企业劳动生产率对要素价

格变化更为敏感,分别高于大型、中型企业 0.288 个、0.391 个百分点。小型企业的敏感程度最高,说明当劳动力成本稍有上涨,小型企业的反应最为灵敏,有更强烈的意愿引入先进机械设备,提高劳动生产率获取利润,缓解成本压力。第(4)列和第(5)列汇报了制造业企业是否存在对外贸易对要素价格变化如何影响企业劳动生产率产生何种影响,结果显示,外贸型企业的劳动生产率对工资变化比内贸型企业更敏感,而内贸型企业对机械设备价格的变化比外贸型企业更敏感。

表 4-20 汇报了不同企业属性、地理位置的异质性分析,考察要素价格对不同企业技术进步会产生何种不同影响,具体结果如表 4-20 所示。

表 4-20　　　　要素价格异质性分析:企业属性、地理位置

$\ln y_{it}$	企业属性①				地理位置			
	(1) 国有企业 FE	(2) 民营企业 FE	(3) 外资企业 FE	(4) 其他企业 FE	(5) 东部地区 FE	(6) 中部地区 FE	(7) 西部地区 FE	(8) 东北地区 FE
$\ln wage_{it}$	0.678*** (0.092)	0.744*** (0.031)	0.858*** (0.055)	0.736*** (0.089)	0.791*** (0.028)	0.735*** (0.043)	0.575*** (0.121)	0.439** (0.194)
$\ln Pe_{it}$	0.003 (0.017)	-0.017* (0.009)	-0.069** (0.028)	-0.029 (0.033)	-0.018** (0.008)	-0.037* (0.019)	-0.007 (0.033)	-0.044 (0.050)
控制变量	控制	控制	控制	控制	控制	控制	控制	控制
行业效应	控制	控制	控制	控制	控制	控制	控制	控制
地区效应	控制	控制	控制	控制	控制	控制	控制	控制
时间效应	控制	控制	控制	控制	控制	控制	控制	控制
N	2452	6859	390	461	7082	1521	1155	404
R^2	0.7359	0.6346	0.7388	0.6074	0.6583	0.6709	0.7144	0.6679
F	80.36	122.05	38.77	—	141.72	57.40	32.70	24.54

注:(1)括号内为标准误 z 值;(2) ***、**、* 分别代表通过 1%、5%、10% 的显著性检验;(3)异质性分析采用固定效应模型,控制变量在原基准模型的基础上增加新增遗漏变量(lnlws/PLS1/PLS2),并同时控制了行业效应、地区效应和时间效应。

表 4-20 的结果同样支持本书命题。且第(1)列至第(4)列汇报了企业属性异质性的估计结果,企业性质不同,核心解释变量前估计结

---

① 企业属性分类:国有企业包括地方国有企业、中央国有企业,外资企业包括外资企业和中外合资企业,其他企业包括集体企业、公众企业和其他企业。

果大小也不相同。具体地，按照技术进步对工资变化的敏感度排序，外资企业位列第一，工资每变化 1 个百分点时，外资企业技术进步水平的变化幅度相较国有企业、民营企业、其他企业分别高出 0.18 个、0.114 个、0.122 个百分点；按企业技术进步对机械设备价格变化的敏感程度排序，外资企业仍排在首位，高出民营企业 0.052 个百分点。

第（5）列至第（8）列汇报了企业地理位置异质性的分析结果。估计结果显示，东部地区企业技术进步对生产要素工资变化的敏感程度分别高于中部地区、西部地区和东北地区 0.056 个、0.216 个、0.352 个百分点，而中部地区企业技术进步对机械设备价格的敏感程度最高，高出东部地区 0.019 个百分点。

表 4-21 汇报了企业是否为装备制造业、是否为高端制造业的异质性分析结果，考察要素价格变化对不同行业的企业技术进步会产生何种不同影响，具体结果如表 4-21 所示。

表 4-21 要素价格异质性分析：是否为装备制造业、是否为高端制造业

lny_{it}	是否装备制造业		是否高端制造业	
	(1) 装备制造业 FE	(2) 其他制造业 FE	(3) 高端制造业 FE	(4) 其他制造业 FE
$lnwage_{it}$	0.784*** (0.034)	0.678*** (0.061)	0.742*** (0.027)	0.710*** (0.079)
$lnPe_{it}$	-0.021** (0.009)	-0.022 (0.015)	-0.022** (0.009)	-0.009 (0.016)
控制变量	控制	控制	控制	控制
行业效应	控制	控制	控制	控制
地区效应	控制	控制	控制	控制
时间效应	控制	控制	控制	控制
N	5267	4895	6503	3659
R^2	0.6616	0.6871	0.6564	0.6734
F	100.51	105.62	133.01	65.65

注：（1）括号内为标准误 z 值；（2）***、**、* 分别代表通过 1%、5%、10% 的显著性检验；（3）异质性分析采用固定效应模型，控制变量在原基准模型的基础上增加新增遗漏变量，并同时控制了行业效应、地区效应和时间效应。

表 4-21 的第（1）列和第（2）列分别汇报了装备制造业和非装备制造业企业的估计结果。结果显示，装备制造业企业技术进步对工资变化的敏感程度要高于非装备制造业，高出 0.106 个百分点，而非装备制造业企业技术进步对机械设备价格的变化略微更加敏感。

第（3）列和第（4）列分别汇报了高端制造业和非高端制造业企业的估计结果。结果显示，高端制造业企业技术进步对生产要素劳动、机械设备价格的变化相对非高端制造业均较敏感，分别高出 0.032 个、0.013 个百分点。

表 4-22 汇报了要素密集度不同制造业企业的异质性回归结果，分别设置要素密集度哑元变量 D_i，$i=1, 2, 3$；$D1$ 表示劳动密集型制造业，$D2$ 表示资本密集型制造业，$D3$ 表示技术密集型制造业。本书主要关注核心解释变量工资 $lnwage_{it}$、机械设备价格 $lnPe_{it}$ 以及对应的哑变量交互项 $Di \times lnwage_{it}$、$Di \times lnPe_{it}$ 前估计系数的大小及正负。具体结果如表 4-22 所示。

表 4-22　　　　要素价格异质性分析：要素密集度

lny_{it}	(1) 劳动密集型 FE	(2) 资本密集型 FE	(3) 技术密集型 FE
$lnwage_{it}$	0.770*** (0.027)	0.772*** (0.028)	0.810*** (0.033)
$D1 \times lnwage_{it}$	0.078* (0.044)		
$D2 \times lnwage_{it}$		0.022 (0.035)	
$D3 \times lnwage_{it}$			-0.053* (0.031)
$lnPe_{it}$	-0.018** (0.009)	-0.016 (0.010)	-0.011 (0.013)
$D1 \times lnPe_{it}$	0.031 (0.018)		

续表

lny_{it}	(1) 劳动密集型 FE	(2) 资本密集型 FE	(3) 技术密集型 FE
$D2 \times lnPe_{it}$		-0.001 (0.018)	
$D3 \times lnPe_{it}$			-0.009 (0.017)
控制变量	控制	控制	控制
行业效应	控制	控制	控制
地区效应	控制	控制	控制
时间效应	控制	控制	控制
N	8627	8627	8627
R^2	0.6660	0.6652	0.6659
F	170.83	169.60	170.21

注：(1) 括号内为标准误 z 值；(2) ***、**、* 分别代表通过 1%、5%、10% 的显著性检验；(3) 异质性分析采用固定效应模型，控制变量在原基准模型的基础上增加新增遗漏变量，并同时控制了行业效应、地区效应和时间效应。

表 4-22 汇报了要素密集度不同制造业企业的异质性分析结果，结果显示，劳动密集型、资本密集型、技术密集型制造业企业的技术进步水平均主要受来自工资上涨的影响，仍可支持我国制造业企业技术进步属于劳动诱致型。

第（1）列汇报了劳动密集型制造业企业的回归结果。核心解释变量工资 $lnwage_{it}$ 前估计系数在 1% 的显著水平下为正，为 0.770，劳动密集型制造业企业工资哑变量交互项 $D1 \times lnwage_{it}$ 前估计系数显著为正，为 0.078，哑变量交互项系数为正，说明劳动密集型制造业企业对工资的敏感程度相较其他类型制造业加深，即工资每上涨 1 个百分点，劳动密集型制造业企业的技术进步水平将提高 0.848 个百分点。核心解释变量机械设备价格 $lnPe_{it}$ 前估计系数在 5% 的显著水平下为负，为 -0.013。由此说明，工资上涨对劳动密集型制造业企业技术进步的作用强度要高出机械设备价格下降对劳动密集型制造业企业技术进步的作用强度 0.835 个百分点，由此说明劳动密集型制造业企业技术进步主要由工资上涨所推动，属于劳动诱致型技术进步。

第（2）列汇报了资本密集型制造业企业的回归结果。核心解释变量工资 $lnwage_{it}$ 前估计系数在1%的显著水平下为正，为0.772，资本密集型制造业企业工资哑变量交互项 $D2 \times lnwage_{it}$ 前估计系数虽不显著但为正，为0.022。核心解释变量机械设备价格 $lnPe_{it}$ 前估计系数为负，为 −0.016。那么，工资上涨对资本密集型制造业企业技术进步的作用强度要高出机械设备价格下降对资本密集型制造业企业技术进步的作用强度0.756个百分点，由此说明资本密集型制造业企业技术进步主要由工资上涨所推动，属于劳动诱致型技术进步。

第（3）列汇报了技术密集型制造业企业的回归结果。核心解释变量工资 $lnwage_{it}$ 前估计系数在1%的显著水平下为正，为0.810，技术密集型制造业企业工资哑变量交互项 $D3 \times lnwage_{it}$ 前估计系数显著为负，为 −0.053，哑变量交互项系数为负说明技术密集型制造业企业对工资的敏感程度相较其他类型制造业发生弱化，即工资每上涨1个百分点，技术密集型制造业企业的技术进步水平将提高0.757个百分点。核心解释变量机械设备价格 $lnPe_{it}$ 前估计系数为负，为 −0.011。那么，工资上涨对技术密集型制造业企业技术进步的作用强度要高出机械设备价格下降对技术密集型制造业企业技术进步的作用强度0.746个百分点，由此说明技术密集型制造业企业技术进步主要由工资上涨所推动，属于劳动诱致型技术进步。

综上，劳动密集型、资本密集型、技术密集型制造业企业技术进步对工资上涨的敏感程度分别高于对机械设备价格下降的敏感程度0.835个、0.756个、0.746个百分点。由此，劳动密集型、资本密集型、技术密集型制造业企业技术进步对工资的变化较敏感，且随着资本、技术要素含量的增加，制造业企业技术进步对工资变化的敏感程度逐渐减弱。

4.4　本章小结

本章解决的核心问题：（1）要素价格变化如何诱致制造业技术进

步，(2) 中国制造业技术进步类型。本书从基准回归、内生性检验、稳健性检验、异质性分析进行实证检验，并得出以下结论：

第一，要素比价上升会诱致制造业技术进步，当工资/机械设备价格比上涨1%，制造业企业技术进步水平提高0.105%。首先，增加遗漏变量地区劳动保护程度（各省市最低工资标准）、地区人力资本结构（各省市6岁及以上人口平均受教育年限、各省市6岁及以上大专以上人口占比）、地区交通便利程度（各省市公路里程）、行业创新水平（分行业专利申请数量），利用要素价格比的Lewbel工具变量解决内生性问题困扰后，上述结论仍成立。其次，通过更换替代指标、更换计量模型和计量方法进行稳健性检验，结果也仍支持上述结论。从异质性子样本的回归结果来看，小型、内贸型、外资型、西部地区制造业技术进步对要素价格变动更加敏感，劳动密集型、非装备制造业、非高端制造业技术进步对要素价格变动也较为敏感。

第二，中国制造业技术进步属于劳动诱致型。因为工资上涨对制造业企业技术进步的促进作用要强于机械设备价格下降对制造业企业技术进步的促进作用。工资每上涨1个百分点，制造业企业技术进步提高0.733个百分点；机械设备价格每下降1个百分点，制造业企业技术进步提高0.019个百分点，说明制造业技术进步对工资变化的敏感程度更高，即为劳动诱致型。首先，增加遗漏变量地区人力资本结构、地区交通便利程度，利用两种要素价格的Lewbel工具变量解决内生性问题困扰后，上述结论仍成立。其次，通过更换替代指标、更换计量模型和计量方法进行稳健性检验，结果也仍支持上述结论。从异质性子样本的回归结果来看，工资上涨、机械设备价格下降对不同企业属性、不同地区、不同要素密集度的企业技术进步均存在积极影响，其中，小型、外贸型、东部地区企业技术进步对工资的变化更加敏感，劳动密集型、装备制造业、高端制造业对工资的变化也更加敏感；而中型、内贸型、中部地区、非装备制造业对机械设备价格的变化更加敏感；外资型、劳动密集型和高端制造业对工资上涨和机械设备价格下降均较敏感。

第 5 章 中国制造业诱致性技术进步内在机理的实证研究

理论部分 3.2 首先详细梳理了要素价格变化促进制造业企业技术进步的利润效应，及工资上涨、资本价格下降诱致制造业技术进步的内在机理，提出工资上涨的利润倒逼效应、资本价格下降的利润激励效应会促进制造业技术进步；其次，工资上涨通过要素替代效应、人力资本效应、创新投入效应、市场消费需求效应促进制造业技术进步，资本价格下降通过要素替代效应、人力资本效应、创新投入效应促进制造业技术进步。本章据此进行实证检验，核心内容包括：（1）检验工资上涨促进制造业技术进步的利润倒逼效应、资本价格下降促进制造业技术进步的利润激励效应。（2）检验工资上涨诱致制造业技术进步的各中介效应、总效应及各中介效应在总效应中的占比。（3）检验资本价格下降诱致制造业技术进步的各中介效应、总效应及各中介效应在总效应中的占比。

5.1 计量模型与数据说明

5.1.1 计量模型

1. 要素价格诱致技术进步的利润效应计量模型

根据理论模型 3.2 中要素价格变化促进制造业企业技术进步利润效应的分析，本书设置计量模型（5.1）检验工资上涨的利润倒逼效应，设置计量模型（5.2）检验资本价格下降的利润激励效应，设置计量模型（5.3）验证制造业利润率与技术进步的正相关关系。具体模型如下所示：

$$\ln pro_{it} = \alpha_0 + \alpha_1 \ln wage_{it} + \alpha_2 X_{it} + \alpha_3 Z_{it} + \lambda_i + \delta_t + \varepsilon_{it} \quad (5.1)$$

$$\ln pro_{it} = \beta_0 + \beta_1 \ln Pe_{it} + \beta_2 X_{it} + \beta_3 Z_{it} + \lambda_i + \delta_t + \varepsilon_{it} \quad (5.2)$$

$$\ln y_{it} = \gamma_0 + \gamma_1 \ln pro_{it} + \gamma_2 X_{it} + \gamma_3 Z_{it} + \lambda_i + \delta_t + \varepsilon_{it} \quad (5.3)$$

其中，下标 i 和 t 分别对应企业和年份。

该计量模型依次用来检验工资、机械设备价格与企业利润之间的相关关系，及企业利润与劳动生产率之间的关系。其中，三个模型中 $\ln pro_{it}$ 表示企业利润率，采用营业总利润/营业总收入衡量，与前文中的企业净利润率含义不同。$\ln wage_{it}$ 表示工资水平，仍采用人均薪酬衡量；$\ln Pe_{it}$ 表示机械设备价格，仍采用机械设备总额/生产量衡量；$\ln y_{it}$ 表示企业 i 在 t 年的技术进步水平，采用劳动生产率衡量。预期模型（5.1）中工资指标系数显著为负，模型（5.2）中机械设备价格指标系数显著为负，模型（5.3）中利润率指标系数显著为正。

三个模型中的控制变量包括企业特征变量、行业特征变量和地区特征变量三种类型，X_{it} 表示企业特征变量，指企业 i 在 t 年的特征变量集，包括企业规模、出口规模、资产负债率、政府补助额度等变量，与上述计量模型控制变量略有不同。Z_{it} 表示行业特征和地区特征变量，指企业 i 所在区域及行业在 t 年的控制变量集，包括行业市场化程度 $\ln HHI$、行业创新水平 $\ln ip$、企业所在城市人均 GDP、企业所在城市城镇单位在岗员工平均工资 $\ln CAW$ 等变量。

λ_i 和 δ_t 分别表示控制企业个体层面不可观测变量的个体固定效应和存在外生冲击的时间固定效应。ε_{it} 为随机扰动项，服从正态分布，满足白噪声条件，用来刻画其他非特异性因素。

2. 工资上涨诱致技术进步的各中介效应计量模型

（1）计量模型。前文已验证工资上涨、资本价格下降可促进劳动生产率提高，基于此，结合理论部分 3.2 的分析框架，可知工资上涨对企业劳动生产率的影响路径有四条，分别为：①工资上涨→机械设备增加→劳动生产率提高；②工资上涨→提高人力资本水平→劳动生产率提高；③工资上涨→加强创新投入强度→劳动生产率提高；④工资上涨→

刺激市场消费需求→劳动生产率提高。借鉴 Baron 和 Kenny（1986）、温忠麟等（2004）的方法，采用逐步检验回归系数方法分析中介效应，使用 Sobel 检验方法[①]检验系数乘积，即检验间接效应显著性。逐步检验回归系数方法涉及三个检验方程，如下所示：

$$\ln y_{it} = \alpha_0 + \alpha_1 \ln wage_{it} + \alpha_2 X_{it} + \alpha_3 Z_{it} + \lambda_i + \delta_t + \varepsilon_{it} \quad (5.4)$$

$$MW_{it} = \beta_0 + \beta_1 \ln wage_{it} + \beta_2 X_{it} + \beta_3 Z_{it} + \lambda_i + \delta_t + \varepsilon_{it} \quad (5.5)$$

$$\ln y_{it} = \gamma_0 + \gamma_1 \ln wage_{it} + \gamma_2 MW_{it} + \gamma_3 X_{it} + \gamma_4 Z_{it} + \lambda_i + \delta_t + \varepsilon_{it} \quad (5.6)$$

其中，三个模型中的 $\ln wage_{it}$ 均表示企业 i 在 t 年的工资水平，采用人均薪酬衡量；$\ln y_{it}$ 表示企业 i 在 t 年的技术进步水平，采用劳动生产率衡量。

需重点介绍工资的中介变量 MW_{it}，分别代表机械设备投入、人力资本投入、创新投入、市场消费需求四种变量。上述中介变量指标的具体衡量方式分别为：①企业机械设备投入，分别采用人均固定资产总额 $\ln KL1_{it}$、人均机器设备期末余额 $\ln KL2_{it}$、人均电子设备期末余额 $\ln KL3_{it}$ 衡量，企业人均固定资本提高有助于提高企业劳动生产率，预期机械设备投入前系数显著为正。②企业人力资本投入，分别采用技能员工人数 $\ln SL1_{it}$、高中及以上学历员工 $\ln SL2_{it}$、专科及以上学历员工 $\ln SL3_{it}$、研发人员 $\ln SL4_{it}$ 衡量，提高人力资本水平会提高员工技能，与先进技术快速匹配，提高企业劳动生产率，预期人力资本投入前系数显著为正。③企业创新投入，采用人均研发支出 $\ln RDL_{it}$、人均专利申请数 $\ln patentL_{it}$ 衡量，企业增加创新支出可提高创新水平、促进技术进步，预期企业创新产出指标前系数显著为正。④企业市场消费需求，采用企业所占市场份额对企业所在地区城镇人均消费加权所得数据 $\ln c_{it}$ 衡量，企业市场消费需求增加会促进企业提高生产率满足市场供给，预期市场消费需求前系数显著为正。

[①] 相较 Sobel 检验更优的检验方法时 Bootstrap 检验（温忠麟，叶宝娟，2014），但 Bootstrap 检验要求部分样本可替代全部样本，文章样本存在异质性，无法满足该检验使用条件，且在实证检验中，bootstrap 检验结果显示缺少完整样本，故而本书采用 Sobel 检验。

三个模型中的 X_{it} 表示企业特征变量,指企业 i 在 t 年的特征变量集,包括企业规模、出口规模、资产负债率、政府补助额度等变量。Z_{it} 表示行业特征和地区特征变量,指企业 i 所在区域及行业在 t 年的控制变量集,包括行业市场化程度 $\ln HHI$、行业创新水平 $\ln ip$、企业所在城市人均 GDP、企业所在城市城镇单位在岗员工平均工资 $\ln CAW$ 等变量。

λ_i 和 δ_t 分别表示控制企业个体层面不可观测变量的个体固定效应和存在外生冲击的时间固定效应。ε_{it} 为随机扰动项,服从正态分布,满足白噪声条件,用来刻画其他非特异性因素。

(2) 计量方法与步骤。中介效应是指解释变量 X 通过变量 M 对被解释变量 Y 产生影响,变量 M 在解释变量和被解释变量中扮演路径依赖角色,称为中介变量,可用以下方程来描述变量之间的关系,并指出中介效应的表达式:

$$Y = cX + e_1$$
$$M = aX + e_2$$
$$Y = c'X + bM + e_3$$

对应的路径图为:

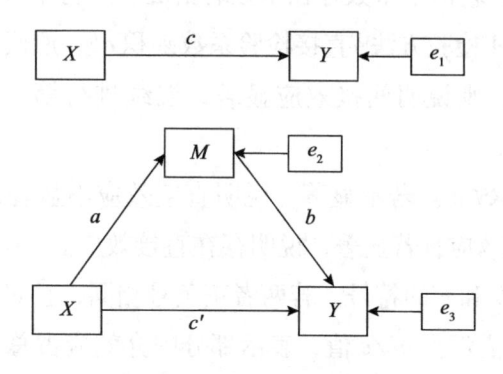

图 5-1 中介效应检验路径

其中,c 为解释变量 X 影响被解释变量 Y 的总效应;a 为解释变量 X 影响中介变量 M 的效应;b 为在控制解释变量 X 后,中介变量 M 对被解释变量 Y 的效应;c' 为在控制中介变量 M 后,解释变量 X 影响被解释变量 Y

的直接效应。ab 乘积为间接效应，也称为中介效应；总效应、直接效应与间接效应间的关系为：$c = ab + c'$。

检验中介效应的主流方法是逐步检验回归系数方法（Baron 和 Kenny，1986；温忠麟等，2004），传统的中介效应检验步骤主要包括两步，依次为检验系数 c、检验系数 a 和 b，根据三个系数的显著性来判断中介效应的显著性，若 a、b、c 三个系数均显著，那么中介效应显著，并且，此时若系数 c' 不显著，那么中介效应则为完全中介效应。为确保结果稳健，还需采用 Sobel 检验或 Bootstrap 检验系数乘积 ab，确定中介效应显著性。

考虑到学术界对传统的逐步检验回归系数方法步骤的质疑，如中介效应为负值、总效应不显著等，本书舍弃传统检验方法，使用温忠麟和叶宝娟（2014）提出的新的逐步检验回归系数方法，新方法的检验过程包括五个步骤：

（1）检验系数 c。若显著，则为中介效应，反之，则为遮掩效应。无论是否显著，都继续检验。

（2）检验系数 a 和系数 b。若两者均显著，则说明间接效应显著，转至第（4）步；若两个系数存在不显著情况，进行第（3）步。

（3）用 Sobel 检验方法[①]直接检验系数乘积 ab，原假设为：$H_0: ab = 0$。若结果显著，则说明间接效应显著，继续进行第（4）步；若不显著，则停止分析。

（4）检验系数 c'。若不显著，说明直接效应不显著，仅存在中介效应，为完全中介效应；若显著，说明存在直接效应。

（5）比较 ab 和 c' 的符号。若两者正负号相同，且 c' 显著，则为部分中介效应，此时需汇报 ab/c 值，表示部分中介效应占总效应比重。若两者正负号不同，则属于遮掩效应，此时需汇报间接效应与直接效应比值的绝对值，即 $|ab/c'|$。

---

① 温忠麟和叶宝娟（2014）建议使用 bootstrap 检验方法，但该方法的前提是部分样本可代表整体样本，本书数据企业存在异质性，存在缺少完整样本情况，故采用 Sobel 检验代替。

3. 资本价格下降诱致技术进步的各中介效应计量模型

结合理论部分 3.2 的分析，资本价格下降诱致制造业技术进步的路径有三条，分别为：（1）机械设备价格下降→机械设备增加→劳动生产率提高；（2）机械设备价格下降→人力资本投入增加→劳动生产率提高；（3）机械设备价格下降→企业创新投入增加/行业创新水平提高→劳动生产率提高。鉴于工资上涨的中介效应分析模型，仍设定依次检验方程逐步分析上述三种中介效应：

$$\ln y_{it} = \alpha'_0 + \alpha'_1 \ln P e_{it} + \alpha'_2 X_{it} + \alpha'_3 Z_{it} + \lambda_i + \delta_t + \varepsilon_{it} \quad (5.7)$$

$$MP_{it} = \beta'_0 + \beta'_1 \ln P e_{it} + \beta'_2 X_{it} + \beta'_3 Z_{it} + \lambda_i + \delta_t + \varepsilon_{it} \quad (5.8)$$

$$\ln y_{it} = \gamma'_0 + \gamma'_1 \ln P e_{it} + \gamma'_2 MP_{it} + \gamma'_3 X_{it} + \gamma'_4 Z_{it} + \lambda_i + \delta_t + \varepsilon_{it} \quad (5.9)$$

其中，三个模型中 $\ln wage_{it}$ 均表示企业 i 在 t 年的人均薪酬，$\ln y_{it}$ 表示企业 i 在 t 年的技术进步水平，采用劳动生产率衡量。

MP_{it} 表示机械设备价格的中介变量，包括机械设备投入、人力资本投入、创新投入，各中介变量的衡量方式分别为：（1）企业机械设备投入，与工资的机械设备投入中介变量相同，分别采用人均固定资产总额 $\ln KL1_{it}$、人均机器设备期末余额 $\ln KL2_{it}$、人均电子设备期末余额 $\ln KL3_{it}$ 衡量。（2）人力资本投入，分别采用高中及以上学历员工 $\ln SL2_{it}$、专科及以上学历员工 $\ln SL3_{it}$ 衡量。（3）企业创新投入，采用分行业规模以上工企使用新技术投入经费 $\ln INT_{it}$ 衡量。

其他控制变量同上文，不再阐述。计量方法与步骤同上文述，不再赘述。

5.1.2 数据说明

本章仍选取 2010 家上市企业制造业 2007—2019 年数据，共计 21630 个样本进行分析。模型所用指标大多与第 4 章重合，故仅汇报新增变量的衡量指标及数据来源。

模型（5.1）至模型（5.3）中企业利润率指标 $\ln pro_{it}$ 表示与模型（4.1）和模型（4.2）中的利润率不同，$\ln pro_{it}$ 采用企业总利润/营业总收入表示。

工资的中介变量 MW_{it} 和机械设备价格的中介变量 MP_{it}，其衡量指标按照分类解释其数据来源：

（1）企业机械设备投入。人均固定资产总额 $\ln KL1_{it}$ 采用企业固定资产净额/企业雇佣员工总数表示；人均机器设备期末余额 $\ln KL2_{it}$ 采用企业购置的机器设备期末余额/企业雇佣员工总数表示；人均电子设备期末余额 $\ln KL3_{it}$ 采用企业购置的电子设备期末余额/企业雇佣员工总数表示。上述固定资产均采用其实际值，使用分省市设备、工器具购置固定资产投资价格指数，以 2007 年为基期，进行平减。

（2）人力资本投入。技术员工 $\ln SL1_{it}$ 采用企业技术员工占比表示；高中及以上学历员工 $\ln SL2_{it}$ 采用企业雇佣员工中高中及以上学历员工占比表示；专科及以上学历员工 $\ln SL3_{it}$ 采用企业雇佣员工中专科及以上学历员工占比表示；研发人员 $\ln SL4_{it}$ 采用企业雇佣研发人员占比表示。

（3）企业创新投入。人均研发支出 $\ln RDL_{it}$ 采用企业研发投入/雇佣员工总数表示；人均专利申请数 $\ln patentL_{it}$ 采用企业年度专利数量/雇佣员工总数表示。创新活动是一个多维过程，很难找到直接的角度去测量其内在过程，只能通过用于研发过程的投入 R&D 进行测度（安同良等，2020），但 Kleinknecht 等（2002）认为研发投入只是创新的一种投入，具有局限性，随后 Keith（2006）提出创新的核心在于产出，即真正的研发成果，可从创新成果来测度创新，因此，使用专利申请数量作为测量创新的标尺应运而生，并且专利数据可在一定程度上描述技术依赖、扩散和渗透情况，且易获得、准确度高。因此，本书选择衡量创新投入的人均研发支出指标、衡量创新结果的人均专利申请数量指标来测度创新。

（4）企业市场消费需求。采用市场份额对企业所在地区城镇人均消费加权所得数据 $\ln c_{it}$ 衡量，其中，市场份额 = 企业营业总收入/企业所在地区所有上市企业营业总收入之和；各省市城镇人均消费支出采用实际值，使用各省市 CPI 指数，以 2007 年为基期进行平减。

首先，衡量国内市场需求的指标主要包括销售总额、居民人均消费支出，前者常用企业在国内市场中的销售总额衡量，后者可用城镇居民人均消费支出、农村居民人均消费支出两个指标衡量。本书之所以采用居民人均消费支出作为衡量国内市场消费需求，用以计算企业市场消费需求的原因在于：一是国内市场销售总额不能完全剥离市场需求以外因素的干扰，企业销售总额与出口总额在很大程度上均会受企业技术水平影响，反之也会影响技术进步。二是居民人均消费支出在很大程度上直接受工资变化影响，更具有说服力。

其次，采用企业市场份额进行加权计算得出企业市场消费需求，原因有二：一是微观企业本身存在强烈异质性，对于市场需求的反应截然不同，工资上涨通过市场需求影响企业技术进步的强度也会存在差异；二是采用企业营业总收入来计算市场份额更具经济意义。

此外，为控制地区因素干扰，本书采用各省市城镇人均居民消费支出来衡量市场需求，并且借鉴张杰等（2011）构建市场份额指标计算方法，采用企业所在地中所有上市企业制造业企业总营收作为市场总份额，用以计算企业市场份额比重，从而计算企业市场消费需求，可尽量控制区域因素干扰。

本章模型所用指标、数据处理方式及数据来源如表 5-1 所示。

表 5-1　　　　各计量指标解释及数据来源汇总

变量	指标类型	指标名称	计算方法	数据来源
核心变量	被解释变量	劳动生产率（lny_{it}）	主营收入/员工总数	Wind 数据库 - 股票数据浏览器 - 报表附注/公司资料
	解释变量	企业利润率（$lnpro_{it}$）	企业总利润/营业总收入	Wind 数据库 - 股票数据浏览器 - 报表附注
		工资（$lnwage_{it}$）	支付给职工以及为职工支付的现金/员工总数	Wind 数据库 - 股票数据浏览器 - 现金流量表/公司资料
		机械设备价格（$lnPe_{it}$）	机器设备期末余额/生产量	1. 国泰君安数据库 2. Wind 数据库 - 深度资料 - 公司公告 - 年度报告

续表

变量	指标类型	指标名称	计算方法	数据来源
中介变量	企业机械设备投入	人均固定资产总额（$lnKL1_{it}$）	固定资产净额/员工总数	Wind 数据库 – 股票数据浏览器 – 报表附注
		人均机器设备期末余额（$lnKL2_{it}$）	机器设备期末余额/员工总数	1. 国泰君安数据库 2. Wind 数据库 – 股票数据浏览器 – 报表附注
		人均电子设备期末余额（$lnKL3_{it}$）	电子设备期末余额/员工总数	1. 国泰君安数据库 2. Wind 数据库 – 股票数据浏览器 – 报表附注
	人力资本投入	技术员工占比（$lnSL1_{it}$）	技术员工人数/员工总数	Wind 数据库 – 股票数据浏览器 – 公司资料
		高中及以上学历员工占比（$lnSL2_{it}$）	高中及以上学历员工人数/员工总数	Wind 数据库 – 股票数据浏览器 – 公司资料
		专科及以上学历员工占比（$lnSL3_{it}$）	专科及以上学历员工人数/员工总数	Wind 数据库 – 股票数据浏览器 – 公司资料
		研发人员占比（$lnSL4_{it}$）	研发人员人数/员工总数	Wind 数据库 – 股票数据浏览器 – 公司资料
		人均研发支出（$lnRDL_{it}$）	研发投入/员工总数	Wind 数据库 – 股票数据浏览器 – 报表附注/公司资料
		人均专利申请数（$lnpatentL_{it}$）	上市公司年度专利数量	Wind 数据库 – 中国宏观数据库 – 科技活动 – 上市公司专利数据
	企业创新投入	新技术经费（$lnINT_{it}$）	行业规模以上工业企业引进技术经费支出＋消化吸收经费支出＋购买境内技术经费支出＋技术改造经费支出	Wind 数据库 – 行业经济数据

续表

变量	指标类型	指标名称	计算方法	数据来源
控制变量	企业控制变量	企业规模报酬递增效应（$\ln rs_{it}$）	主营业务收入变化/主营成本变化	Wind 数据库 - 股票数据浏览器 - 报表附注
		利润率（$\ln profit_{it}$）	净利润/营业总收入	Wind 数据库 - 股票数据浏览器 - 利润表/报表附注
		政府补助（$\ln gov_{it}$）	政府补助	Wind 数据库 - 股票数据浏览器 - 报表附注 - 非经常性损益
		资产负债率（$\ln de_{it}$）	资产负债率	Wind 数据库 - 股票数据浏览器 - 财务分析 - 资本结构
	行业控制变量	赫芬达尔-赫希曼指数（$\ln HHI_{it}$）	$HHI = \sum_{i}^{N}\left(\frac{X_i}{X}\right)^2$	Wind 数据库 - 股票数据浏览器 - 报表附注
	地区控制变量	城市人均产值（$\ln CGDP_{it}$）	各城市/区人均 GDP	国家统计局《中国统计年鉴》
		城镇单位在岗员工平均工资（$\ln CAW_{it}$）	各省市城镇单位在岗职工的平均工资	国家统计局《中国统计年鉴》

5.2　要素价格变化诱致技术进步的利润效应

由理论部分 3.2 分析可得，工资上涨并超过均衡工资水平，挤压企业利润，企业倾向选择技术进步来维持利润或获取更多利润，此为工资上涨的利润倒逼效应。资本价格下降至均衡价格以下时，企业选择技术进步获得更多利润，此为资本价格下降的利润激励效应。

为检验工资上涨的利润倒逼效应、资本价格下降的利润激励效应，依据设定的计量模型分别检验，预期工资与企业利润率之间呈负相关关系，资本价格与企业利润率之间也呈负相关关系。具体结果如表 5-2 所示。

表 5 – 2　　　　　要素价格变化的利润效应之实证检验结果

变量	(1) $\ln pro_{it}$ FE	(2) $\ln pro_{it}$ FE	(3) $\ln y_{it}$ FE
$\ln wage_{it}$	-0.209** (0.092)		
$\ln Pe_{it}$		-0.061** (0.026)	
$\ln pro_{it}$			0.015*** (0.004)
$\ln Y_{it}$	0.671*** (0.072)	0.658*** (0.077)	0.660*** (0.015)
$\ln scale_{it}$	-0.268*** (0.062)	-0.211*** (0.066)	-0.347*** (0.014)
$\ln RD_{it}$	0.102** (0.044)	0.112** (0.048)	-0.068*** (0.009)
$\ln gov_{it}$	-0.077*** (0.015)	-0.075*** (0.015)	-0.016*** (0.004)
$\ln de_{it}$	-0.333*** (0.041)	-0.343*** (0.044)	-0.068*** (0.009)
$\ln export_{it}$	-0.044*** (0.016)	-0.050*** (0.018)	-0.029*** (0.004)
$\ln HHI_{it}$	0.415*** (0.110)	0.412*** (0.118)	0.004*** (0.024)
$\ln CGDP_{it}$	-0.173 (0.117)	-0.153 (0.131)	0.039 (0.027)
$\ln CAW_{it}$	-0.152 (0.208)	-0.182 (0.224)	0.009 (0.058)
$\ln lws_t$	-0.588** (0.256)	-0.627** (0.272)	0.027 (0.072)
$PLS2_{it}$	-0.012 (0.008)	-0.011 (0.009)	-0.002 (0.002)

续表

变量	(1) lnpro_{it} FE	(2) lnpro_{it} FE	(3) lny_{it} FE
lnkm_t	0.161 (0.590)	0.133 (0.622)	0.335*** (0.127)
lnip_t	-0.657*** (0.126)	-0.689*** (0.135)	-0.065** (0.031)
行业效应	控制	控制	控制
地区效应	控制	控制	控制
时间效应①	控制	控制	控制
N	6411	6002	6411
R^2	0.0823	0.0833	0.5221
F	13.7	11.58	276.54

注：(1) 括号内为标准误 z 值；(2) ***、**、* 分别代表通过 1%、5%、10% 的显著性检验。

表 5-2 第（1）列汇报工资与制造业利润间的关系，第（2）列汇报机械设备价格与利润间关系，第（3）列汇报利润率与劳动生产率间关系。

根据估计结果可知，首先，工资与制造业企业利润率呈显著负相关关系，工资每上涨 1 个百分点，会导致企业利润率下降 0.209 个百分点，验证理论命题 3.2a，即工资上涨会侵蚀制造业企业利润，企业为维持正常利润或获得更高利润，会选择技术进步水平更高的生产方式进行生产。劳动要素是企业生产经营活动中的关键生产要素，工资不断上涨使企业边际成本逐渐增加，直接导致企业利润率下降；当工资持续上涨并超过均衡水平时，若企业仍维持原来技术进步水平生产方式，利润将低于企业采用较高技术进步水平生产方式时所获利润，为对冲劳动力成本对企业生产经营所带来的负面影响，企业会提高技术进步水平，选择技术进

---

① 控制时间效应可在 xtreg 命令中加入 i.year，不采用加入 i.industry、i.area 的方式控制行业效应和地区效应，原因在于在设置面板数据命令 "xtset ID year" 时已经控制了个体效应，企业个体受所在行业和所在地区影响较大，控制个体效应相当于同时控制了行业效应的地区效应，故不再单独进行设置。而加入的行业、地区控制变量意在尽可能排除行业、地区的影响。

步水平较高的生产方式生产。可以认为工资上涨倒逼企业为对冲其带来的成本负担，选择技术进步水平更高的生产方式以获取更高的利润，此为工资上涨的利润倒逼效应，可促进企业技术进步。

其次，机械设备价格与制造业企业利润率呈显著负相关关系，说明机械设备价格每下降1个百分点，会促进制造业企业利润上涨0.061个百分点，验证理论命题3.2b，即机械设备价格下降会激励企业选择能够获取更高利润的生产方式，而该生产方式的技术进步水平更高。具体地，机械设备价格下降，诱致企业引进更多机器设备投入生产，一单位产品中所含机器设备成本增加，企业边际成本对资本价格变化更加敏感，导致企业利润对机械设备价格变化更加敏感，而此时的技术进步水平因较多的机器设备投入变得较高。可认为，当机械设备价格持续降低并低于均衡水平时，企业会引进更多机器设备，提高生产率的同时获取更高利润，此为机械设备价格下降的利润激励效应，也可促进企业技术进步。

此外，工资上涨的利润倒逼效应和机械设备价格下降的利润激励效应，均认为企业为获取更多利润会提高技术进步水平，选择技术进步水平更高的生产方式进行生产，因此，有必要进一步验证企业利润率与技术进步之间是否存在正相关关系。表5－2第（3）列估计结果给出答案，验证了企业利润率对劳动生产率存在显著正相关关系，在1%的显著水平下为正，为0.015，说明企业利润率每提高1个百分点，会促进企业劳动生产率提高0.015个百分点。意味着制造业企业无论因工资上涨或资本价格下降去获取更多利润，均会通过选择提高技术进步水平的方式，在获取更多利润的同时促进技术进步。

除要素价格变化通过影响获取利润的方式促进制造业企业技术进步，工资上涨、机械设备价格下降还会通过其他路径，诸如要素替代、提高人力资本投入、增加创新投入等方式促进技术进步。

5.3　劳动诱致型技术进步：工资上涨诱致技术进步的中介效应

如理论3.2所述，工资上涨会通过四种途径促进制造业企业提高技术进步水平，分别为：（1）工资上涨→机械设备增加→劳动生产率提高；（2）工资上涨→增加人力资本投入、提高人力资本水平→劳动生产率提高；（3）工资上涨→加强创新投入强度→劳动生产率提高；（4）工资上涨→刺激市场消费需求→劳动生产率提高。

5.3.1 要素替代效应

首先检验工资上涨诱致技术进步的要素替代中介效应，路径为：工资上涨→机械设备增加→劳动生产率提高。考虑结果稳健性，分别采用人均固定资产总额 $KL1$、人均机器设备总额 $KL2$、人均电子设备总额 $KL3$ 衡量机械设备指标，因此，根据计量模型（5.4）至模型（5.6），按机械设备分类分别进行回归，结果如表5-3至表5-5所示。

表5-3　要素替代（人均固定资本 $KL1$）的中介效应检验结果

变量	基准回归			稳健性检验		
	(1) $\ln y_{it}$ FE	(2) $\ln KL1_{it}$ FE	(3) $\ln y_{it}$ FE	(4) $\ln y_{it}$ FE	(5) $\ln KL1_{it}$ FE①	(6) $\ln y_{it}$ FE
$\ln wage_{it}$	0.757*** (0.025)	0.779*** (0.049)	0.728*** (0.028)			
Lewbel 工具变量				0.021** (0.010)	0.020* (0.011)	0.017** (0.008)
$\ln KL1_{it}$			0.055*** (0.009)			0.153*** (0.015)
$\ln Y_{it}$	0.348*** (0.015)	-0.029 (0.033)	0.362*** (0.016)	0.415*** (0.019)	0.037 (0.037)	0.419*** (0.018)
$\ln rs_{it}$	0.006** (0.003)	0.001 (0.008)	0.005 (0.003)	0.001 (0.004)	-0.005 (0.009)	-0.00003 (0.004)
$\ln profit_{it}$	0.037*** (0.005)	-0.043*** (0.012)	0.036*** (0.005)	0.038*** (0.007)	-0.041*** (0.013)	0.042*** (0.006)

① 此处做固定效应模型检验，而非 IV 检验，仅使用 lnwage 的 Lewbel 工具变量作为 lnwage 的替代变量做稳健性检验。即使采用 IV 估计，结果仍显著。

续表

变量	基准回归			稳健性检验		
	(1) $\ln y_{it}$ FE	(2) $\ln KL1_{it}$ FE	(3) $\ln y_{it}$ FE	(4) $\ln y_{it}$ FE	(5) $\ln KL1_{it}$ FE	(6) $\ln y_{it}$ FE
$\ln gov_{it}$	-0.037*** (0.004)	0.029*** (0.010)	-0.037*** (0.004)	-0.038*** (0.005)	0.027** (0.010)	-0.041*** (0.005)
$\ln de_{it}$	-0.010 (0.011)	0.036 (0.029)	-0.037*** (0.012)	-0.027** (0.013)	0.029 (0.031)	-0.046*** (0.014)
$\ln HHI_{it}$	0.066*** (0.019)	0.120* (0.065)	0.048** (0.021)	0.057** (0.026)	0.115* (0.068)	0.032 (0.027)
$\ln CGDP_{it}$	0.047* (0.025)	0.639*** (0.072)	0.008 (0.026)	0.047 (0.031)	0.650*** (0.077)	-0.046 (0.031)
$\ln CAW_{it}$	0.010 (0.047)	-0.365*** (0.121)	0.034 (0.050)	0.152** (0.066)	-0.206 (0.132)	0.203*** (0.068)
时间效应	控制	控制	控制	控制	控制	控制
行业效应	控制	控制	控制	控制	控制	控制
地区效应	控制	控制	控制	控制	控制	控制
N	14259	12711	12711	14259	12711	12711
R^2	0.6701	0.3669	0.6874	0.4313	0.2913	0.4903
F	263.71	45.60	257.06	155.87	35.32	164.69
Sobel 检验	0.095***			0.004***		

注：(1) 括号内为标准误 z 值；(2) ***、**、* 分别代表通过1%、5%、10%的显著性检验；(3) Sobel–p 为 Sobel 检验的 P 值，当 $P=0.000$ 时，表示拒绝原假设"$H_0: ab=0$"，认为中介效应存在且有效。

表5-3分别汇报了固定资本要素替代中介效应的基准回归结果和稳健性检验估计结果。

第（1）列为工资上涨对制造业劳动生产率影响的基准回归结果，工资每上涨1个百分点，会促进劳动生产率提高0.757个百分点，即总效应 c 为 0.757。第（2）列检验工资上涨对人均固定资本投入的影响，随着工资不断攀升，企业将投入更多的固定资本，即工资和固定资本投入存在显著正相关关系，系数 a 显著为正，为 0.779。第（3）列在第

（1）列的基础上加入人均固定资本投入变量，人均固定资本增加显著促进企业劳动生产率提升，系数 b 显著为正，为 0.055，而工资变量的系数 c' 相较于第（1）列的基准回归出现下降，但仍显著，为 0.728，说明该中介效应是部分中介效应，而非完全中介效应。同时，Sobel 检验在 1% 的显著水平上支持工资上涨通过提高人均固定资本投入促进企业技术进步的渠道，为理论命题 3.2c 提供证据支持。人均固定资本所产生的中介效应占总效应比值为：ab/c = （0.779 × 0.055）/0.757 × 100% = 5.66%。

第（4）列至第（6）列是对第（1）列至第（3）列的稳健性检验，采用工资 $lnwage_{it}$ 的 Lewbel 工具变量，再次进行逐步检验，所得结果仍支持基准回归结论。即工资上涨促进人均固定资本增加，人均资本增加促进制造业企业技术进步，加入人均固定资本变量后，工资上涨对制造业技术进步的促进作用弱化，并且 Sobel 检验在 1% 的显著水平上拒绝原假设，意味着工资上涨可通过提高人均固定资本渠道促进制造业企业技术进步，且该中介效应占总效应的（0.020 × 0.153）/0.021 × 100% = 14.57%。为上述人均固定资本传导渠道提供稳健性证据。

接着，本书检验工资上涨→人均机器设备增加→劳动生产率提高这一中介效应。具体检验结果如表 5 - 4 所示。

表 5 - 4　要素替代（人均机器设备 $KL2$）的中介效应检验结果

变量	基准回归			稳健性检验		
	(1) lny_{it} FE	(2) $lnKL2_{it}$ FE	(3) lny_{it} FE	(4) lny_{it} FE	(5) $lnKL2_{it}$ FE	(6) lny_{it} FE
$lnwage_{it}$	0.757*** (0.025)	0.837*** (0.037)	0.735*** (0.024)			
Lewbel 工具变量				0.021** (0.010)	0.057*** (0.019)	0.041*** (0.015)
$lnKL2_{it}$			0.086*** (0.013)			0.224*** (0.022)
lnY_{it}	0.348*** (0.015)	-0.135*** (0.029)	0.398*** (0.018)	0.415*** (0.019)	-0.075** (0.032)	0.462*** (0.020)

续表

变量	基准回归			稳健性检验		
	(1) $\ln y_{it}$ FE	(2) $\ln KL2_{it}$ FE	(3) $\ln y_{it}$ FE	(4) $\ln y_{it}$ FE	(5) $\ln KL2_{it}$ FE	(6) $\ln y_{it}$ FE
$\ln rs_{it}$	0.006** (0.003)	-0.008 (0.007)	0.005 (0.003)	0.001 (0.004)	-0.013* (0.007)	0.002 (0.004)
$\ln profit_{it}$	0.037*** (0.005)	-0.046*** (0.011)	0.025*** (0.006)	0.038*** (0.007)	-0.043*** (0.012)	0.034 (0.007)
$\ln gov_{it}$	-0.037*** (0.004)	0.005 (0.009)	-0.036*** (0.005)	-0.038*** (0.005)	0.004 (0.010)	-0.037*** (0.005)
$\ln de_{it}$	-0.010 (0.011)	0.116*** (0.025)	-0.094*** (0.016)	-0.027** (0.013)	0.116*** (0.029)	-0.110*** (0.018)
$\ln HHI_{it}$	0.066*** (0.019)	0.017 (0.042)	0.027 (0.023)	0.057** (0.026)	0.012 (0.046)	0.022 (0.029)
$\ln CGDP_{it}$	0.047* (0.025)	0.092* (0.050)	0.018 (0.027)	0.047 (0.031)	0.099* (0.055)	0.012 (0.033)
$\ln CAW_{it}$	0.010 (0.047)	-0.194* (0.116)	0.016 (0.051)	0.152** (0.066)	-0.032 (0.127)	0.164** (0.069)
时间效应	控制	控制	控制	控制	控制	控制
行业效应	控制	控制	控制	控制	控制	控制
地区效应	控制	控制	控制	控制	控制	控制
N	14259	10677	10677	14259	10677	10677
R^2	0.6701	0.3581	0.7135	0.4313	0.2408	0.5598
F	263.71	74.20	257.86	155.87	45.92	144.32
Sobel 检验	0.099***			0.014***		

注：(1) 括号内为标准误 z 值；(2) ***、**、* 分别代表通过 1%、5%、10% 的显著性检验；(3) Sobel - p 为 Sobel 检验的 P 值，当 P = 0.000 时，表示拒绝原假设 "$H_0: ab = 0$"，认为中介效应存在且有效。

表 5-4 汇报了机器设备要素替代中介效应的基准回归结果和稳健性检验结果。

第 (1) 列检验工资上涨对制造业劳动生产率的总效应 c 显著为正，为 0.757，工资上涨 1%，会促进劳动生产率提高 0.757%；第 (2) 列验证工资上涨可促进人均机器设备增加，系数 a 显著为正，为 0.837，说明随着工资持续上涨，企业会提高机器设备投入；第（3）列在第（1）列的基础上加上衡量要素投入的人均机器设备指标进行检验，人均机器设备 $\ln KL2_{it}$ 系数 b 显著为正，为 0.086，说明机器设备的增加会促进企业提高劳动生产率；工资 $\ln wage_{it}$ 系数 c' 显著为正，但数值相较第（1）列基准回归结果减小为 0.735，说明该中介效应为部分中介效应；Sobel 检验所得 p 值在 1% 显著水平下拒绝原假设，说明人均机器设备的中介效应显著有效，即工资上涨可通过提高人均机器设备促进企业技术进步。中介效应占总效应的比重为 ab/c =（0.837×0.086）/0.757×100% = 9.51%。

采用工资 $\ln wage_{it}$ 的 Lewbel 工具变量再次进行检验，结果仍支持上文结论。工资上涨 1 个百分点可促进制造业技术进步水平提高 0.021 个百分点，此时总效应 c 为 0.021。并且，工资上涨对人均机器设备的促进作用显著为正，即系数 a 显著为正，为 0.057。加入人均机器设备中介变量后，工资系数 c' 仍显著为正，人均机器设备对劳动生产率的促进作用显著为正，即系数 b 显著为 0.224。Sobel 检验的结果也在 1% 的显著水平上拒绝原假设，认为中介变量显著有效，故可再次验证工资上涨可通过提高人均机器设备渠道促进企业技术进步。

最后，检验人均电子设备的中介效应，结果如表 5-5 所示。

表 5-5　要素替代（人均电子设备 *KL3*）的中介效应检验结果

变量	基准回归			稳健性检验		
	(1) $\ln y_{it}$ FE	(2) $\ln KL3_{it}$ FE	(3) $\ln y_{it}$ FE	(4) $\ln y_{it}$ FE	(5) $\ln KL3_{it}$ FE	(6) $\ln y_{it}$ FE
$\ln wage_{it}$	0.757 *** (0.025)	0.726 *** (0.062)	0.785 *** (0.036)			
Lewbel 工具变量				0.021 ** (0.010)	0.122 *** (0.016)	0.113 *** (0.016)
$\ln KL3_{it}$			0.038 *** (0.011)			0.097 *** (0.015)

续表

变量	基准回归			稳健性检验		
	(1) $\ln y_{it}$ FE	(2) $\ln KL3_{it}$ FE	(3) $\ln y_{it}$ FE	(4) $\ln y_{it}$ FE	(5) $\ln KL3_{it}$ FE	(6) $\ln y_{it}$ FE
$\ln Y_{it}$	0.348*** (0.015)	0.003 (0.055)	0.369*** (0.028)	0.415*** (0.019)	0.051 (0.054)	0.420*** (0.031)
$\ln rs_{it}$	0.006** (0.003)	−0.026** (0.012)	0.005 (0.004)	0.001 (0.004)	−0.027** (0.013)	0.006 (0.006)
$\ln profit_{it}$	0.037*** (0.005)	0.025 (0.023)	0.018** (0.009)	0.038*** (0.007)	0.016 (0.022)	0.008 (0.010)
$\ln gov_{it}$	−0.037*** (0.004)	0.031* (0.016)	−0.037*** (0.006)	−0.038*** (0.005)	0.036** (0.016)	−0.034*** (0.007)
$\ln de_{it}$	−0.010 (0.011)	0.068 (0.044)	−0.096*** (0.027)	−0.027** (0.013)	0.070 (0.046)	−0.098*** (0.030)
$\ln HHI_{it}$	0.066*** (0.019)	0.095 (0.075)	−0.030 (0.034)	0.057** (0.026)	0.100 (0.076)	−0.030 (0.041)
$\ln CGDP_{it}$	0.047* (0.025)	−0.035 (0.144)	0.009 (0.052)	0.047 (0.031)	−0.005 (0.147)	0.041 (0.058)
$\ln CAW_{it}$	0.010 (0.047)	−0.023 (0.222)	0.152** (0.078)	0.152** (0.066)	0.066 (0.234)	0.248** (0.101)
时间效应	控制	控制	控制	控制	控制	控制
行业效应	控制	控制	控制	控制	控制	控制
地区效应	控制	控制	控制	控制	控制	控制
N	14259	4522	4522	14259	4522	4522
R^2	0.6701	0.1421	0.6880	0.4313	0.0977	0.5296
F	263.71	13.33	113.12	155.87	8.29	58.80
Sobel 检验	0.024***			0.024***		

注：(1) 括号内为标准误 z 值；(2) ***、**、* 分别代表通过1%、5%、10%的显著性检验；(3) Sobel-p 为 Sobel 检验的 P 值，当 P=0.000 时，表示拒绝原假设"$H_0: ab=0$"，认为中介效应存在且有效。

表 5-5 汇报了电子设备要素替代的中介效应，同样进行基准回归和 Lewbel 工具变量的稳健性检验。无论是采用工资还是工资的 Lewbel 工具

变量进行回归，所得结果支持本书命题，即工资上涨通过增加固定资本投入的渠道促进制造业技术进步。

第（1）列显示工资对制造业企业劳动生产率的促进作用显著为正，系数 c 显著为 0.757；第（2）列验证了工资上涨对电子设备投入有促进作用，且系数 a 显著为 0.726；第（3）列在第（1）列的基础上加入人均电子设备变量，人均电子设备 $\ln KL3_{it}$ 系数 b 显著为正，为 0.038，说明增加人均电子设备投入，对制造业劳动生产率的促进作用为 0.038；工资 $\ln wage_{it}$ 系数 c' 显著为正。各系数显著为正说明该中介效应有效。Sobel 检验结果显示，P 值在 1% 的显著水平下为 0.024，说明中介效应显著有效，且中介效应占总效应比重为 $ab/c = (0.726 \times 0.038)/0.757 \times 100\% = 3.64\%$。

稳健性检验结果同样可验证工资上涨通过增加人均电子设备可促进制造业企业技术进步。第（4）列验证了工资上涨对制造业劳动生产率的总效应，系数 c 显著为 0.021；第（5）列验证工资上涨可促进人均电子设备增加，即系数 a 显著为 0.122；第（6）列验证人均电子设备增加可显著促进制造业劳动生产率提高，系数 b 显著为 0.097；加入人均电子设备变量后工资的系数 c' 显著为 0.113。各系数均显著说明中介效应成立，并且，Sobel 检验结果同样支持该中介效应显著有效。

综上，对要素分类，人均固定资本、人均机器设备、人均电子设备三类要素的中介效应均显著有效，且为部分中介效应，即工资上涨可通过增加固定资本、机器设备、电子设备要素的渠道促进制造业企业技术进步。

5.3.2 人力资本效应

检验工资上涨诱致技术进步的人力资本中介效应，路径为：工资上涨→人力资本水平提高→劳动生产率提高。考虑结果稳健性，将人力资本水平分为两大类：一是按工种划分人力资本水平，包括技能员工占比 $\ln SL1_{it}$、研发人员占比 $\ln SL4_{it}$；二是按受教育程度划分人力资本水平，包括高中及以上学历员工占比 $\ln SL2_{it}$、专科及以上学历员工占比 $\ln SL3_{it}$。

1. 按工种划分人力资本水平的中介效应

按工种可将人力资本划分为技术员工和研发人员，分别按照工资上涨→技术员工占比增加→劳动生产率提高、工资上涨→研发人员占比增加→劳动生产率提高两个路径分别进行检验，结果如表 5-6 和表 5-7 所示：

表 5-6　　人力资本（技术员工）的中介效应检验结果

变量	基准回归			稳健性检验		
	(1) $\ln y_{it}$ FE	(2) $\ln SL1_{it}$ FE	(3) $\ln y_{it}$ FE	(4) $\ln y_{it}$ FE	(5) $\ln SL1_{it}$ FE	(6) $\ln y_{it}$ FE
$\ln wage_{it}$	0.757*** (0.025)	0.272*** (0.048)	0.705*** (0.037)			
Lewbel 工具变量				0.021** (0.010)	0.002 (0.002)	0.012** (0.005)
$\ln SL1_{it}$			0.046*** (0.016)			0.142*** (0.025)
控制变量①	控制	控制	控制	控制	控制	控制
时间效应	控制	控制	控制	控制	控制	控制
行业效应	控制	控制	控制	控制	控制	控制
地区效应	控制	控制	控制	控制	控制	控制
N	14259	10297	10297	14259	10297	10297
R^2	0.6701	0.0684	0.6680	0.4313	0.0318	0.4673
F	263.71	8.00	215.71	155.87	6.04	140.41
Sobel 检验	0.014***			0.002***		

注：(1) 括号内为标准误 z 值；(2) ***、**、* 分别代表通过 1%、5%、10% 的显著性检验；(3) Sobel-p 为 Sobel 检验的 P 值，当 P=0.000 时，表示拒绝原假设 "$H_0: ab=0$"，认为中介效应存在且有效。

由表 5-6 可知，按员工岗位分类，工资上涨均可通过增加技术员工占比来促进制造业企业技术进步，验证工资上涨通过提高人力资本投入渠道促进技术进步的可行性。

---

① 控制变量与表 5-4 相同，不再列出。

具体地，人力资本指标为技术员工占比 $\ln SL1_{it}$ 时，同上，第（1）列工资上涨对制造业劳动生产率的促进作用显著为正，系数 c 显著为 0.757，此为工资上涨促进制造业技术进步的总效应。第（2）列验证工资上涨确可促进企业雇佣更多的技术员工，工资每上涨1%，企业雇佣的技术员工占总员工数比例增加0.272%，即系数 a 显著为正。第（3）列在第（1）列的基础上加入技术员工占比中介变量，结果显示技术员工占比 $\ln SL1_{it}$ 系数 b 在1%的显著水平上为正，为0.046，技术员工占比每增加1个百分点，制造业劳动生产率将提高0.046个百分点；工资 $\ln wage_{it}$ 系数 c' 显著为正，但系数大小相较第（1）列下降0.052个百分点，说明加入技术员工占比变量后弱化了工资对劳动生产率的促进作用。各系数显著为正，说明中介效应存在且有效，Sobel检验结果再次验证中介变量的有效性，在1%的显著水平下支持中介变量显著有效，结合第（3）列检验结果可知，该中介效应显著为部分中介效应，占总效应比重为 ab/c =（0.272 × 0.046）/0.757 × 100% = 1.65%。

第（4）列至第（6）列汇报稳健性检验结果，即使用工资的Lewbel工具变量重新回归。第（4）列显示工资的Lewbel工具变量对劳动生产率具有促进作用，系数 c 显著为正，总效应为0.021。第（5）列说明工资的Lewbel工具变量对技术员工占比 $\ln KL1$ 的促进作用不显著，即系数 a 不显著。第（6）列在控制中介变量技术员工占比 $\ln KL1$ 后，工资的Lewbel工具变量系数 c' 显著为正，大小下降，技术员工占比 $\ln KL1$ 对劳动生产率的促进作用显著，系数 b 显著为0.142。由此可知，a、b 系数并不都显著，则需根据Sobel检验结果证明间接效应是否显著，Sobel检验结果显著拒绝"H_0：$ab = 0$"的原假设，说明间接效应显著，可继续分析。综上，技术员工占比存在中介效应，且占总效应比重为 ab/c =（0.002 × 0.142）/0.021 × 100% = 1.35%。再次验证工资上涨均可通过增加技术员工占比来促进制造业企业技术进步。

再看人力资本指标为研发人员占比 $\ln SL4_{it}$ 的检验结果。

表 5-7　　人力资本（研发人员）的中介效应检验结果

变量	基准回归 (1) lny_{it} FE	基准回归 (2) $lnSIA_{it}$ FE	基准回归 (3) lny_{it} FE	稳健性检验 (4) lny_{it} FE	稳健性检验 (5) $lnSIA_{it}$ FE	稳健性检验 (6) lny_{it} FE
$lnwage_{it}$	0.757*** (0.025)	0.235*** (0.058)	0.703*** (0.047)			
Lewbel 工具变量				0.021** (0.010)	-0.011① (0.027)	0.144*** (0.027)
$lnSIA_{it}$			0.033** (0.016)			0.079*** (0.021)
控制变量②	控制	控制	控制	控制	控制	控制
时间效应	控制	控制	控制	控制	控制	控制
行业效应	控制	控制	控制	控制	控制	控制
地区效应	控制	控制	控制	控制	控制	控制
N	14259	5671	5671	14259	5671	5671
R^2	0.6701	0.0558	0.7173	0.4313	0.0421	0.6074
F	263.71			155.87		
Sobel 检验	0.020***			0.009***		

注：(1) 括号内为标准误 z 值；(2) ***、**、* 分别代表通过 1%、5%、10% 的显著性检验；(3) Sobel-p 为 Sobel 检验的 P 值，当 $P=0.000$ 时，表示拒绝原假设"$H_0: ab=0$"，认为中介效应存在且有效。

表 5-7 汇报研发人员占比 $lnKI4$ 的中介效应检验结果。第（1）列仍汇报工资上涨促进技术进步的总效应，显著为 0.757。第（2）列验证工资上涨可增加企业研发人员占比，工资每增加 1 个百分点，制造业企业雇佣员工中研发人员比重将增加 0.235 个百分点，系数 a 显著为正。第（3）列在第（2）列基准回归的基础上控制研发人员占比中介变量，结果显示增加研发人员占比可在 1% 显著水平上促进制造业企业提高劳动生产率，研发人员占比每增加 1%，劳动生产率将提高 0.033%，即系

---

① 按照新的中介效应检验路径，系数 ab 与 c′异号，说明存在遮掩效应。
② 控制变量与表 5-4 相同，不再列出。

数 b 显著为 0.033；此时工资 $\ln wage_{it}$ 系数 c' 仍显著为正，但数值减少 0.054。各系数均显著，说明研发人员占比的中介效应成立，Sobel 检验结果在 1% 显著水平上拒绝原假设，验证该中介效应显著有效。该中介效应同样为部分中介效应，占总效应的比重为 ab/c = (0.235 × 0.033) /0.757 ×100% =1.02%。

综上可知，工资上涨通过提高技术员工占比、研发人员占比渠道促进制造业企业技术进步的中介效应均显著为部分中介效应，意味着工资上涨确可通过提高人力资本水平的渠道促进技术进步。

2. 按受教育程度划分人力资本水平的中介效应

按企业员工学历程度衡量人力资本水平，分别从工资上涨→高中及以上学历员工占比 $\ln SL2_{it}$ 增加→劳动生产率提高、工资上涨→专科及以上学历员工占比 $\ln SL3_{it}$ 增加→劳动生产率提高两个路径分别检验人力资本的中介效应。结果如表 5-8 所示。

表 5-8　人力资本（高中/专科及以上学历员工）的中介效应检验结果

变量	高中及以上学历员工占比 $\ln SL2$			专科及以上学历员工占比 $\ln SL3$	
	(1) $\ln y_{it}$ FE	(2) $\ln SL2_{it}$ FE	(3) $\ln y_{it}$ FE	(4) $\ln SL3_{it}$ FE	(5) $\ln y_{it}$ FE
$\ln wage_{it}$	0.757*** (0.025)	0.229*** (0.053)	0.720*** (0.037)	0.321*** (0.053)	0.702*** (0.037)
$\ln SL2_{it}$			0.029*** (0.009)		
$\ln SL3_{it}$					0.050*** (0.011)
控制变量①	控制	控制	控制	控制	控制
时间效应	控制	控制	控制	控制	控制
行业效应	控制	控制	控制	控制	控制
地区效应	控制	控制	控制	控制	控制
N	14259	10108	10108	9781	9781

① 控制变量与上文表 5-4 基本相同，不再列出。

续表

变量	高中及以上学历员工占比 ln$SL2$			专科及以上学历员工占比 ln$SL3$	
	(1) lny_{it} FE	(2) ln$SL2_{it}$ FE	(3) lny_{it} FE	(4) ln$SL3_{it}$ FE	(5) lny_{it} FE
R^2	0.6701	0.1209	0.6678	0.1517	0.6724
F	263.71	14.11	1005.85	24.09	234.09
Sobel 检验	0.043***			0.037***	

注：(1) 括号内为标准误 z 值；(2) ***、**、* 分别代表通过1%、5%、10% 的显著性检验；(3) Sobel–p 为 Sobel 检验的 P 值，当 P = 0.000 时，表示拒绝原假设 "$H_0: ab = 0$"，认为中介效应存在且有效。

表5–8 的结果仍支持工资上涨可通过提高人力资本水平促进企业技术进步，其中，提高高中以上学历员工占比的中介效应占总效应的 0.88%，提高专科及以上学历员工占比的中介效应占总效应的 2.12%。

结果显示，工资上涨可显著提高企业雇佣人数中高中及以上学历员工占比、专科及以上学历员工占比，工资每上涨1个百分点，高中及以上学历员工占比、专科及以上学历员工占比将分别增加 0.229 个、0.321 个百分点。在加入中介变量高中及以上学历员工占比、专科及以上学历员工占比后，工资对劳动生产率的促进作用分别下降 0.037 个、0.055 个百分点，而高中及以上学历员工占比、专科及以上学历员工占比均在 1% 的显著水平下促进企业劳动生产率提高，高中及以上学历员工占比、专科及以上学历员工占比分别上涨1个百分点，企业劳动生产率将分别提高 0.029 个、0.050 个百分点。并且，Sobel 检验结果显示，高中及以上学历员工占比、专科及以上学历员工占比两个中介变量均能通过显著性检验，并且占总效应的比重分别为 0.88%、2.12%。①

综上所述，提高人力资本水平的中介效应显著为部分中介效应，意味着工资上涨通过提高人力资本水平可促进制造业企业技术进步，验证理论命题 3.2c。

---

① 0.88% = (0.229 × 0.029) /0.757 × 100%；2.12% = (0.321 × 0.050) /0.757 × 100%。

5.3.3 创新投入效应

检验工资上涨诱致技术进步的创新投入效应,路径为:工资上涨→创新投入增加→劳动生产率提高。为保证结果稳健,可从创新投入、创新结果两个层面衡量创新投入效应,采用人均研发投入 $\ln RDL_{it}$ 和人均专利申请数量 $\ln patentL_{it}$ 两个指标分别衡量创新投入增加情况。结果如表 5-9 所示。

表 5-9　　　　　　创新投入的中介效应检验结果

变量	(1) $\ln y_{it}$ FE	(2) $\ln RDL_{it}$ FE	(3) $\ln y_{it}$ FE	(4) $\ln patentL_{it}$ FE	(5) $\ln y_{it}$ FE
	人均研发投入 $\ln RDL_{it}$			人均专利申请数量 $\ln patentL_{it}$	
$\ln wage_{it}$	0.757*** (0.025)	0.759*** (0.046)	0.646*** (0.032)	0.782*** (0.059)	0.690*** (0.033)
$\ln RDL_{it}$			0.132*** (0.015)		
$\ln patentL_{it}$					0.095*** (0.009)
控制变量①	控制	控制	控制	控制	控制
时间效应	控制	控制	控制	控制	控制
行业效应	控制	控制	控制	控制	控制
地区效应	控制	控制	控制	控制	控制
N	14259	8543	8543	9241	9241
R^2	0.6701	0.4407	0.7040	0.5812	0.6904
F	263.71		1.24e+10	127.71	233.02
Sobel 检验		0.233***		0.036***	

注:(1) 括号内为标准误 z 值;(2) ***、**、* 分别代表通过 1%、5%、10% 的显著性检验;(3) Sobel-p 为 Sobel 检验的 P 值,当 P=0.000 时,表示拒绝原假设"$H_0: ab=0$",认为中介效应存在且有效。

---

① 控制变量与上文表 5-4 基本相同,不再列出。

表 5-9 汇报了创新投入分别为人均研发投入和人均专利申请数量的 Sobel 中介效应检验结果。结果支持理论命题 3.2c，即工资上涨可通过提高人均研发投入、人均专利申请数量渠道促进制造业企业提高劳动生产率。

由表 5-9 第（2）列和第（4）列可知，工资上涨可显著提高制造业企业人均研发投入、人均专利申请数量，工资每上涨 1 个百分点，企业人均研发投入、人均专利申请数量将分别增加 0.759 个、0.782 个百分点。在分别加入中介变量人均研发投入和人均专利申请数量后，工资对劳动生产率的促进作用分别下降 0.111 个、0.067 个百分点，而人均研发投入、人均专利申请数量均在 1% 的显著水平下为正，分别为 0.132、0.095，说明提高人均研发投入和人均专利申请数量可促进企业劳动生产率提高，人均研发投入、人均专利申请数量分别每上涨 1 个百分点，企业劳动生产率将分别提高 0.132 个、0.095 个百分点。并且，Sobel 检验结果显示，人均研发投入、人均专利申请数量两个中介变量均能通过显著性检验，为部分中介效应，占总效应的比重分别为 13.23%、9.81%。

由此，验证理论命题，即工资上涨可通过增加创新投入进而提高制造业企业技术进步水平。

5.3.4 市场需求效应

检验工资上涨诱致技术进步的市场需求效应的路径为：工资上涨→企业市场消费需求增加→劳动生产率提高。为保证结果稳健，本书采用工资变量 $\ln wage_{it}$ 的 Lewbel 工具变量进行稳健性检验。

表 5-10 分别汇报了企业市场消费需求中介效应的基准回归结果和稳健性分析结果。均能验证工资上涨通过增加企业的市场消费需求来促进技术进步。

第（1）列显示工资上涨可明显促进制造业生产率提高，系数 c 显著为 0.840。第（2）列验证工资上涨对市场的消费需求有显著促进作用，工资每上涨 1 个百分点，企业面临的市场消费需求将增加 0.234 个百分点，即系数 a 显著为 0.234。第（3）列在第（1）列基准回归基础上加

表 5-10　　　　　企业市场消费需求的中介效应检验结果

变量	基准回归 (1) $\ln y_{it}$	(2) $\ln c_{it}$	(3) $\ln y_{it}$	稳健性检验 (4) $\ln y_{it}$	(5) $\ln c_{it}$	(6) $\ln y_{it}$
$\ln wage_{it}$	0.840*** (0.019)	0.234*** (0.062)	0.736*** (0.032)			
Lewbel 工具变量				0.025*** (0.009)	0.013*** (0.001)	0.016* (0.008)
$\ln c_{it}$			0.340*** (0.018)			0.398*** (0.023)
$\ln rs_{it}$	0.008** (0.004)	0.013** (0.006)	0.003 (0.003)	0.002 (0.005)	0.011* (0.006)	-0.003 (0.004)
$\ln profit_{it}$	0.039*** (0.007)	0.007 (0.013)	0.042*** (0.006)	0.040*** (0.009)	0.009 (0.013)	0.041*** (0.007)
$\ln gov_{it}$	-0.0003 (0.005)	0.098*** (0.008)	-0.031*** (0.004)	0.007 (0.006)	0.100*** (0.008)	-0.031*** (0.005)
$\ln de_{it}$	0.069*** (0.013)	0.228*** (0.020)	-0.0001 (0.012)	0.067*** (0.015)	0.226*** (0.020)	-0.024* (0.014)
$\ln HHI_{it}$	0.014 (0.022)	-0.099** (0.041)	0.046** (0.022)	-0.008 (0.029)	-0.101** (0.041)	0.052* (0.029)
$\ln CGDP_{it}$	0.070** (0.027)	-0.068 (0.049)	0.073*** (0.028)	0.074** (0.034)	-0.068 (0.050)	0.076** (0.032)
$\ln CAW_{it}$	-0.009 (0.055)	0.045 (0.101)	0.047 (0.053)	0.148* (0.078)	0.084 (0.102)	0.165** (0.073)
行业效应	控制	控制	控制	控制	控制	控制
地区效应	控制	控制	控制	控制	控制	控制
N	14259	12023	12023	14259	12023	12023
R^2	0.5497	0.4756	0.6513	0.2578	0.4707	0.4276
F	251.63	111.86	214.10	91.50	115.84	129.70
Sobel 检验		0.096***			0.005***	

注：(1) 括号内为标准误 z 值；(2) ***、**、* 分别代表通过 1%、5%、10% 的显著性检验；(3) Sobel-p 为 Sobel 检验的 P 值，当 P=0.000 时，表示拒绝原假设"$H_0: ab=0$"，认为中介效应存在且有效。

入市场消费需求变量,企业的市场消费需求变量系数 b 显著为正,为 0.340,这意味着企业面临的市场消费需求每增加 1 个百分点,劳动生产率将提高 0.340 个百分点;并且,加入市场消费需求变量后,工资系数虽显著为正,但下降了 0.104 个百分点,结合 Sobel 检验结果,可在 1% 显著水平上拒绝原假设,支持中介效应有效性,且该中介效应仍为部分中介效应,占总效应比重为 ab/c = (0.234 × 0.340)/0.840 × 100% = 9.47%。

第(4)列至第(6)列汇报使用工资的 Lewbel 工具变量进行中介效应检验的回归结果,结果仍支持基准回归所得结论。第(4)列结果显示工资的 Lewbel 工具变量系数显著为正,即 c 显著为 0.025。第(5)列结果验证工资的 Lewbel 工具变量对企业面临的市场消费需求具有显著的积极促进作用,系数 a 显著为 0.013。第(6)列汇报加入市场消费需求中介变量后的估计结果,市场消费需求系数仍显著为正,系数 b 显著为 0.398,验证市场消费需求对企业劳动生产率的促进作用,工资的工具变量系数虽显著为正,但出现小幅下降,系数 c' 显著降至 0.016。各系数显著为正说明存在中介效应,结合 Sobel 检验结果,可以认为市场消费需求的中介效应显著为部分中介效应,且占总效应的比重为 ab/c = (0.013 × 0.398)/0.025 × 100% = 20.70%。再次验证工资上涨通过增加企业的市场消费需求来促进技术进步。

5.3.5 工资上涨诱致技术进步传导机制的贡献分解

如上所述,工资上涨可分别通过增加固定资本投入、人力资本投入、创新投入、提高市场消费需求路径促进制造业企业劳动生产率。每条路径所采用的衡量指标不同,其中介效应对总效应的贡献度也不同。

图 5-2 清晰列出工资上涨促进制造业企业技术进步的机制分解图。工资对各中介变量衡量指标的促进作用均在 1% 的显著水平上为正,各中介变量对制造业企业劳动生产率的促进作用也在 1% 的显著水平上为正。不同中介变量对应的路径对工资上涨促进企业技术进步的贡献度存在差异。

第 5 章 中国制造业诱致性技术进步内在机理的实证研究

```
                ┌─ 0.779*** ── 人均固定资本lnKL1 ── 0.055*** ── 中介效应贡献度5.66%
        要素替代效应 ├─ 0.837*** ── 人均机器设备lnKL2 ── 0.086*** ── 中介效应贡献度9.51%
                └─ 0.726*** ── 人均电子设备lnKL3 ── 0.038*** ── 中介效应贡献度3.64%

                ┌─ 0.272*** ── 技术员工占比lnSL1 ──── 0.046*** ── 中介效应贡献度1.65%
        人力资本效应 ├─ 0.229*** ── 高中及以上学历员工占比lnSL2 ── 0.029*** ── 中介效应贡献度0.88%
工资上涨          ├─ 0.321*** ── 专科及以上学历员工占比lnSL3 ── 0.050*** ── 中介效应贡献度2.12%
                └─ 0.235*** ── 研发人员占比lnSL4 ──── 0.033*** ── 中介效应贡献度1.02%

        创新投入效应 ┌─ 0.759*** ── 人均研发支出lnRDL ──── 0.132*** ── 中介效应贡献度13.23%
                └─ 0.782*** ── 人均专利申请数量lnpatentL ── 0.095*** ── 中介效应贡献度9.81%

        市场消费需求效应  0.234*** ── 企业的市场消费需求lnc ── 0.340*** ── 中介效应贡献度9.47%
```

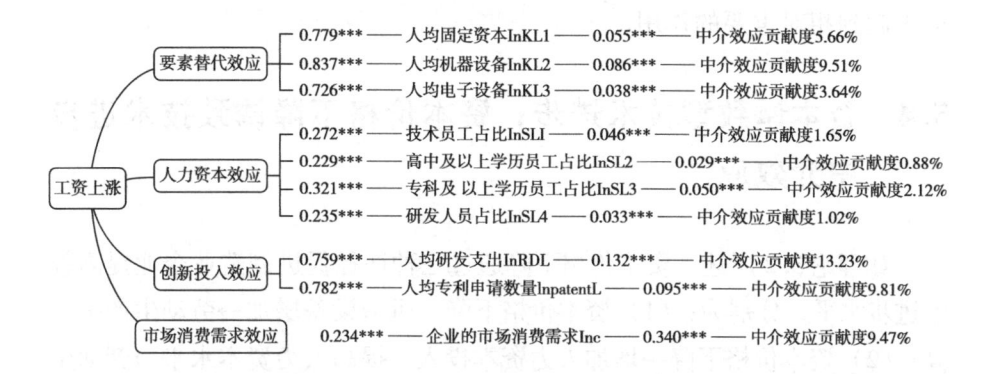

图 5-2 工资上涨诱致技术进步的机制分解

如图 5-2 所示，贡献度最高的中介变量为创新投入的人均研发支出，为 13.23%，在工资上涨对企业劳动生产率的促进作用中，增加人均研发支出这一影响路径所贡献的份额为 13.23%。排名第二位的为创新投入的人均专利申请数，为 9.81%，意味着工资上涨通过增加人均专利申请数量促进企业劳动生产率的贡献份额为 9.81%。

要素替代效应中，增加人均机器设备的中介效应贡献度较高，为 9.51%，其次是人均固定资本中介效应和人均电子设备中介效应，提高人均固定资本、人均电子设备对工资上涨促进制造业企业技术进步总效应的贡献度分别为 5.66%、3.64%。

企业的市场消费需求，贡献份额为 9.47%，意味着在工资上涨促进制造业企业技术进步的总效应中，有 9.47% 是通过市场消费需求效应影响企业劳动生产率的。

人力资本效应中，贡献度较高的包括技术员工占比、专科及以上学历员工占比，提高专科及以上学历员工占比对工资上涨促进制造业企业技术进步总效应的贡献度为 2.12%，提高技术员工占比对工资上涨促进制造业企业技术进步总效应的贡献度为 1.65%。

综上可验证本书命题 3.2c，即要素替代效应、人力资本效应、创新投入效应和市场消费需求效应是工资上涨促进制造业企业技术进步较为重要的渠道，尤其是提高人均研发支出、增加人均专利申请数量、增加机器设备投入、增加市场消费需求等路径，在工资上涨促进技术进步效应中起到相对重要的作用。

5.4 资本诱致型技术进步：资本价格下降诱致技术进步中介效应

如理论 3.2 所述，资本价格下降通过三种途径促进制造业企业提高技术进步水平，分别为：（1）资本价格下降→机械设备增加→劳动生产率提高；（2）资本价格下降→增加人力资本投入、提高人力资本水平→劳动生产率提高；（3）资本价格下降→加强创新投入强度→劳动生产率提高。

5.4.1 要素替代效应

检验资本价格下降诱致技术进步的要素替代效应的路径为：资本要素价格下降→机械设备增加→劳动生产率提高。为保证结果稳健，机械设备指标仍分别采用人均固定资产总额 $\ln KL1_{it}$、人均机器设备总额 $\ln KL2_{it}$、人均电子设备总额 $\ln KL3_{it}$ 衡量。Sobel 检验结果表 5-11 所示。

表 5-11　　　　要素替代中介效应的逐步回归检验结果

变量	人均固定资本 $\ln KL1_{it}$			人均机器设备 $\ln KL2_{it}$		人均电子设备 $\ln KL3_{it}$	
	(1) $\ln y_{it}$ FE	(2) $\ln KL1_{it}$ FE	(3) $\ln y_{it}$ FE	(4) $\ln KL2_{it}$ FE	(5) $\ln y_{it}$ FE	(6) $\ln KL3_{it}$ FE	(7) $\ln y_{it}$ FE
$\ln Pe_{it}$	-0.033*** (0.010)	0.140*** (0.025)	-0.059*** (0.011)	0.135*** (0.022)	-0.060*** (0.013)	0.073*** (0.027)	-0.036** (0.014)
$\ln KL1_{it}$			0.167*** (0.022)				
$\ln KL2_{it}$					0.202*** (0.029)		
$\ln KL3_{it}$							0.141*** (0.029)
控制变量①	控制	控制	控制	控制	控制	控制	控制

---

① 与表 5-4 控制变量基本一致，不再详细列出。

续表

变量	人均固定资本 $\ln KL1_{it}$			人均机器设备 $\ln KL2_{it}$		人均电子设备 $\ln KL3_{it}$	
	(1) $\ln y_{it}$ FE	(2) $\ln KL1_{it}$ FE	(3) $\ln y_{it}$ FE	(4) $\ln KL2_{it}$ FE	(5) $\ln y_{it}$ FE	(6) $\ln KL3_{it}$ FE	(7) $\ln y_{it}$ FE
时间效应	控制	控制	控制	控制	控制	控制	控制
行业效应	控制	控制	控制	控制	控制	控制	控制
地区效应	控制	控制	控制	控制	控制	控制	控制
N	10603	9818	9818	8543	8543	3728	3728
R^2	0.1932	0.2571	0.2538	0.1943	0.2643	0.0394	0.2394
F	66.39	30.85	64.45	38.99	57.28	4.47	25.19
Sobel 检验	−0.001*			0.002**		−0.003***	

注：(1) 括号内为标准误 z 值；(2) ***、**、* 分别代表通过 1%、5%、10% 的显著性检验；(3) Sobel−p 为 Sobel 检验的 P 值，当 $P=0.000$ 时，表示拒绝原假设 "$H_0: ab=0$"，认为中介效应存在且有效。

表 5−11 分别汇报了人均固定资本、人均机器设备、人均电子设备中介效应的逐步回归方法检验结果。

人均固定资本 $\ln KL1$。第（1）列结果显示衡量广义固定资本价格的实际利率前系数 c 显著为负，为 −0.293，说明固定资本价格与制造业劳动生产率之间呈显著负相关关系，固定资本价格每下降 1 个百分点，会促进制造业企业劳动生产率提高 0.293 个百分点。第（2）列检验固定资本价格与人均固定资本间存在正相关关系，系数 a 显著为正。第（3）列在基准检验第（1）列的基础上加入中介变量人均固定资本，人均固定资本系数在 1% 的显著水平上为正，系数 b 显著为 0.167，说明人均固定资本每提高 1 个百分点，可促进制造业劳动生产率提高 0.167 个百分点；固定资本价格系数虽仍显著，系数 c' 显著为 −0.059。按照新的逐步检验回归系数方法检验流程，各系数均显著，但 ab 与 c' 异号，说明人均固定资本对资本价格下降促进技术进步存在遮掩效应。

人均机器设备 $\ln KL2$。第（4）列验证了固定资本价格对人均机器设备的积极促进作用，系数 a 显著为正。第（5）列在第（4）列基准回归基础上加入中介变量人均机器设备，结果显示人均机器设备对制造业劳动生产率具有显著促进作用,在1%的显著水平上为正,即系数 b 显著为 0.202;资本价格系数 c' 仍显著为负,为 -0.060。各系数均显著,但 ab 与 c' 异号,说明人均机器设备对资本价格下降促进技术进步存在遮掩效应。

人均电子设备 $\ln KL3$。第(6)列汇报了机械设备价格下降对提高人均电子设备的作用结果,系数 a 显著为正。第(7)列在第(6)列的基础上加入人均电子设备中介变量,结果显示,提高人均电子设备可显著促进企业技术进步水平,人均电子设备每增加1%可促进企业劳动生产率提高0.141%,系数 b 显著为正;机械设备价格系数 c' 仍显著为负。各系数均显著,但 ab 与 c' 异号,说明人均电子设备对资本价格下降促进技术进步存在遮掩效应。

按照新的逐步检验回归系数方法检验流程并不能验证本书命题,拟使用 Sobel 检验方法进行检验。[①] 具体结果如表 5-12 所示。

表 5-12　　　　　　要素替代中介效应的 Sobel 检验结果

变量	人均固定资本 $\ln KL1_{it}$			人均机器设备 $\ln KL2_{it}$			人均电子设备 $\ln KL3_{it}$		
	(1) $\ln y_{it}$	(2) $\ln KL1_{it}$	(3) $\ln y_{it}$	(4) $\ln y_{it}$[①]	(5) $\ln KL2_{it}$	(6) $\ln y_{it}$	(7) $\ln y_{it}$	(8) $\ln KL3_{it}$	(9) $\ln y_{it}$
$\ln Pe_{it}$	-0.024*** (0.003)	-0.008* (0.005)	-0.022*** (0.003)	-0.015*** (0.002)	0.010** (0.005)	-0.017*** (0.002)	-0.016*** (0.004)	-0.019*** (0.006)	-0.013*** (0.004)
$\ln KL1_{it}$			0.186*** (0.005)						
$\ln KL2_{it}$						0.154*** (0.005)			
$\ln KL3_{it}$									0.166*** (0.010)
控制变量	控制	控制	控制	控制	控制	控制	控制	控制	控制

---

① Sobel 检验会自动检验变量之间的关系路径,并显示中介效应的显著性及在总效应中的占比,相较逐步检验回归系数方法,Sobel 方法检验力度较高,可检验出更多中介效应(MacKinnon 等,2002;温忠麟等,2004)。在逐步检验中,若系数均显著,则采用依次检验结果,若系数不显著,采用 Sobel 检验结果(温忠麟,叶宝娟,2014)。

续表

变量	人均固定资本 ln$KL1_{it}$			人均机器设备 ln$KL2_{it}$			人均电子设备 ln$KL3_{it}$		
	(1) lny_{it}	(2) ln$KL1_{it}$	(3) lny_{it}	(4) lny_{it}①	(5) ln$KL2_{it}$	(6) lny_{it}	(7) lny_{it}	(8) ln$KL3_{it}$	(9) lny_{it}
行业效应	控制	控制	控制	控制	控制	控制	控制	控制	控制
地区效应	控制	控制	控制	控制	控制	控制	控制	控制	控制
N	9818	9818	9818	8543	8543	8543	3728	3728	3728
R^2	0.1036	0.3711	0.1983	0.3761	0.1196	0.4392	0.1055	0.0513	0.1683
F	141.67	723.41	269.52	571.52	128.78	668.26	54.84	25.14	83.62
Sobel 检验	-0.001*			-0.002**			-0.003***		

注：(1) 括号内为标准误 z 值；(2) ***、**、*分别代表通过1%、5%、10%的显著性检验；(3) Sobel - p 为 Sobel 检验的 P 值，当 $P=0.000$ 时，表示拒绝原假设 "$H_0: ab=0$"，认为中介效应存在且有效。

①采用 Sobel 检验方法，更换核心解释变量或中介变量时均会对基准检验重新回归，大小发生改变，原因在于采用不同指标时可用样本量发生变化，会影响核心变量系数大小，但显著性和方向不变。

表5-12分别汇报人均固定资本、人均机器设备、人均电子设备的中介效应。人均机器设备仍存在遮掩效应，考虑研究目的暂不分析，只分析人均固定资本、人均电子设备的中介效应。

人均固定资本的中介效应。第（1）列至第（3）列的检验结果中，可知，资本价格下降对劳动生产率存在显著促进作用，系数 c 显著为 -0.024；对人均固定资本投入也存在显著促进作用，系数 a 显著为 -0.008；人均固定资本投入对劳动生产率存在显著促进作用，系数 b 显著为 0.186；加入中介变量后的资本价格下降对劳动生产率的促进作用变为系数 c' 为 -0.022。综上，各系数均显著，Sobel 检验结果显著拒绝原假设，ab 与 c' 同号，故可判定人均固定资本的中介效应显著有效，占总效应的比重为 $ab/c = (-0.008 \times 0.186)/(-0.024) \times 100\% = 6.20\%$。

人均电子设备的中介效应。第（7）列至第（9）列的检验结果中，可知，资本价格下降对劳动生产率存在显著促进作用，系数 c 显著为 -0.016；对人均电子设备投入也存在显著促进作用，系数 a 显著为 -0.019；人均电子设备投入对劳动生产率存在显著促进作用，系数 b 显著为 0.166；加入中介变量后的资本价格下降对劳动生产率的促进

作用变为系数 c' 为 -0.013。综上，各系数均显著，Sobel 检验结果显著拒绝原假设，ab 与 c' 同号，故可判定人均固定资本的中介效应显著有效，占总效应的比重为 $ab/c = (-0.019 \times 0.166) / (-0.016) \times 100\% = 19.71\%$。

上述结论验证资本价格下降可通过提高机械设备投入渠道促进制造业企业技术进步。并且，资本价格下降通过提高人均固定资本、人均电子设备进而促进制造业技术进步的贡献度分别为 6.20%、19.71%，提高人均电子设备在固定资本价格下降通过提高机械设备投入促进技术进步的渠道中占主要作用。

5.4.2 人力资本效应

检验资本价格下降诱致技术进步的人力资本效应的路径为：工资上涨→人力资本水平提高→劳动生产率提高。为保证结果稳健，人力资本水平采用技能员工占比 $\ln SL1_{it}$、高中及以上学历员工占比 $\ln SL2_{it}$ 表示。检验结果如表 5-13 所示。

表 5-13　　人力资本水平的中介效应检验结果

变量	技能员工占比 $\ln SL1_{it}$			高中及以上学历员工占比 $\ln SL2_{it}$		
	(1) $\ln y_{it}$ FE	(2) $\ln SL1_{it}$ FE	(3) $\ln y_{it}$ FE	(4) $\ln y_{it}$ FE	(5) $\ln SL2_{it}$ FE	(6) $\ln y_{it}$ FE
$\ln Pe_{it}$	-0.033*** (0.010)	-0.0005 (0.012)	-0.033*** (0.010)	-0.033*** (0.010)	-0.009 (0.012)	-0.030*** (0.010)
$\ln SL1_{it}$			0.137*** (0.029)			
$\ln SL2_{it}$						0.079*** (0.020)
控制变量①	控制	控制	控制	控制	控制	控制
行业效应	控制	控制	控制	控制	控制	控制
地区效应	控制	控制	控制	控制	控制	控制

---

① 控制变量与上文表 5-11 基本相同，不再列出。

续表

变量	技能员工占比 ln$SL1_{it}$			高中及以上学历员工占比 ln$SL2_{it}$		
	(1) lny_{it} FE	(2) ln$SL1_{it}$ FE	(3) lny_{it} FE	(4) lny_{it} FE	(5) ln$SL2_{it}$ FE	(6) lny_{it} FE
N	10603	9327	9327	10603	9200	9200
R^2	0.1932	0.0285	0.2198	0.1932	0.1007	0.2111
F	66.39	4.80	61.38	66.39	10.42	61.33
Sobel 检验	0.0002*			-0.001**		

注：(1) 括号内为标准误 z 值；(2) ***、**、* 分别代表通过 1%、5%、10% 的显著性检验；(3) Sobel-p 为 Sobel 检验的 P 值，当 $P = 0.000$ 时，表示拒绝原假设"$H_0: ab = 0$"，认为中介效应存在且有效。

表 5-13 分别汇报采用技能员工占比、高中及以上学历员工占比衡量企业人力资本水平的中介效应检验结果，结果均支持理论命题 3.2d，即资本价格下降可通过提高企业人力资本水平路径促进制造业技术进步。

首先，汇报技能员工占比衡量人力资本水平的中介效应检验结果。第 (1) 列结果显示机械设备价格下降可在 1% 显著水平上促进制造业企业提高劳动生产率，机械设备价格每下降 1%，制造业劳动生产率提高 0.033%，即系数 c 显著为 0.033。第 (2) 列验证机械设备价格下降可促进制造业提高劳动生产率，但系数 a 不显著。第 (3) 列在第 (1) 列基础上加入中介变量技能员工占比，结果显示技能员工占比系数 b 显著为正，为 0.137，技能员工占比每增加 1 个百分点，制造业劳动生产率将提高 0.137 个百分点；机械设备价格系数仍显著为负，c' 显著为 -0.033。系数 a、b 不都显著，转而进行 Sobel 检验，结果显著拒绝原假设，即认为间接效应显著，故可认为技能员工占比的中介效应显著有效，且为部分中介效应，占总效应的比重为 $ab/c = (-0.0005 \times 0.137)/(-0.033) \times 100\% = 0.21\%$。

其次，汇报高中及以上学历员工占比衡量人力资本水平的中介效应检验结果。第 (4) 列汇报机械设备价格下降对制造业劳动生产率的正向促进作用，即系数 c 仍显著为 0.033。第 (5) 列验证机械设备价格下降可促进制造业企业雇佣更多高中及以上学历员工，但系数 a 并不显著。

第（6）列在第（4）列基础上加入高中及以上学历员工占比，系数 b 显著为正，为 0.079，高中及以上学历员工占比每增加 1 个百分点，可促进制造业劳动生产率提高 0.079 个百分点；机械设备价格前系数 c' 仍显著为负，但大小下降至 -0.030。系数 a、b 不都显著，转而进行 Sobel 检验，结果显著拒绝原假设，即认为间接效应显著，因此，可得出高中及以上学历员工占比中介变量显著有效，且为部分中介效应，占总效应的比重为 ab/c = (-0.009 × 0.079) / (-0.033) × 100% = 2.15%，说明提高高中及以上学历员工占比对机械设备价格下降促进制造业技术进步的贡献份额为 2.15%。

综上，从不同角度衡量人力资本水平进行中介效应检验，所得结果均支持机械设备价格下降可通过促进提高企业人力资本水平渠道促进技术进步，尤其是提高高中及以上学历员工占比，其中介效应更加显著，说明提高企业高中及以上学历员工占比在机械设备价格下降促进制造业技术进步效应中较为重要。

5.4.3 创新投入效应

最后，检验资本价格下降诱致制造业技术进步的创新投入效应，检验路径为：资本价格下降→创新投入增加→劳动生产率提高。采用分行业规模以上工企使用新技术投入经费 $\ln INT_{it}$ 来衡量创新投入。检验结果如表 5-14 所示：

表 5-14　　　　　　创新投入的中介效应检验结果

变量	(1) $\ln y_{it}$ FE	(2) $\ln INT_{it}$ FE	(3) $\ln y_{it}$ FE
$\ln Pe_{it}$	-0.033 *** (0.010)	-0.055 *** (0.009)	-0.024 ** (0.010)
$\ln INT_{it}$			0.065 *** (0.019)
$\ln rs_{it}$	0.005 (0.005)	-0.002 (0.004)	0.005 (0.005)

续表

变量	(1) $\ln y_{it}$ FE	(2) $\ln INT_{it}$ FE	(3) $\ln y_{it}$ FE
$\ln profit_{it}$	0.027** (0.013)	-0.004 (0.006)	0.036*** (0.011)
$\ln gov_{it}$	-0.004 (0.007)	0.020*** (0.005)	-0.005 (0.007)
$\ln de_{it}$	0.055*** (0.019)	0.007 (0.014)	0.048** (0.020)
$\ln HHI_{it}$	-0.036 (0.037)	-0.631*** (0.049)	0.012 (0.036)
$\ln CGDP_{it}$	0.084** (0.042)	0.117*** (0.037)	0.049 (0.041)
$\ln CAW_{it}$	0.144 (0.092)	0.086 (0.067)	0.078 (0.079)
行业效应	控制	控制	控制
地区效应	控制	控制	控制
N	10603	9646	9629
R^2	0.1932	0.1974	0.1950
F	66.39	105.53	74.36

注：(1) 括号内为标准误 z 值；(2) ***、**、* 分别代表通过 1%、5%、10% 的显著性检验。

表 5-14 汇报了创新投入的中介效应检验结果，第 (1) 列结果显示机械设备价格下降可在 1% 显著水平上促进制造业企业劳动生产率提高，机械设备价格每下降 1 个百分点，制造业劳动生产率上升 0.033 个百分点，即系数 c 显著为负。第 (2) 列验证了机械设备价格下降可显著提高企业人均研发投入，机械设备价格每下降 1 个百分点，企业人均研发投入上升 0.055 个百分点，系数 a 显著为负。第 (3) 列在基准回归结果基础上加入中介变量人均研发投入 $\ln INT_{it}$，系数在 1% 显著水平上为正，系数 b 为 0.065，企业人均研发投入每增加 1 个百分点，可促进劳动生产率提高 0.065 个百分点；机械设备价格前系数 c' 显著为负，大小出

现小幅下降。按照新的逐步检验回归系数方法对中介效应的检验流程，各系数均显著，需进一步比较系数乘积 ab 与 c′ 的符号方向，由上可知两者同向，可判定中介效应有效，占总效应的比重为 ab/c =（-0.055×0.065）/（-0.033）×100% =10.83%。

因此，机械设备价格下降可通过增加行业层面使用新技术投入经费支出这一渠道促进制造业技术进步，验证命题 3.2d。

5.4.4 资本价格下降诱致技术进步传导机制的贡献分解

由前文所述，资本价格下降可分别通过增加机械设备投入、人力资本投入、创新投入三种渠道促进制造业企业技术进步，如表 5 – 15 所示，不同中介变量对应不同传导机制，对总效应的贡献程度也存在差异。

表 5 –15　　资本价格下降诱致技术进步传导机制贡献分解

中介效应	中介变量	资本价格→中介变量	中介变量→劳动生产率	Sobel 检验	对总效应贡献度
要素替代	人均固定资本	-0.008*	0.186***	-0.001*	6.20%
	人均电子设备	-0.019***	0.166***	-0.003***	19.71%
人力资本	技术人员占比	-0.0005	0.137***	0.0002*	0.21%
	高中及以上学历员工占比	-0.009	0.079***	-0.001**	2.15%
创新投入	分行业规模以上工企使用新技术投入经费	-0.055***	0.065***	—①	10.83%

要素替代效应中，提高人均电子设备投入对资本价格下降促进制造业技术进步效应中贡献份额最高，为 19.71%；其次是人均固定资本中介效应贡献份额，为 6.2%。说明在要素替代的两条路径中，提高人均电子设备，在资本价格下降促进技术进步的总效应中起到主导作用。

人力资本效应中，对资本价格下降促进制造业技术进步的总效应，提高高中及以上学历员工占比这一传导机制对总效应贡献份额最高，为

---

① 新的逐步检验回归方法中提到，若各系数均显著可不做 Sobel 检验。

2.15%；其次是提高技能员工占比的中介效应，在总效应中贡献了 0.21%。意味着在人力资本的中介效应中，提高高中及以上学历员工占比，在总效应中作用较为重要。

创新投入效应中，增加分行业规模以上工企使用新技术投入经费对资本价格下降诱致技术进步总效应贡献份额为 10.83%，在所有中介效应中排名第二，意味着提高行业层面使用新技术投入经费支出，在资本价格下降促进技术进步效应中起到较为重要的作用。

5.5 本章小结

本章解决的核心问题：（1）工资上涨是否可通过利润倒逼效应促进制造业技术进步？资本价格下降是否可通过利润激励效应促进制造业技术进步？（2）工资上涨诱致技术进步的要素替代、人力资本、创新投入、市场消费需求的中介效应是否有效？对总效应的贡献份额为多少？（3）资本价格下降诱致技术进步的要素替代、人力资本、创新投入的中介效应是否有效？对总效应的贡献份额为多少？

为解答上述三个问题，本书从微观企业数据层面，采用新的逐步检验回归系数方法，结合 Sobel 检验方法，逐一分析不同中介效应的有效性及贡献程度，研究发现：

第一，首先，工资上涨导致企业利润率下降，工资每上涨 1 个百分点，企业利润率下降 0.209 个百分点，企业为对冲生产成本获取更多利润，倾向选择技术进步水平更高的生产方式，即工资上涨通过侵蚀利润而倒逼企业技术进步。其次，资本价格下降会提高企业利润率，资本价格每下降 1 个百分点，企业利润率将提高 0.061 个百分点，出于逐利本质，企业会提高技术进步水平获取利润，即资本价格下降通过提高企业利润率激励企业提高技术进步水平。

第二，工资上涨可分别通过要素替代效应、人力资本效应、创新投入效应、市场消费需求效应等渠道，促进制造业技术进步。贡献度最高的中介变量是创新投入的人均研发支出，为 13.23%；排名第二位的是创新投入的人均专利申请数，为 9.81%；排名第三位的是人均机器设备的中介效应，为 9.51%；排名第四位的是企业的市场消费需求，贡献份额为 9.47%。剩下的中介效应按排名依次为人均固定资本、人均电子设备、专科及以上学历员工占比、技术员工占比，中介效应占总效应的比重分别为 5.66%、3.64%、2.12%、1.65%。

第三，资本价格下降可通过要素替代效应、人力资本效应、创新投入效应促进制造业技术进步。要素替代效应中，提高人均电子设备投入对资本价格下降促进制造业技术进步效应中贡献份额最高，为 19.71%；其次是人均固定资本中介效应贡献份额，为 6.2%。人力资本效应中，对资本价格下降促进制造业技术进步的总效应，提高高中及以上学历员工占比这一传导机制对总效应贡献份额最高，为 2.15%；其次是提高技能员工占比的中介效应，在总效应中贡献了 0.21%。创新投入效应中，增加分行业规模以上工企使用新技术投入经费对资本价格下降诱致技术进步总效应贡献份额为 10.83%。因此，提高人均电子设备投入、增加分行业规模以上工企使用新技术投入经费支出在所有中介效应中份额较大，意味着提高人均电子设备投入、提高行业层面使用新技术投入经费支出，在资本价格下降促进技术进步的总效应中具有重要作用。

第6章　中国制造业诱致性技术进步就业效应的实证研究[*]

理论部分3.3梳理了制造业诱致性技术进步就业效应的理论机制，作用路径为要素价格比→资本有机构成→就业，据此设定计量模型（6.1）和模型（6.2）分别对理论机制进行经验分析，核心内容包括：（1）检验工资/机械设备价格如何影响资本投入，分别采用企业固定资产总额、电子设备期末余额来代替机器设备总额做稳健性检验。（2）诱致性技术进步如何影响制造业就业，从横向维度进行异质性分析，从纵向角度做趋势性研究，并分析技术进步更加智能化对就业影响是否发生改变。（3）检验资本—技能互补/替代关系，基于研究结论，进一步讨论并检验政策走向。

6.1　计量模型与数据说明

6.1.1　计量模型

由理论3.1和理论3.3均可得出要素价格比增加会促进资本/劳动比增加，进而提高企业劳动生产率，影响就业。

因此，本节检验分为两个步骤，首先，检验要素价格变化对资本/劳动比的影响，验证要素价格通过改变要素结构促进技术进步；其次，检验要素结构变化对就业的影响。本书采用对数形式设定基准计量模型。

---

[*] 本章主要内容发表于《科学学研究》2024年第8期。

第一，工资/机械设备价格比变化对企业资本/劳动比变化影响的计量模型为：

$$\ln KL_{it} = \alpha_0 + \alpha_1 \ln wp_{it} + \alpha_2 X_{it} + \alpha_3 Z_{it} + \lambda_i + \delta_t + \varepsilon_{it} \quad (6.1)$$

其中，下标 i 和 t 分别对应企业和年份。

计量模型（6.1）的被解释变量为 $\ln KL_{it}$，表示企业 i 在 t 年的资本/劳动比，其中，资本始终指当年企业生产投入的机械设备期末余额，而非通常意义的固定资产总额，劳动指当年企业员工总数。

核心解释变量为 $\ln wp_{it}$，表示企业 i 在 t 年的劳动/资本要素价格比值，本书采用人均薪酬/机械设备价格比值来衡量。本书重点关注要素价格比前系数 α_1 的大小、符号，若 $\alpha_1 > 0$，验证本书假设，即要素价格比增加导致企业引进先进机械设备，资本/劳动比提高，进而提高劳动生产率。

与计量模型（4.1）和模型（4.2）相同，控制变量包括企业特征变量 X_{it}、行业特征变量和地区特征变量 Z_{it}，衡量指标如上文，不再赘述。

λ_i 和 δ_t 分别表示控制企业个体层面不可观测变量的个体固定效应和存在外生冲击的时间固定效应。ε_{it} 为随机扰动项，服从正态分布，满足白噪声条件，用来刻画其他非特异性因素。

第二，企业机械设备/就业人数比变化对雇佣人数影响的计量模型为：

$$\ln L_{it} = \alpha_0 + \alpha_1 \ln L_{it-1} + \alpha_2 \ln KL_{it} + \alpha_3 \ln wage_{it} + \alpha_4 \ln Pe_{it} + \alpha_5 \ln Y_{it}$$
$$+ \alpha_6 X_{it} + \alpha_7 Z_{it} + \lambda_i + \delta_t + \varepsilon_{it} \quad (6.2)$$

其中，下标 i 和 t 分别对应企业和年份。

计量模型（6.2）的被解释变量为 $\ln L_{it}$，表示企业 i 在 t 年雇佣的员工总数。

核心解释变量包括被解释变量的一阶滞后项 $\ln L_{i,t-1}$，表示企业 i 在 $t-1$ 年雇佣的员工总数。资本/劳动比 $\ln KL_{it}$，表示企业 i 在 t 年投入的机械设备总额与雇佣员工总数比值，本书重点关注资本/劳动比前系数 α_2 的大小、符号，若 $\alpha_2 < 0$，验证本书假设，即资本/劳动比提高会挤占就业，但不能一概而论，需从企业异质性角度出发，考察因异质性导致的差异。如企业所属行业不同、要素密集度不同、企业属性不同、所处地

区不同等都会导致不同的结果,其次,资本/劳动比提高对不同工种、不同劳动力的作用程度也不尽相同,本书将在实证检验中充分论证。

其他解释变量包括要素价格[①]人均薪酬 $lnwage_{it}$、机械设备价格 $lnPe_{it}$、企业总产出 lnY_{it}。控制变量包括企业特征变量 X_{it}、行业特征变量和地区特征变量 Z_{it} 三种类型,与上文所述大多重合,不再赘述。

λ_i 和 δ_t 分别表示控制企业个体层面不可观测变量的个体固定效应和存在外生冲击的时间固定效应。ε_{it} 为随机扰动项,服从正态分布,满足白噪声条件,用来刻画其他非特异性因素。

6.1.2 数据说明

本节仍选取筛选出的 2010 家上市企业制造业企业 2007—2019 年样本数据。因两个计量模型指标所用数据大多与 4.1 中指标重合,数据来源及数据处理方式均相同,不再详述,仅描述未提及的指标数据处理来源及处理方式。

计量模型（6.1）的被解释变量、计量模型（6.2）的核心解释变量资本/劳动比 $lnKL_{it}$,采用企业机械设备期末余额/雇佣员工总数来表示,其中,机械设备期末余额仅指上市企业年报中公布的机器设备,不包括厂房、运输设备等其他固定资产；采用实际值,使用分省市设备工器具购置的固定资产投资价格指数平减,以 2007 年为基期,计算实际机器设备期末余额。

计量模型（6.2）的被解释变量 lnL_{it},采用企业每年雇佣的员工总数。

表 6-1 总结了计量模型（6.1）和模型（6.2）所用指标、数据处理及来源情况,具体如表 6-1 所示。

表6-1　　　　各计量指标解释及数据来源汇总

指标类型	指标名称	计算方法	数据来源
被解释变量	资本/劳动比（$lnKL_{it}$）	机械设备期末余额实际值/雇佣人数	Wind 数据库-股票数据浏览器-公司资料、国泰君安数据库
	企业雇佣人数（lnL_{it}）	企业员工总数	Wind 数据库-股票数据浏览器-公司资料

[①] 此处分别使用资本、劳动两种要素价格,而非生产要素价格比,原因上文 4.1.1 中已论述。

续表

指标类型	指标名称	计算方法	数据来源
核心解释变量	生产要素价格比（$lnwp_{it}$）	人均薪酬/机械设备价格	Wind数据库－股票数据浏览器－现金流量表/公司资料
其他解释变量	工资（$lnwage_{it}$）	支付给职工以及为职工支付的现金/员工总数	Wind数据库－股票数据浏览器－现金流量表/公司资料
	机械设备价格（$lnPe_{it}$）	机器设备期末余额/生产量	1. 国泰君安数据库 2. Wind数据库－深度资料－公司公告－年度报告
	总产出（lnY_{it}）	营业总收入	Wind数据库－股票数据浏览器－报表附注
企业控制变量	企业规模报酬递增效应（$lnrs_{it}$）	主营业务收入变化/主营成本变化	Wind数据库－股票数据浏览器－报表附注
	企业规模（$lnscale_{it}$）	资产总计	Wind数据库－股票数据浏览器－报表附注
	利润率（$lnprofit_{it}$）	净利润/营业总收入	Wind数据库－股票数据浏览器－利润表/报表附注
	企业申请专利数量（$lnpatent_{it}$）	上市公司年度专利数量	Wind数据库－中国宏观数据库－科技活动－上市公司专利数据
	贸易开放程度（$lnexport_{it}$）	海外业务收入	Wind数据库－股票数据浏览器－报表附注
	政府补助（$lngov_{it}$）	政府补助	Wind数据库－股票数据浏览器－报表附注－非经常性损益
	资产负债率（$lnde_{it}$）	资产负债率	Wind数据库－股票数据浏览器－财务分析－资本结构
	企业研发投入（$lnRD_{it}$）	研发支出总额占营业收入比例	Wind数据库－股票数据浏览器－报表附注
行业控制变量	赫芬达尔－赫希曼指数（$lnHHI_{it}$）	$HHI = \sum_{i}^{N}\left(\dfrac{X_i}{X}\right)^2$	Wind数据库－股票数据浏览器－报表附注
	行业创新水平（$lnIP_{it}$）	分行业专利申请数量	Wind数据库－宏观数据库
地区控制变量	城市人均产值（$lnCGDP_{it}$）	各城市/区人均GDP	国家统计局《中国统计年鉴》
	城镇单位在岗员工平均工资（$lnCAW_{it}$）	各省市城镇单位在岗职工的平均工资	国家统计局《中国统计年鉴》

6.2 中国制造业技术进步就业效应的实证检验

6.2.1 制造业技术进步影响就业的路径选择

1. 计量模型指标说明

本节依据计量模型（6.1）检验要素价格比变大是否会促进企业引进更多先进机器设备促进技术进步。

计量模型（6.1）的被解释变量为资本/劳动比，可衡量企业技术进步。资本包括固定资本、机械设备、电子设备，不同资本的技术含量、智能化程度不同。三者的区分如表6-2所示：

表6-2　　　　　企业生产所用三类资本的区别

分类	定义	种类	技术含量	数据来源
广义固定资本（$K1$）	指企业为生产产品、提供劳务、出租或经营管理而持有的、使用时间超过1年、价值达到一定标准的非货币性资产①	房屋建筑物、机器设备、运输工具、办公设备及其他设备	含有	Wind 数据库-股票数据浏览器-报表附注
机器设备（$K2$）	指由金属或其他材料组成，由若干零部件装配，在一种或几种驱动力下完成生产、加工、运行等功能或效用的装置②	数控机床、冶金机械、运输机械、仪器仪表、紧固件、包装机、拖拉机、水污染防治设备等	一般	国泰君安数据库
电子设备（$K3$）	指由集成电路、晶体管、电子管等电子元器件组成，应用电子技术或软件发挥作用的设备③	电子计算机、由电子计算机控制的机器人、数控或程控系统	较高	国泰君安数据库

---

① 资料来源：百度百科，https：//baike.baidu.com/item/固定资产/988825？fr=aladdin。
② 资料来源：MBA智库百科，https：//wiki.mbalib.com/wiki/机器设备。
③ 资料来源：百度百科，https：//baike.baidu.com/item/电子设备/4393826？fr=aladdin。

2. 要素价格比与人均资本的实证检验结果

本节重点关注工资/机械设备价格比对资本/劳动比的影响。被解释变量为制造业企业资本/劳动投入 $\ln KL_{it}$，分别包括广义固定资产总额/雇佣人数 $\ln KL1_{it}$、机器设备总额/雇佣人数 $\ln KL2_{it}$、电子设备总额/雇佣人数 $\ln KL3_{it}$。核心解释变量为工资/机械设备价格比 $\ln wp_{it}$，重点关注 $\ln wp_{it}$ 前系数显著性及正负号。具体回归结果如表6-3所示。

表6-3 要素价格比对人均资本的回归结果

变量	(1) $\ln KL1_{it}$ OLS	(2) $\ln KL2_{it}$ OLS	(3) $\ln KL3_{it}$ OLS	(4) $\ln KL1_{it}$ FE	(5) $\ln KL2_{it}$ FE	(6) $\ln KL3_{it}$ FE
$\ln wp_{it}$	0.041** (0.005)	0.014*** (0.004)	0.033*** (0.006)		0.029* (0.018)	0.071** (0.017)
$\ln wi_{it}$				0.624*** (0.044)		
$\ln Y_{it}$				-0.082** (0.036)	-0.109*** (0.042)	-0.265*** (0.028)
$\ln rs_{it}$				0.005 (0.008)	-0.015* (0.008)	
$\ln profit_{it}$				-0.029** (0.011)	-0.034*** (0.011)	0.016 (0.025)
$\ln scale_{it}$						0.348*** (0.095)
$\ln patent_{it}$						-0.011 (0.050)
$\ln RD_{it}$				-0.011 (0.022)	-0.058** (0.027)	
$\ln gov_{it}$				0.019** (0.009)	0.016 (0.011)	0.029 (0.018)
$\ln de_{it}$				0.009 (0.030)	-0.008 (0.029)	0.072 (0.053)

续表

变量	(1) $\ln KL1_{it}$ OLS	(2) $\ln KL2_{it}$ OLS	(3) $\ln KL3_{it}$ OLS	(4) $\ln KL1_{it}$ FE	(5) $\ln KL2_{it}$ FE	(6) $\ln KL3_{it}$ FE
$\ln HHI_{it}$				0.073 (0.066)	0.029 (0.070)	0.211** (0.103)
$\ln CGDP_{it}$				0.404*** (0.069)	-0.022 (0.060)	-0.126 (0.141)
$\ln CAW_{it}$						-0.147 (0.264)
$PLS2_{it}$				-0.064*** (0.006)	0.002 (0.005)	-0.010 (0.010)
$\ln lws_{it}$				-1.023*** (0.146)	0.070 (0.154)	-0.506* (0.266)
$\ln km_{it}$				3.178*** (0.353)	-0.441 (0.326)	0.068 (0.712)
$\ln ip_{it}$				0.017 (0.076)	-0.101 (0.078)	-0.051 (0.147)
_cons	1.781*** (0.015)	2.858*** (0.014)	-0.844*** (0.018)	-36.909*** (4.510)	9.782** (4.369)	4.361 (9.931)
行业效应	不控制	不控制	不控制	控制	控制	控制
地区效应	不控制	不控制	不控制	控制	控制	控制
时间效应①	不控制	不控制	不控制	控制	控制	控制
N	13726	12124	5100	7549	6163	2753
R^2	0.0415	0.0009	0.0068	0.3296	0.1430	0.0568
F	4.16	11.01	34.81	42.16 (0)②	28.83 (0)	4.80 (0.01)

注：(1) 括号内为标准误 z 值；(2) ***、**、* 分别代表通过1%、5%、10%的显著性检验。

---

① 控制时间效应可在 xtreg 命令中加入 i.year，不采用加入 i.industry、i.area 的方式控制行业效应和地区效应，原因在于在设置面板数据命令"xtset ID year"时已经控制了个体效用，企业个体受所在行业和所在地区影响较大，控制个体效应相当于同时控制了行业效应的地区效应，故不再单独进行设置。而加入的行业、地区控制变量意在尽可能排除行业、地区的影响。

② 第（4）列、第（5）列和第（6）列 F 一栏中 0（0.01）值表示使用豪斯曼检验在处理面板数据时是采用固定效应还是随机效应，结果 P=0.000（0.01），强烈拒绝原假设："H0：ui 与 x_{it}, zi 不相关"，认为使用固定效应模型而非随机效应模型。

表 6-3 汇报了工资/机械设备价格比变化如何影响企业资本/劳动比的回归结果。第（1）列至第（3）列以核心解释变量工资/机械设备价格比对企业资本/劳动比进行简单的 OLS 回归（混合回归），未控制行业效应、地区效应和时间效应。第（1）列被解释变量为广义固定资产总额/雇佣人数，第（2）列为机械设备期末余额/雇佣人数，第（3）列为电子设备期末余额/雇佣人数。

结果显示，无论采用哪种资本形式，核心解释变量工资/机械设备价格比 $lnwp_{it}$ 前系数均能在 1%、5% 的显著水平下为正，分别为 0.041、0.014、0.033，说明工资/机械设备价格比上升会引致企业投入更多固定资产，尤其是电子设备和机械设备，验证本书命题。

更有意思的是，工资/机械设备价格比每上涨 1 个百分点，企业的人均电子设备上涨幅度高于人均机械设备的上涨幅度 0.019 个百分点，即与传统意义的机器设备相比，企业会引进更多技术含量更高的电子设备，如计算机控制的机器人或数控系统。这意味着更具智能化的生产设备将更受企业青睐，在相同条件下，企业劳动生产率会加速提高，智能化电子生产设备对劳动力的影响需引起重视。

第（4）列、第（5）列和第（6）列是以核心解释变量工资/机械设备价格比、增加企业个体特征、行业特征、地区特征控制变量集，采用固定效应模型，分别对企业固定资产总额/雇佣人数 $lnKL1_{it}$、机器设备总额/雇佣人数 $lnKL2_{it}$、电子设备总额/雇佣人数 $lnKL3_{it}$ 进行分析的固定效应回归结果，其结果同样支持本书命题：要素价格比上涨促进人均资本提高。

为保证结果稳健，第（4）列的要素价格比采用贷款实际利率 i 来替代机械设备价格 Pe，这与实际相符，企业在购置固定资产时需要银行贷款，实际利率能更贴合广义固定资产价格。该列核心解释变量工资/实际利率比 $lnwi_{it}$ 前系数在 1% 的显著水平下为正，为 0.624，即工资/实际利率比每上涨 1 个百分点，企业人均固定资产总额将上涨 0.624 个百分点，要素价格比的上涨明显诱致企业购置固定资产，引进机器设备，提高劳动生产率。

第（5）列汇报了被解释变量为机器设备总额/雇佣人数比 $\ln KL2_{it}$、核心解释变量为工资/机械设备价格比 $\ln wp_{it}$ 的回归结果。结果显示工资/机械设备价格比 $\ln wp_{it}$ 的回归系数在10%的显著水平下为正，为0.029，工资/机械设备价格比与人均机器设备额呈正相关关系，工资/机械设备价格比上涨1%将带来人均器械设备0.029%的增长，支持本书命题。

第（6）列汇报了被解释变量为电子设备总额/雇佣人数比 $\ln KL2_{it}$、核心解释变量为工资/机械设备价格比 $\ln wp_{it}$ 的回归结果。结果显示，工资/机械设备价格比 $\ln wp_{it}$ 的回归系数在5%的显著水平下为正，为0.071，工资/机械设备价格比每上涨1个百分点，将促进企业人均电子设备总额0.071个百分点上涨幅度，且上涨幅度高于人均机械设备0.042个百分点，可以认为面对相同的要素价格比变化，企业引进机器设备种类倾向技术含量高的电子设备，可加速提高劳动生产率以应对生产要素成本的变化。

综上可知，当要素价格比增加时，企业会通过改变资本/劳动投入，引进更加先进的机器设备促进技术进步，尤其倾向引进更加智能的生产设备。

工资上涨、固定资本增加已是不争事实，那么，当企业通过引进先进机器设备促进技术进步，对就业会产生何种影响？本章将进一步论证，辩证分析技术进步与就业关系。

6.2.2 制造业技术进步就业效应的基准回归

鉴于上文验证了要素价格比与人均资本的正相关关系，考虑本节所用解释变量包含人均资本、要素价格，为保证结果合理性，在进行实证前首先检验重要变量间是否存在多重共线性问题。因核心解释变量人均资本分为三类，则需分别进行三次多重共线性检验，确保每个模型中不存在多重共线性问题。

表6-4的第（1）列、第（2）列和第（3）列分别汇报了人均资本为固定资产总额/雇佣人数 $\ln KL1_{it}$、机器设备总额/雇佣人数 $\ln KL2_{it}$、电子设备总额/雇佣人数 $\ln KL3_{it}$ 计量模型中重要解释变量的方差膨胀因子

(VIF)，可以看出，各变量的方差膨胀因子取值范围为 1.01~4.43，远低于临界值 10，说明三个检验模型中的重要解释变量之间不存在显著共线性问题。

表 6-4　　　　　重要解释变量方差膨胀因子（VIF）

Variable	ln$KL1_{it}$	ln$KL2_{it}$	ln$KL3_{it}$
ln$KL1_{it}$	2.02		
ln$KL2_{it}$		1.19	
ln$KL3_{it}$			1.16
ln$wage_{it}$	1.46	1.39	1.42
ln$_{it}$	1.44		
lnPe_{it}		1.01	1.03
lnY_{it}	2.70	2.66	2.67
lnrs_{it}	1.01	1.01	1.01
ln$profit_{it}$	1.37	1.36	1.30
lnRD_{it}	1.58	1.56	1.64
lngov_{it}	1.98	1.97	1.96
lnde_{it}	1.58	1.69	1.68
lnHHI_{it}	1.39	1.38	1.43
ln$CGDP_{it}$	1.42	1.42	1.48
$PLS2_{it}$	4.43	3.58	3.73
lnlws_{it}	1.98	1.64	1.86
lnkm_{it}	3.40	3.32	3.49
lnip_{it}	1.78	1.78	1.91

重要变量之间不存在多重共线性问题，故可同时使用人均资本、工资、机械设备价格作为解释变量进行回归。

依据计量模型（6.2），考虑就业黏性（Cooper 等，2015，2018），采用动态面板数据，使用差分 GMM、系统 GMM 计量方法检验企业人均资本增加对雇佣人数的影响。被解释变量为企业雇佣人数 lnL_{it}，为保证结果稳健，核心解释变量仍分别采用固定资产总额/雇佣人数 ln$KL1_{it}$、机器设备总额/雇佣人数 ln$KL2_{it}$、电子设备总额/雇佣人数 ln$KL3_{it}$ 进行实证分析，其他解释变量包括工资 $lnwage_{it}$、机械设备价格 $lnPe_{it}$、总产出 lnY_{it}。具体回归结果如表6-5所示。

表6-5　　人均资本对企业雇佣人数影响的 GMM 回归结果

变量	(1) lnL_{it} 差分 GMM	(2) lnL_{it} 系统 GMM	(3) lnL_{it} 差分 GMM	(4) lnL_{it} 系统 GMM	(5) lnL_{it} 差分 GMM	(6) lnL_{it} 系统 GMM
$L.lnL_{it}$	0.479*** (0.142)	0.711*** (0.047)	0.769*** (0.089)	0.665*** (0.044)	0.378*** (0.120)	0.618*** (0.083)
$lnKL1_{it}$	-0.301*** (0.104)	-0.249*** (0.069)				
$lnKL2_{it}$			-0.286*** (0.077)	-0.233*** (0.057)		
$lnKL3_{it}$					-0.174** (0.084)	-0.097* (0.057)
$lnwage_{it}$	-0.319** (0.138)	-0.393*** (0.088)	-0.578*** (0.147)	-0.441*** (0.090)	-0.720*** (0.098)	-0.778*** (0.077)
ln_{it}	-0.001 (0.034)	0.009 (0.029)				
$lnPe_{it}$			-0.043 (0.056)	0.020 (0.018)	0.054 (0.074)	0.027 (0.048)
lnY_{it}	0.177* (0.106)	0.162*** (0.048)	0.168*** (0.056)	0.218*** (0.037)	0.223** (0.090)	0.268*** (0.057)
$lnrs_{it}$	0.001 (0.007)	-0.003 (0.008)	0.001 (0.005)	0.001 (0.006)	0.0001 (0.007)	-0.002 (0.007)
$lnprofit_{it}$	0.005 (0.013)	0.015* (0.008)	0.004 (0.006)	0.004 (0.006)	-0.017 (0.011)	0.011 (0.014)
$lnRD_{it}$	0.046** (0.021)	0.056*** (0.017)	0.021 (0.021)	0.037** (0.017)		
$lnexport_{it}$	0.045*** (0.012)	0.046*** (0.010)			0.032** (0.016)	0.028 (0.020)
$lngov_{it}$	0.013** (0.006)	0.007 (0.006)	0.014*** (0.005)	0.012** (0.005)	0.030*** (0.010)	0.016 (0.010)

续表

变量	(1) $\ln L_{it}$ 差分 GMM	(2) $\ln L_{it}$ 系统 GMM	(3) $\ln L_{it}$ 差分 GMM	(4) $\ln L_{it}$ 系统 GMM	(5) $\ln L_{it}$ 差分 GMM	(6) $\ln L_{it}$ 系统 GMM
$\ln de_{it}$	0.130*** (0.037)	0.134*** (0.023)	0.086*** (0.024)	0.094*** (0.024)	0.111*** (0.041)	0.041 (0.028)
$\ln HHI_{it}$	−0.058* (0.034)	−0.029 (0.032)	−0.030 (0.029)	−0.044* (0.024)	−0.026 (0.065)	0.039 (0.048)
$\ln CGDP_{it}$	−0.017 (0.042)	−0.053 (0.038)	−0.082** (0.033)	−0.066** (0.029)	0.005 (0.072)	0.012 (0.060)
$\ln CAW_{it}$	0.093 (0.061)	0.085 (0.054)	−0.026 (0.051)	0.023 (0.043)	0.107 (0.128)	−0.0003 (0.089)
$\ln lws_{it}$	−0.145 (0.090)	−0.162** (0.067)	−0.166** (0.077)	−0.044 (0.067)	0.063 (0.154)	−0.057 (0.136)
$PLS2_{it}$	−0.003 (0.003)	−0.002 (0.003)	0.002 (0.002)	0.002 (0.002)	0.0005 (0.004)	0.001 (0.004)
$\ln km_{it}$	0.167 (0.202)	0.071 (0.052)	−0.217 (0.217)	−0.021 (0.075)	−0.138 (0.406)	−0.115 (0.083)
$\ln ip_{it}$	0.099*** (0.035)	0.115*** (0.030)	0.003 (0.033)	0.027 (0.025)	0.106** (0.051)	0.147*** (0.031)
行业效应	控制	控制	控制	控制	控制	控制
地区效应	控制	控制	控制	控制	控制	控制
N	3072	4887	3475	5402	1049	1578
AR(2)	0.2722	0.2136	0.1013	0.8608	0.5393	0.2968
Sargan-p	0.1098	0.3382	0.7566	0.1199	0.3240	0.7594
工具变量	L(2/2).lnL;L(2/2).l2.lnKL1;L(2/2).lnY;L(2/2).lnwage;L(2/2).l2.lni	L(2/2).lnL;L(2/2).L.lnKL2;L(2/2).lnY;L(2/2).l2.lnwage;L(2/2).lnPe	L(2/2).lnL;L(2/2).l2.lnKl3;L(2/2).lnY;L(2/2).l2.lnwage;L(2/2).l2.lnPe	L(2/2).lnL;L(2/3).l2.lnKl3;L(2/2).lnY;L(2/2).l3.lnwage;L(2/2).l2.lnPe

注：（1）括号内为标准误z值；（2）***、**、*分别代表通过1%、5%、10%的显著性检验；（3）AR（2）表示扰动项的差分不存在二阶自相关（每个模型的扰动项均存在一阶自相关），意味着接受原假设"扰动项$\{\varepsilon_{it}\}$无自相关"，可以使用差分GMM、系统GMM计量方法；（4）Sargan-p表示无法拒绝"所有解释变量均有效"的原假设，意味着选取的工具变量均有效。

差分 GMM 的缺陷在于消除了非观测截面个体效应及不随时间变化的其他变量，而系统 GMM 计量方法往往更有效率，也可估计不随时间变化变量的系数，因此，本书仅介绍系统 GMM 计量方法估计结果，差分 GMM 作为稳健性检验存在。表 6-5 第（2）列、第（4）列和第（6）列分别汇报了核心解释变量为人均固定资产 $lnKL1_{it}$、人均机器设备 $lnKL2_{it}$、人均电子设备 $lnKL3_{it}$ 对制造业企业雇佣人数 lnL_{it} 影响的系统 GMM 计量回归结果。结果均支持理论 3.3 命题：人均资本增加会遏制企业雇佣员工，即诱致性技术进步对制造业就业产生负向影响。

并且，结果显示企业雇佣人数存在就业黏性，雇佣人数一阶滞后项 $L.lnKL1_{it}$ 前系数显著为正，分别为 0.711、0.665、0.618。核心解释变量 $lnKL1_{it}$、$lnKL2_{it}$、$lnKL3_{it}$ 前系数分别在 1%、10% 的显著水平为负，分别为 -0.249、-0.233、-0.097，说明人均固定资产总额、人均机器设备总额、人均电子设备总额每增加 1%，企业雇佣人数将分别减少 0.249%、0.233%、0.097%。即制造业诱致性技术进步的确会减少就业，但随着生产设备智能化程度提高，对就业的排斥减弱。

若仅以上述结论作为"技术进步吞噬就业"的论据过于武断，经验分析需注重全面性、辩证性。因此，本书根据企业异质性，探索技术进步对不同企业就业影响的差异，并从差异中寻找促进制造业技术进步、"稳就业"的平衡点。

6.2.3 横向维度：异质性分析

横向维度，本书充分考虑制造业企业异质性带来的检验结果差异，将从企业所在行业分类、是否国有、是否出口、地理位置等方面分析。

1. 异质性分析之一：行业属性

（1）不同要素密集度。根据企业所属行业的要素密集度不同，设置要素密集度哑变量 Di，D1 = 1 代表劳动密集型，D2 = 1 代表资本密集型，D3 = 1 代表技术密集型。本书仅采用系统 GMM 计量方法检验三种类型人均资本变化对就业产生何种影响。具体检验结果如表 6-6 所示。

表 6–6　异质性分析：要素密集度（系统 GMM 估计结果）

变量	人均固定资产总额 KL1			人均机器设备总额 KL2			人均电子设备总额 KL3		
	(1) $\ln L_{it}$ 劳动密集	(2) $\ln L_{it}$ 资本密集	(3) $\ln L_{it}$ 技术密集	(4) $\ln L_{it}$ 劳动密集	(5) $\ln L_{it}$ 资本密集	(6) $\ln L_{it}$ 技术密集	(7) $\ln L_{it}$ 劳动密集	(8) $\ln L_{it}$ 资本密集	(9) $\ln L_{it}$ 技术密集
$L.\ln L_{it}$	0.560*** (0.046)	0.820*** (0.070)	0.870*** (0.138)	0.717*** (0.052)	0.649*** (0.039)	0.563*** (0.041)	0.682*** (0.068)	0.706*** (0.094)	0.518*** (0.069)
$\ln KL1_{it}$	−0.100*** (0.019)	−0.082*** (0.020)	−0.113*** (0.030)						
$D1 \times \ln KL1_{it}$	−0.184* (0.107)								
$D2 \times \ln KL1_{it}$		0.045* (0.026)							
$D3 \times \ln KL1_{it}$			0.059* (0.032)						
$\ln KL2_{it}$				−0.109*** (0.033)	−0.175*** (0.027)	−0.139*** (0.023)			
$D1 \times \ln KL2_{it}$				−0.376** (0.168)					
$D2 \times \ln KL2_{it}$					0.038*** (0.013)				

续表

	人均固定资产总额 KL1			人均机器设备总额 KL2			人均电子设备总额 KL3		
变量	(1) $\ln L_{it}$ 劳动密集	(2) $\ln L_{it}$ 资本密集	(3) $\ln L_{it}$ 技术密集	(4) $\ln L_{it}$ 劳动密集	(5) $\ln L_{it}$ 资本密集	(6) $\ln L_{it}$ 技术密集	(7) $\ln L_{it}$ 劳动密集	(8) $\ln L_{it}$ 资本密集	(9) $\ln L_{it}$ 技术密集
$D3 \times \ln KI2_{it}$						0.038** (0.016)			
$\ln KI3_{it}$							-0.060** (0.028)	-0.052** (0.024)	-0.151*** (0.054)
$D1 \times \ln KI3_{it}$							-0.178* (0.097)		
$D2 \times \ln KI3_{it}$								0.081** (0.038)	
$D3 \times \ln KI3_{it}$									0.112* (0.067)
$\ln wage_{it}$	-0.619*** (0.089)	-0.808*** (0.089)	-0.801*** (0.074)	-0.519*** (0.085)	-0.504*** (0.069)	-0.525*** (0.084)	-0.434*** (0.076)	-0.856*** (0.110)	-0.442*** (0.104)
$\ln Pe_{it}$	-0.003 (0.032)	0.005 (0.040)	0.010 (0.052)	0.101** (0.049)	0.036 (0.040)	0.037 (0.032)	0.011 (0.020)	0.114* (0.061)	0.049 (0.043)
$\ln Y_{it}$	0.253*** (0.035)	0.306*** (0.055)	0.235*** (0.060)	0.222*** (0.040)	0.229*** (0.030)	0.102** (0.040)	0.238*** (0.046)	0.479*** (0.090)	0.206*** (0.065)

续表

变量	人均固定资产总额 KL1			人均机器设备总额 KL2			人均电子设备总额 KL3		
	(1) $\ln L_{it}$ 劳动密集	(2) $\ln L_{it}$ 资本密集	(3) $\ln L_{it}$ 技术密集	(4) $\ln L_{it}$ 劳动密集	(5) $\ln L_{it}$ 资本密集	(6) $\ln L_{it}$ 技术密集	(7) $\ln L_{it}$ 劳动密集	(8) $\ln L_{it}$ 资本密集	(9) $\ln L_{it}$ 技术密集
控制变量①	控制	控制	控制	控制	控制	控制	控制	控制	控制
行业效应	控制	控制	控制	控制	控制	控制	控制	控制	控制
地区效应	控制	控制	控制	控制	控制	控制	控制	控制	控制
N	5630	5923	4424	4794	5765	5926	1900	1959	1643
AR(2)	0.8763	0.6994	0.1961	0.1037	0.3256	0.6383	0.8799	0.5124	0.9082
Sargan-p	0.3374	0.0742	0.3250	0.2031	0.1854	0.0525	0.1279	0.0767	0.0943
工具变量	L(2/2). $\ln L$; L(2/2). $\ln L$; L(2/2). $\ln L$; L(2/2). $\ln L$; L(2/2). $\ln L$; L(2/2). $\ln L$; L(2/5). $\ln L$; L(2/4). $\ln L$; L(2/2). L. D1KL1; L(2/2). L. D2KL1; L(2/2). D3KL1; L(2/2). L2. D1KL2; L(2/2). L2. D2KL2; L(2/2). L2. D3KL2; L(2/3). L. D1KL3; L(2/2). D2KL3; L(2/4). L3. D3KL3; L(2/2). $\ln Y$; L(2/2). $\ln Y$; L(2/2). $\ln Y$; L(2/2). $\ln Y$; L(2/2). $\ln Y$; L(2/2). $\ln Y$; L(2/2). $\ln Y$; L(2/2). L2. $\ln Y$; L(2/2). $\ln Y$; L(2/2). L2. $\ln wage$; L(2/2). L. $\ln wage$; L(2/2). L3. $\ln wage$; L(2/2). L. $\ln wage$; L(2/2). L. $\ln wage$; L(2/2). L3. $\ln wage$; L(2/2). $\ln wage$; L(2/2). $\ln wage$; L(2/2). $\ln wage$; L(2/2). L2. $\ln Pe$ L(2/2). L2. $\ln Pe$ L(2/2). L3. $\ln Pe$ L(2/3). L. $\ln Pe$ L(2/2). L. $\ln Pe$ L(2/2). L2. $\ln Pe$ L(2/2). $\ln Pe$ L(2/2). L3. $\ln Pe$ L(2/2). L3. $\ln Pe$

注：(1) 括号内为标准误 z 值；(2) ***、**、* 分别代表通过 1%、5%、10% 的显著性检验；(3) AR(2) 表示扰动项的差分不存在二阶自相关（每个模型的扰动项均存在一阶自相关），证明扰动项 $\{\varepsilon_{it}\}$ 无自相关，可使用系统 GMM 计量方法；(4) Sargan-p 值表示无法拒绝"所有解释变量均有效"的原假设，意味着选取的工具变量均有效。

① 控制变量与表 6-5 基本相同，在此不再一一列出。

表 6-6 汇报了引进不同固定资本,不同要素密集度的制造业技术进步对就业的作用结果。

第(1)列至第(3)列结果显示,第(1)列劳动密集型与固定资产总额/雇佣人数交互项 $D1 \times \ln KL1_{it}$ 前系数显著为负,为 -0.184,说明劳动密集型制造业人均固定资产总额每增加 1 个百分点,对就业排斥作用加强了 0.184 个百分点。相反地,第(2)列中资本密集型与固定资产总额/雇佣人数交互项 $D2 \times \ln KL1_{it}$ 前系数显著为正,为 0.045,意味着资本密集型制造业增加固定资本投入会促进就业。第(3)列技术密集型与固定资产总额/雇佣人数交互项 $D3 \times \ln KL1_{it}$ 前系数也显著为正,为 0.059,说明当技术密集型制造业企业人均固定资产每增加 1 单位,对就业的排斥将减少 0.059 个单位。由此,可认为随着固定资本的增加,劳动密集型制造业排斥就业,而资本密集型、技术密集型制造业会弱化就业排斥力度,促进就业增长。

第(4)列至第(6)列结果显示,劳动密集型与机器设备总额/雇佣人数交互项 $D1 \times \ln KL2_{it}$ 前系数显著为负,为 -0.376,说明劳动密集型制造业人均机器设备总额每增加 1 个百分点,对企业雇佣人数的负向作用将加强 0.376 个百分点。而资本密集型与机器设备总额/雇佣人数交互项 $D2 \times \ln KL2_{it}$、技术密集型与机器设备总额/雇佣人数交互项 $D3 \times \ln KL2_{it}$ 前系数均显著为正,均为 0.038,说明资本密集型、技术密集型制造业企业增加机器设备投入会促进就业。

第(7)列至第(9)列结果显示,劳动密集型与电子设备总额/雇佣人数交互项 $D1 \times \ln KL3_{it}$ 前系数仍显著为负,而资本密集型、技术密集型与电子设备总额/雇佣人数交互项 $D2 \times \ln KL3_{it}$、$D3 \times \ln KL3_{it}$ 前系数均显著为正,说明增加电子设备投入诱致的技术进步会排斥劳动密集型制造业就业,促进资本密集型、技术密集型制造业就业。

综上,随人均固定资产、人均机器设备、人均电子设备增加,劳动密集型制造业排斥就业,而资本密集型、技术密集型制造业促进就业。据此,可合理质疑"技术进步吞噬就业",为正确认识技术进步与就业间关系提供辩证视角。

（2）是否属于装备制造业、高端制造业。根据企业所属行业类型不同，本书分别设置装备制造业哑变量 ZB、高端制造业哑变量 GD，检验不同行业、核心解释变量分别为固定资产总额/雇佣人数 $\ln KL1_{it}$、机器设备总额/雇佣人数 $\ln KL2_{it}$、电子设备总额/雇佣人数 $\ln KL3_{it}$ 对制造业企业雇佣人数 $\ln L_{it}$ 的影响是否存在差异。仍采用系统 GMM 估计方法，具体检验结果如表 6-7 所示。

表 6-7　异质性分析：装备制造业、高端制造业（系统 GMM 估计）

变量	装备制造业 (1) $\ln L_{it}$	(2) $\ln L_{it}$	(3) $\ln L_{it}$	高端制造业 (4) $\ln L_{it}$	(5) $\ln L_{it}$	(6) $\ln L_{it}$
$L.\ln L_{it}$	0.843*** (0.093)	0.836*** (0.068)	0.369*** (0.121)	0.951*** (0.086)	0.931*** (0.081)	0.318*** (0.104)
$\ln KL1_{it}$	-0.105*** (0.027)			-0.108** (0.046)		
$\ln KL2_{it}$		-0.079*** (0.018)			-0.059** (0.025)	
$\ln KL3_{it}$			-0.132** (0.056)			-0.228* (0.122)
$ZB \times \ln KL1_{it}$	0.080** (0.034)					
$ZB \times \ln KL2_{it}$		0.059*** (0.020)				
$ZB \times \ln KL3_{it}$			0.150** (0.081)			
$GD \times \ln KL1_{it}$				0.089* (0.054)		
$GD \times \ln KL2_{it}$					0.039* (0.024)	
$GD \times \ln KL3_{it}$						0.263* (0.150)
$\ln wage_{it}$	-0.921*** (0.078)	-0.959*** (0.122)	-0.612*** (0.103)	-0.955*** (0.094)	-0.891*** (0.102)	-0.629*** (0.101)

续表

变量	装备制造业			高端制造业		
	(1) $\ln L_{it}$	(2) $\ln L_{it}$	(3) $\ln L_{it}$	(4) $\ln L_{it}$	(5) $\ln L_{it}$	(6) $\ln L_{it}$
$\ln Pe_{it}$	0.033 (0.050)	0.024 (0.036)	−0.018 (0.042)	0.033 (0.043)	0.059 (0.050)	−0.006 (0.052)
$\ln Y_{it}$	0.294*** (0.062)	0.305*** (0.061)	0.345*** (0.087)	0.271*** (0.069)	0.276*** (0.077)	0.393*** (0.097)
控制变量①	控制	控制	控制	控制	控制	控制
行业效应	控制	控制	控制	控制	控制	控制
地区效应	控制	控制	控制	控制	控制	控制
N	4986	5250	2113	4914	4359	2107
AR (2)	0.2328	0.1117	0.3279	0.0913	0.7233	0.2701
Sargan−p	0.1343	0.1149	0.1330	0.3679	0.1369	0.1831
工具变量	L(2/2). lnL; L(2/2). ZBKL1; L(2/2). L3. lnY; L(2/2). L2. lnwage; L(2/2). L3. lnPe	L(2/2). lnL; L(2/2). ZBKL2; L(2/2). L3. lnY; L(2/2). L2. lnwage; L(2/2). L2. lnPe	L(2/2). lnL; L(2/2). ZBKL3; L(2/2). L3. lnY; L(2/3). lnwage; L(2/3). L3. lnPe	L(2/2). lnL; L(2/2). GDKL1; L(2/2). L3. lnY; L(2/2). L3. lnwage; L(2/2). L3. lnPe	L(2/2). lnL; L(2/2). GDKL2; L(2/4). L3. lnY; L(2/3). L3. lnwage; L(2/2). L3. lnPe	L(2/2). lnL; L(2/2). GDKL3; L(2/2). L4. lnY; L(2/2). lnwage; L(2/3). L3. lnPe

注：(1) 括号内为标准误 z 值；(2) ***、**、*分别代表通过 1%、5%、10% 的显著性检验；(3) AR (2) 表示扰动项的差分不存在二阶自相关（每个模型的扰动项均存在一阶自相关），证明扰动项 $\{\varepsilon_{it}\}$ 无自相关，可使用系统 GMM 计量方法；(4) Sargan−p 值表示无法拒绝"所有解释变量均有效"原假设，说明选取的工具变量均有效。

首先，分析装备制造业企业情况。表 6−7 的第 (1) 列至第 (3) 列结果显示，核心解释变量 $\ln KL1_{it}$、$\ln KL2_{it}$、$\ln KL3_{it}$ 前系数均显著为负，分别为 −0.105、−0.079、−0.132，支持上文结论，即引进固定资本式技术进步会挤占就业份额。但是，装备制造业与三类人均资本交互项 $ZB \times \ln KL1_{it}$、$ZB \times \ln KL2_{it}$、$ZB \times \ln KL3_{it}$ 前系数均显著为正，分别为 0.080、0.059、0.150，说明装备制造业企业依托引进固定资本的技术进步可促进就业增长，且引进电子设备对就业的促进作用最强。

其次，分析高端制造业企业情况。第 (4) 列至第 (6) 列显示，核心解释变量 $\ln KL1_{it}$、$\ln KL2_{it}$、$\ln KL3_{it}$ 前系数均显著为负，分别为 −0.108、

---

① 控制变量与表 6−5 基本相同，在此不再一一列出。

−0.059、−0.228，说明引进固定资本式技术进步会挤占就业份额。但是，高端制造业与三类人均资本交互项 $GD \times \ln KL1_{it}$、$GD \times \ln KL2_{it}$、$GD \times \ln KL3_{it}$ 前系数均显著为正，分别为 0.089、0.039、0.263，说明相较非高端制造业，高端制造业引进固定资本对就业存在促进作用，尤其是引进电子设备，就业增长最多，为 0.263 个百分点。

综上，企业要素密集度不同、行业属性不同，诱致性技术进步对就业的影响存在差异，本书认为存在差异的原因是资本密集型、技术密集型制造业、装备制造业、高端制造业的资本—劳动弹性更加稳定，尤其对高技能劳动力需求随机器设备、电子设备的增加而增加，形成资本—高技能互补。而劳动密集型、非装备制造业、非高端制造业的生产方式多为流水线生产，对技能劳动力需求较弱，资本投入可挤占非技能劳动力就业份额，形成资本—低技能替代。本书将在下节进一步论证。

2. 异质性分析之二：企业属性

除行业异质性，本书还考虑到企业个体存在的异质性，如是否国有、是否出口，设置国有企业哑变量 GY、出口企业哑变量 CK，采用系统 GMM 计量方法检验资本引进式技术进步对不同企业影响存在的差别。GY=1，表示企业属于国有企业，CK=1 表示企业出口，存在海外业务收入。具体实证结果如表 6-8 所示。

表 6-8　异质性分析：是否为国有、是否出口（系统 GMM 估计）

变量	是否为国有			是否出口		
	(1) $\ln L_{it}$	(2) $\ln L_{it}$	(3) $\ln L_{it}$	(4) $\ln L_{it}$	(5) $\ln L_{it}$	(6) $\ln L_{it}$
$L.\ln L_{it}$	0.929*** (0.095)	0.922*** (0.081)	0.653*** (0.125)	1.026*** (0.082)	0.954*** (0.065)	0.725*** (0.118)
$\ln KL1_{it}$	−0.087*** (0.029)			−0.086** (0.039)		
$\ln KL2_{it}$		−0.091*** (0.033)			−0.074** (0.029)	
$\ln KL3_{it}$			−0.071*** (0.026)			−0.126** (0.063)

续表

变量	是否为国有			是否出口		
	（1）$\ln L_{it}$	（2）$\ln L_{it}$	（3）$\ln L_{it}$	（4）$\ln L_{it}$	（5）$\ln L_{it}$	（6）$\ln L_{it}$
$GY \times \ln KL1_{it}$	0.060 * (0.037)					
$GY \times \ln KL2_{it}$		0.058 ** (0.025)				
$GY \times \ln KL3_{it}$			0.116 * (0.061)			
$CK \times \ln KL1_{it}$				0.064 * (0.038)		
$CK \times \ln KL2_{it}$					0.035 * (0.018)	
$CK \times \ln KL3_{it}$						0.125 * (0.069)
$\ln wage_{it}$	-0.684 *** (0.092)	-0.801 *** (0.118)	-0.744 *** (0.099)	-0.800 *** (0.107)	-0.867 *** (0.090)	-0.819 *** (0.143)
$\ln Pe_{it}$	0.060 (0.045)	0.057 (0.059)	0.150 *** (0.057)	0.024 (0.047)	0.056 (0.047)	0.134 (0.048)
$\ln Y_{it}$	0.421 *** (0.070)	0.271 *** (0.084)	0.564 *** (0.100)	0.250 *** (0.067)	0.261 *** (0.066)	0.578 *** (0.082)
控制变量①	控制	控制	控制	控制	控制	控制
行业效应	控制	控制	控制	控制	控制	控制
地区效应	控制	控制	控制	控制	控制	控制
N	4073	4359	1963	4073	4359	1963
AR（2）	0.1389	0.6525	0.6135	0.1058	0.5184	0.4862
Sargan – p	0.1378	0.0772	0.0737	0.7129	0.0819	0.0607
工具变量	L(2/2). lnL; L(2/2). GYKL1; L(2/4). l2. lnY; L(2/4). l3. lnwage; L(2/4). l4. lnPe	L(2/2). lnL; L(2/2). GYKL2; L(2/4). l3. lnY; L(2/3). l3. lnwage; L(2/2). l3. lnPe	L(2/2). lnL; L(2/2). GYKL3; L(2/2). l2. lnY; L(2/2). l2. lnwage; L(2/2). lnPe	L(2/2). lnL; L(2/2). CKKL1; L(2/4). l2. lnY; L(2/3). l3. lnwage; L(2/4). l4. lnPe	L(2/2). lnL; L(2/2). CKKL2; L(2/4). l3. lnY; L(2/2). l3. lnwage; L(2/2). l3. lnPe	L(2/2). lnL; L(2/2). CKKL3; L(2/2). l2. lnY; L(2/2). l2. lnwage; L(2/2). l3. lnPe

注：（1）括号内为标准误z值；（2）***、**、*分别代表通过1%、5%、10%的显著性检验；（3）AR（2）表示扰动项的差分不存在二阶自相关（每个模型的扰动项均存在一阶自相关），证明扰动项 $\{\varepsilon_{it}\}$ 无自相关，可使用系统GMM计量方法；（4）Sargan – p 值表示无法拒绝"所有解释变量均有效"原假设，说明选取的工具变量均有效。

---

① 控制变量与表6-5基本相同，在此不再一一列出。

表6-8的第（1）列至第（3）列汇报了国有企业交互项 $GY \times \ln KL1_{it}$、$GY \times \ln KL2_{it}$、$GY \times \ln KL3_{it}$ 的回归结果。交互项系数显著为正，分别为0.060、0.058、0.116，说明相较其他企业，国有企业每增加1单位的固定资产、机器设备、电子设备，可促进就业增长0.060个、0.058个、0.116个百分点，尤其是引进电子设备对就业的促进作用最强。国有企业在生产经营过程中除具有一般民营企业的盈利目的外，还肩负一定的社会责任，如稳定就业，因此，在就业问题上会更有担当，不会轻易辞退员工。

第（4）列至第（6）列汇报了企业是否出口对估计结果产生的影响。结果显示，出口企业与核心解释变量的交互项 $CK \times \ln KL1_{it}$、$CK \times \ln KL2_{it}$、$CK \times \ln KL3_{it}$ 的系数显著为正，分别为0.064、0.035、0.125，说明对于出口企业，引进先进设备可促进就业，尤其是引进更加智能的电子设备。

综上可知，制造业企业中的国有企业、出口企业引进先进设备对就业并不会产生威胁，反而促进就业。这为打破"技术进步吞噬就业"固有认知提供新的证据。

3. 异质性分析之三：地理位置

除行业、个体异型性，本书考虑到企业所处地理位置不同也会影响到回归结果。设置地理位置哑变量 DQi，$DQ1=1$ 表示企业处于我国东部地区，$DQ2=1$ 表示企业处于我国中部地区，$DQ3=1$ 表示企业处于我国西部地区。仍采用系统GMM计量方法检验，回归结果如表6-9所示。

表6-9的第（1）列至第（3）列汇报东部地区制造业情况。结果显示，东部地区与三类人均资本交互项 $DQ1 \times \ln KL1_{it}$、$DQ1 \times \ln KL2_{it}$、$DQ1 \times \ln KL3_{it}$ 的系数显著为正，分别为0.076、0.031、0.179，说明东部地区的制造业企业引进先进机器设备会弱化技术进步对就业的冲击，引进电子设备对就业的促进作用最强。

第（4）列至第（6）列汇报中部地区制造业情况。结果显示，当人均资本为固定资产总额/雇佣人数 $\ln KL1_{it}$、机器设备期末余额/雇佣人数时 $\ln KL2_{it}$，其交互项系数显著为负，分别为-0.354、-0.039，意味着

表6-9　异质性分析：地理位置（系统 GMM 估计）

变量	东部地区 (1) $\ln L_{it}$	东部地区 (2) $\ln L_{it}$	东部地区 (3) $\ln L_{it}$	中部地区 (4) $\ln L_{it}$	中部地区 (5) $\ln L_{it}$	中部地区 (6) $\ln L_{it}$	西部地区 (7) $\ln L_{it}$	西部地区 (8) $\ln L_{it}$	西部地区 (9) $\ln L_{it}$
$L.\ln L_{it}$	0.809*** (0.082)	0.696*** (0.079)	0.797*** (0.139)	0.717*** (0.075)	0.800*** (0.090)	0.618*** (0.096)	0.892*** (0.077)	0.882*** (0.126)	0.897*** (0.123)
$\ln KL1_{it}$	−0.138*** (0.035)	−0.108*** (0.023)		−0.074*** (0.019)			−0.065*** (0.016)		
$\ln KL2_{it}$			−0.088* (0.049)		−0.053** (0.025)			−0.070** (0.031)	
$\ln KL3_{it}$						−0.093*** (0.035)			−0.029* (0.016)
$DQ1 \times \ln KL1_{it}$	0.076* (0.045)								
$DQ1 \times \ln KL2_{it}$		0.031* (0.018)							
$DQ1 \times \ln KL3_{it}$			0.179** (0.074)						
$DQ2 \times \ln KL1_{it}$				−0.354* (0.195)					

续表

变量	东部地区 (1) $\ln L_{it}$	东部地区 (2) $\ln L_{it}$	东部地区 (3) $\ln L_{it}$	中部地区 (4) $\ln L_{it}$	中部地区 (5) $\ln L_{it}$	中部地区 (6) $\ln L_{it}$	西部地区 (7) $\ln L_{it}$	西部地区 (8) $\ln L_{it}$	西部地区 (9) $\ln L_{it}$
$DQ2 \times \ln KI2_{it}$					-0.039* (0.023)				
$DQ2 \times \ln KI3_{it}$						0.093* (0.054)			
$DQ3 \times \ln KI1_{it}$							0.069* (0.039)		
$DQ3 \times \ln KI2_{it}$								0.225* (0.123)	
$DQ3 \times \ln KI3_{it}$									0.082* (0.043)
$\ln wage_{it}$	-0.752*** (0.083)	-0.736*** (0.102)	-0.965*** (0.141)	-0.713*** (0.097)	-0.967*** (0.134)	-0.392*** (0.106)	-0.802*** (0.076)	-0.717*** (0.091)	-0.841*** (0.121)
$\ln Pe_{it}$	0.041 (0.041)	0.065* (0.037)	0.093* (0.054)	0.047 (0.035)	0.037 (0.049)	-0.049 (0.056)	0.0004 (0.014)	0.059 (0.044)	0.051 (0.053)
$\ln Y_{it}$	0.329*** (0.075)	0.285*** (0.050)	0.502*** (0.084)	0.258*** (0.050)	0.256*** (0.066)	0.240*** (0.068)	0.262*** (0.040)	0.369*** (0.054)	0.451*** (0.068)

第6章 中国制造业诱致性技术进步就业效应的实证研究 | 199

续表

变量	东部地区 (1) $\ln L_{it}$	东部地区 (2) $\ln L_{it}$	东部地区 (3) $\ln L_{it}$	中部地区 (4) $\ln L_{it}$	中部地区 (5) $\ln L_{it}$	中部地区 (6) $\ln L_{it}$	西部地区 (7) $\ln L_{it}$	西部地区 (8) $\ln L_{it}$	西部地区 (9) $\ln L_{it}$
控制变量①	控制	控制	控制	控制	控制	控制	控制	控制	控制
行业效应	控制	控制	控制	控制	控制	控制	控制	控制	控制
地区效应	控制	控制	控制	控制	控制	控制	控制	控制	控制
N	4169	5765	1600	5640	5669	2043	6866	4099	2330
AR (2)	0.0893	0.0711	0.6135	0.2064	0.0577	0.8288	0.9809	0.5493	0.2981
Sargan-p	0.2390	0.0612	0.0737	0.0766	0.2277	0.0597	0.1820	0.1892	0.2524
工具变量	L(2/2). $\ln L$; L(2/2). DQ1KL1; L(2/2). L2. $\ln Y$; L(2/2). L2. $\ln wage$; L(2/3). L4. $\ln Pe$	L(2/2). $\ln L$; L(2/2). DQ1KL2; L(2/2). L2. $\ln Y$; L(2/2). L2. $\ln wage$; L(2/2). L2. $\ln Pe$	L(2/2). $\ln L$; L(2/2). DQ1KL3; L(2/3). L3. $\ln Y$; L(2/2). L. $\ln wage$; L(2/2). L2. $\ln Pe$	L(2/2). $\ln L$; L(2/2). L. DQ2KL1; L(2/2). L2. $\ln Y$; L(2/2). L. $\ln wage$; L(2/2). L2. $\ln Pe$	L(2/2). $\ln L$; L(2/2). DQ2KL2; L(2/2). L3. $\ln Y$; L(2/2). L4. $\ln wage$; L(2/2). L. $\ln Pe$	L(2/2). $\ln L$; L(2/2). L. DQ2KL3; L(2/2). L. $\ln Y$; L(2/2). $\ln wage$; L(2/2). L. $\ln Pe$	L(2/2). $\ln L$; L(2/2). L. DQ3KL1; L(2/2). L2. $\ln Y$; L(2/3). L2. $\ln wage$; L(2/2). L3. $\ln Pe$	L(2/2). $\ln L$; L(2/2). L. DQ3KL2; L(2/2). L. $\ln Y$; L(2/2). L2. $\ln wage$; L(2/2). L2. $\ln Pe$	L(2/2). $\ln L$; L(2/2). DQ3KL3; L(2/2). L. $\ln Y$; L(2/2). L. $\ln wage$; L(2/2). $\ln Pe$

注：(1) 括号内为标准误 z 值；(2) ***、**、* 分别代表通过1%、5%、10%的显著性检验；(3) AR (2) 表示扰动项的差分不存在二阶自相关（每个模型的扰动项均存在一阶自相关），证明扰动项 $\{\varepsilon_{it}\}$ 无自相关，可使用系统GMM计量方法；(4) Sargan-p 值表示无法拒绝"所有解释变量均有效"原假设，说明选取的工具变量均有效。

① 控制变量与表6-5基本相同，在此不再一一列出。

当人均固定资产、人均机器设备增加时，中部地区制造业企业会进一步加剧排斥劳动力；但人均电子设备 $\ln KL3_{it}$ 与中部地区的交互项前系数却显著为正，为 0.093，说明引进技术含量较高的电子设备，中部地区制造业不排斥就业。因此，在稳就业的前提下应多引进先进电子设备促进中部地区制造业升级。

第（7）列至第（9）列汇报西部地区制造业情况。结果与东部地区相同，西部地区制造业企业人均固定资产、人均机器设备、人均电子设备每增加 1 单位，挤占就业的作用程度将被弱化 0.069 个、0.225 个、0.082 个百分点，说明相较其他地区，西部地区引进固定资本促进制造业技术进步的同时可实现就业增长。

综上可知，制造业技术进步并不一定吞噬就业，如资本密集型、技术密集型、装备制造业、高端制造业等通过投入先进机器设备促进技术进步时，反而促进就业。国有、出口制造业、东部地区制造业增加机器设备投入同样可促进就业。并且，随着生产设备更加智能或技术进步更加智能，对制造业就业变得更加友好。

6.2.4　纵向维度：趋势性分析

上文从横向维度即制造业企业异质性角度分析资本/劳动比提高对就业的不同影响，本节将从纵向维度考察随时间推移，人均固定资本、人均机器设备、人均电子设备增加对制造业就业的影响是否发生变化。

1. 基准回归

本书以 2015 年为时间节点设置时间哑变量，用于判断趋势性变化。原因有三：（1）虽一直提及促进制造业技术进步，要与"人工智能"深度融合，但人工智能迅猛发展并应用于制造业主要发生在 2015 年之后，标志性事件为 2015 年工信部发布智能制造试点示范企业名单，发挥制造业示范作用；2011 年德国提出工业 4.0 概念后，我国在 2015 年随即提出"中国制造业 2025"战略，核心就是实现制造业全面智能化。（2）2015 年提出的供给侧结构性改革，要求提高产品供给质量，促进产业升级，对制造业产生深远影响。结合上述两个原因，自 2015 年起，中国制造业企业纷纷开始转型，积极与人工智能深度融合。(3) 表 6-1 所示，自 2015 年开始，以城镇口径统计的制造业就业人数开始出现下降，并在 2018 年出现骤降。因此，本书选择 2015 年这个时间节点设置时间哑变量，2018 年制造业就业人数骤降，也是一个具有研究意义的时间节点，但碍于样本年限范围截至 2019 年，为保证结果稳健、结论合理，故仅选取 2015 年作为时间哑变量。

$T=1$ 表示 2015 年以后样本数据，$T=0$ 表示 2015 年及之前样本数据。仍采用系统 GMM 计量方法进行检验，估计结果如表 6-10 所示。

表 6-10　　制造业技术进步对就业影响趋势性分析的系统 GMM 估计结果

变量	人均固定资产总额 KL1 (1) $\ln L_{it}$	人均机器设备总额 KL2 (2) $\ln L_{it}$	人均电子设备总额 KL3 (3) $\ln L_{it}$
$L.\ln L_{it}$	0.532*** (0.052)	0.850*** (0.081)	0.621*** (0.121)
$\ln KL1_{it}$	-0.066*** (0.017)		
$T\times\ln KL1_{it}$	-0.012*** (0.004)		
$\ln KL2_{it}$		-0.032* (0.018)	
$T\times\ln KL2_{it}$		-0.011** (0.005)	
$\ln KL3_{it}$			-0.074*** (0.029)
$T\times\ln KL3_{it}$			-0.066** (0.028)
$\ln wage_{it}$	-0.734*** (0.088)	-0.685*** (0.092)	-0.889*** (0.117)
$\ln Pe_{it}$	-0.027 (0.038)	0.059 (0.039)	0.092 (0.057)

续表

变量	人均固定资产总额 KL1 (1) $\ln L_{it}$	人均机器设备总额 KL2 (2) $\ln L_{it}$	人均电子设备总额 KL3 (3) $\ln L_{it}$
$\ln Y_{it}$	0.334*** (0.041)	0.387*** (0.049)	0.623*** (0.077)
$\ln rs_{it}$	-0.00001 (0.006)	0.004 (0.007)	-0.001 (0.007)
$\ln profit_{it}$	-0.007 (0.006)	-0.0001 (0.007)	0.001 (0.012)
$\ln RD_{it}$	0.056*** (0.018)	0.108*** (0.025)	0.100*** (0.026)
$\ln gov_{it}$	0.005 (0.005)	0.009 (0.007)	0.018 (0.011)
$\ln de_{it}$	0.079*** (0.019)	0.084*** (0.025)	0.020 (0.034)
$\ln HHI_{it}$	-0.051* (0.031)	-0.061* (0.032)	0.006 (0.051)
$\ln CGDP_{it}$	-0.046 (0.037)	-0.024 (0.038)	-0.024 (0.080)
$\ln CAW_{it}$	0.028 (0.044)	0.091* (0.053)	0.192 (0.134)
PLS_{it}	-0.002 (0.002)	0.001 (0.002)	-0.002 (0.003)
$\ln lws_{it}$	-0.077 (0.060)	-0.224*** (0.086)	-0.073 (0.123)
$\ln km_{it}$	0.156*** (0.053)	0.038 (0.058)	-0.083 (0.074)
$\ln ip_{it}$	0.061*** (0.022)	-0.002 (0.026)	0.073 (0.051)
行业效应	控制	控制	控制
地区效应	控制	控制	控制
N	5630	5244	1963

续表

变量	人均固定资产总额 KL1 (1) $\ln L_{it}$	人均机器设备总额 KL2 (2) $\ln L_{it}$	人均电子设备总额 KL3 (3) $\ln L_{it}$
AR (2)	0.5428	0.6195	0.8430
Sargan – p	0.2175	0.1035	0.0744
工具变量	$L(2/2).\ln L; L(2/2).L.TKL1;$ $L(2/2).\ln Y; L(2/2).L2.\ln wage;$ $L(2/2).L2.\ln Pe$	$L(2/2).\ln L; L(2/2).TKL2;$ $L(2/2).L.\ln Y;$ $L(2/3).L3.\ln wage;$ $L(2/2).L2.\ln Pe$	$L(2/2).\ln L; L(2/2).TKL3;$ $L(2/2).L2.\ln Y;$ $L(2/2).L2.\ln wage;$ $L(2/2).L3.\ln Pe$

注：(1) 括号内为标准误 z 值；(2) ***、**、* 分别代表通过1%、5%、10%的显著性检验；(3) AR (2) 表示扰动项的差分不存在二阶自相关（每个模型的扰动项均存在一阶自相关），证明扰动项 $\{\varepsilon_{it}\}$ 无自相关，可使用系统 GMM 计量方法；(4) Sargan – p 值表示无法拒绝"所有解释变量均有效"原假设，说明选取的工具变量均有效。

表 6 – 10 中核心解释变量 $\ln KL1_{it}$、$\ln KL2_{it}$、$\ln KL3_{it}$ 前系数均显著为负，分别为 – 0.066、– 0.032、– 0.074，仍然支持理论部分3.3的命题，即依托引进先进机械设备的技术进步对制造业就业产生冲击。并且，随时间推移，尤其是2015年提出供给侧结构性改革后，冲击程度加剧，如表6 – 10 所示，核心解释变量与时间交互项 $T \times \ln KL1_{it}$、$T \times \ln KL2_{it}$、$T \times \ln KL3_{it}$ 前系数均显著为负，分别为 – 0.012、– 0.011、– 0.066，这意味着2015年之后，随着先进机器设备，尤其是2013年之后我国人工智能技术不断突破和应用，逐渐渗透至制造业各个领域，对就业的影响加深，这也是近两年"技术进步吞噬就业"论重燃的原因之一。

从整体制造业来看，依托使用先进机械设备的技术进步出现挤占就业情况，但是，仍需从不同角度辩证看待技术进步与就业之间的关系。

2. 制造业技术进步对就业影响趋势性的异质性分析

本书基于要素密集度，分别设置劳动密集型、资本密集型、技术密集型与时间维度的交互项，检验要素密集度不同的制造业企业引进固定资产、机器设备、电子设备对就业影响的趋势性存在的差异。

为保证结果稳健，本书仍采用不同的固定资本分别进行检验，核心解释变量为固定资产总额/雇佣人数 $\ln KL1_{it}$ 设置的交互项为 $D1 \times T \times \ln KL1_{it}$、$D2 \times T \times \ln KL1_{it}$、$D3 \times T \times \ln KL1_{it}$，分别表示劳动密集型、资本密集型、技术密集型与时间的交互项。核心解释变量为机器设备总额/雇佣人数 $\ln KL2_{it}$ 设置的交互项为 $D1 \times T \times \ln KL2_{it}$、$D2 \times T \times \ln KL2_{it}$、$D3 \times T \times \ln KL2_{it}$，分别表示劳动密集型、资本密集型、技术密集型与时间的交互项。核心解释变量为电子设备总额/雇佣人数 $\ln KL3_{it}$ 设置的交互项为 $D1 \times T \times \ln KL3_{it}$、$D2 \times T \times \ln KL3_{it}$、$D3 \times T \times \ln KL3_{it}$，分别表示劳动密集型、资本密集型、技术密集型与时间的交互项。

本书重点关注不同要素密集度与时间的交互项前系数的大小及正负。采用系统 GMM 计量方法进行检验，结果如表 6-11 所示。

表 6-11 第（1）列至第（3）列显示，核心解释变量为固定资产总额/雇佣人数 $\ln KL1_{it}$，其与时间、要素密集度的交互项 $D1 \times T \times \ln KL1_{it}$、$D2 \times T \times \ln KL1_{it}$、$D3 \times T \times \ln KL1_{it}$ 前系数分别显著为 -0.039、0.031、0.023，说明劳动密集型制造业企业在 2015 年后随人均资本的增加，对就业的冲击作用更强；而资本密集型、技术密集型制造业企业对就业的促进作用也更强。同样地，核心解释变量分别为机器设备总额/雇佣人数 $\ln KL2_{it}$、电子设备总额/雇佣人数 $\ln KL3_{it}$ 时，检验结果也能得出同样结论，即劳动密集型制造业企业与时间的交互项 $D1 \times T \times \ln KL2_{it}$、$D1 \times T \times \ln KL3_{it}$ 前系数均显著为负，而资本密集型、技术密集型制造业企业与时间的交互项 $D2 \times T \times \ln KL2_{it}$、$D3 \times T \times \ln KL2_{it}$、$D2 \times T \times \ln KL3_{it}$、$D3 \times T \times \ln KL3_{it}$ 前系数均显著为正。尤其地，引进电子设备时，资本密集型、技术密集型制造业促进就业作用进一步增强。

基于实际，劳动密集型、非装备制造业、非高端制造业中存在大量流水线式生产工人或低技能劳动力，而资本密集型、技术密集型、装备制造业、高端制造业因生产需要会配备大量高技能员工。并且，当引进更加先进的机器设备时，首先会替代低技能劳动力，补充高技能劳动力。这就是诱致性技术进步对不同类型制造业就业影响存在差异的原因。

而资本与技能劳动力之间存在的互补和替代关系，正是稳就业的政策突破口，本书进一步验证其合理性。

表6-11 异质性分析：要素密集度趋势性分析的系统GMM估计结果

变量	人均固定资产总额 KL1			人均机器设备总额 KL2			人均电子设备总额 KL3		
	(1) $\ln L_{it}$ 劳动密集	(2) $\ln L_{it}$ 资本密集	(3) $\ln L_{it}$ 技术密集	(4) $\ln L_{it}$ 劳动密集	(5) $\ln L_{it}$ 资本密集	(6) $\ln L_{it}$ 技术密集	(7) $\ln L_{it}$ 劳动密集	(8) $\ln L_{it}$ 资本密集	(9) $\ln L_{it}$ 技术密集
$L.\ln L_{it}$	0.529*** (0.047)	0.802*** (0.118)	0.489*** (0.106)	0.601*** (0.062)	0.838*** (0.096)	0.483*** (0.108)	0.777*** (0.158)	0.676*** (0.125)	0.525*** (0.102)
$\ln KL1_{it}$	-0.118*** (0.022)	-0.071*** (0.022)	-0.131*** (0.028)						
$D1 \times T \times \ln KL1_{it}$	-0.039* (0.023)	0.031* (0.016)							
$D2 \times T \times \ln KL1_{it}$									
$D3 \times T \times \ln KL1_{it}$			0.023* (0.013)						
$\ln KL2_{it}$				-0.099*** (0.024)	-0.087*** (0.030)	-0.120*** (0.031)			
$D1 \times T \times \ln KL2_{it}$				-0.037** (0.016)	0.017* (0.010)				
$D2 \times T \times \ln KL2_{it}$									

续表

变量	人均固定资产总额 KL1			人均机器设备总额 KL2			人均电子设备总额 KL3		
	(1) $\ln L_{it}$ 劳动密集	(2) $\ln L_{it}$ 资本密集	(3) $\ln L_{it}$ 技术密集	(4) $\ln L_{it}$ 劳动密集	(5) $\ln L_{it}$ 资本密集	(6) $\ln L_{it}$ 技术密集	(7) $\ln L_{it}$ 劳动密集	(8) $\ln L_{it}$ 资本密集	(9) $\ln L_{it}$ 技术密集
$D3 \times T \times \ln KL2_{it}$						0.019* (0.011)			
$\ln KL3_{it}$							−0.029* (0.017)	−0.048** (0.019)	−0.077*** (0.030)
$D1 \times T \times \ln KL3_{it}$							−0.074** (0.037)		
$D2 \times T \times \ln KL3_{it}$								0.058** (0.025)	
$D3 \times T \times \ln KL3_{it}$									0.113*** (0.034)
$\ln wage_{it}$	−0.681*** (0.089)	−0.944*** (0.082)	−0.576*** (0.093)	−0.658*** (0.094)	−0.813*** (0.111)	−0.626*** (0.119)	−0.712*** (0.159)	−0.865*** (0.120)	−0.531*** (0.118)
$\ln Pe_{it}$	−0.013 (0.037)	0.052 (0.039)	0.083 (0.061)	0.016 (0.037)	0.119*** (0.045)	0.119** (0.060)	0.022 (0.049)	0.067 (0.056)	−0.046 (0.047)
$\ln Y_{it}$	0.281*** (0.040)	0.251*** (0.074)	0.339*** (0.074)	0.296*** (0.047)	0.298*** (0.083)	0.342*** (0.078)	0.392*** (0.084)	0.524*** (0.108)	0.548*** (0.109)

第6章 中国制造业诱致性技术进步就业效应的实证研究 | 207

续表

变量	人均固定资产总额 KL1			人均机器设备总额 KL2			人均电子设备总额 KL3		
	(1) $\ln L_{it}$ 劳动密集	(2) $\ln L_{it}$ 资本密集	(3) $\ln L_{it}$ 技术密集	(4) $\ln L_{it}$ 劳动密集	(5) $\ln L_{it}$ 资本密集	(6) $\ln L_{it}$ 技术密集	(7) $\ln L_{it}$ 劳动密集	(8) $\ln L_{it}$ 资本密集	(9) $\ln L_{it}$ 技术密集
控制变量①	控制	控制	控制	控制	控制	控制	控制	控制	控制
行业效应	控制	控制	控制	控制	控制	控制	控制	控制	控制
地区效应	控制	控制	控制	控制	控制	控制	控制	控制	控制
N	5325	4704	3922	4567	4108	3559	2325	1964	2327
AR(2)	0.3605	0.7221	0.1761	0.3464	0.9802	0.4976	0.4891	0.7168	0.5549
Sargan-p	0.6319	0.2075	0.1310	0.1057	0.1220	0.1380	0.0533	0.0827	0.1831
工具变量	L(2/2). $\ln L$; L(2/2). D1TKL1; L(2/2). $\ln Y$; L(2/2). L. lnwage; L(2/2). L. lnPe	L(2/3). $\ln L$; L(2/2). L. D2TKL1; L(2/2). L2. $\ln Y$; L(2/2). L. lnwage; L(2/3). L3. lnPe	L(2/3). $\ln L$; L(2/2). D3TKL1; L(2/3). L3. $\ln Y$; L(2/3). L. lnwage; L(2/2). L4. lnPe	L(2/2). $\ln L$; L(2/2). L2. D1TK2; L(2/2). L2. $\ln Y$; L(2/2). L. lnwage; L(2/2). L3. lnPe	L(2/2). $\ln L$; L(2/2). L. D2TK2; L(2/2). L2. $\ln Y$; L(2/2). L. lnwage; L(2/3). L3. lnPe	L(2/2). $\ln L$; L(2/2). D3TK2; L(2/3). L3. $\ln Y$; L(2/2). L. lnwage; L(2/3). L4. lnPe	L(2/3). $\ln L$; L(2/2). D1TKL3; L(2/2). L3. $\ln Y$; L(2/2). L2. lnwage; L(2/4). L3. lnPe	L(2/3). $\ln L$; L(2/2). D2TKL3; L(2/2). L3. $\ln Y$; L(2/2). L2. lnwage; L(2/4). L3. lnPe	L(2/2). $\ln L$; L(2/2). D3TKL3; L(2/3). L3. $\ln Y$; L(2/2). L2. lnwage; L(2/3). L4. lnPe

注：（1）括号内为标准误 z 值；（2）***、**、*分别代表通过1％、5％、10％的显著性检验；（3）AR(2) 表示扰动项的差分不存在二阶相关（每个模型的扰动项均存在一阶自相关），证明扰动项 $\{\varepsilon_{it}\}$ 无自相关，可使用系统GMM计量方法；（4）Sargan-p 值表示无法拒绝"所有解释变量均有效"原假设，说明选取的工具变量均有效。

① 控制变量与表6-5基本相同，在此不再一一列出。

6.3 中国制造业资本—技能替代与互补的实证检验

"资本—技能互补"假说最早由 Griliches（1969）提出，主要指接受更多教育或具有更多技能的劳动力与投入的资本具有较强互补性。首先，资本（或技术）与技能劳动互补来源于自动化生产，分工日益细化的机器化生产导致特定的岗位需要特定的技能劳动力（Goldin 和 Katz，1998）。其次，资本内化了技术，企业的新增资本投资中包含了当时的先进技术（申广军，2016），技术与资本的融合对劳动者的技能或人力资本水平提出更高要求，这就需要具有更高技能或更高人力资本水平的劳动力与技术活资本相匹配（Acemoglu，2003）。在机器化生产过程中，机器设备的使用减少了流水式生产线上的生产工人，而大幅增加机组人员和机器维修人员，这些均属于技能型劳动力。

可以认为当制造业企业引进机器设备或电子设备时，与技能型劳动力互补，而替代非技能型劳动力。

6.3.1 计量模型与指标说明

为验证该假说，本书仍使用上文选取的 2010 家上市制造业企业 2007—2019 年面板数据，采用系统 GMM 计量方法进行分析。之所以选择面板数据，原因有二：一是截面数据或时间序列数据维度较为单一，一个缺少时间维度的变化，检验无法排除技术进步的干扰（Bergström 和 Panas，1992），一个则无法识别地区、部门和行业自身特征的影响，因此，在做检验时有必要将时间和空间的维度结合，面板数据是合适的选择。二是面板数据可以利用非参数的方法判断任一观测值或地区、行业是否同样具有资本—技能互补特征，而非一概而论（Henderson，2009）。

基于理论模型 3.3 推导出的就业与资本间关系及计量模型（6.2），本节设置验证资本 K 与技能型劳动力 SL、资本 K 与非技能型劳动力 NL 间关系的计量模型，仍采用对数形式。具体模型如下所示：

$$\ln SL_{it}(\ln NL_{it}) = \alpha_0 + \alpha_1 \ln SL_{it-1}(\ln NL_{it-1}) + \alpha_2 \ln K_{it} + \alpha_3 \ln wage_{it}$$

$$+ \alpha_4 \ln Pe_{it} + \alpha_5 \ln Y_{it} + \alpha_6 X_{it} + \alpha_7 Z_{it} + \lambda_i + \delta_t + \varepsilon_{it}$$

其中，下标 i 和 t 分别对应企业和年份。

被解释变量 $\ln SL_{it}$（$\ln NL_{it}$）表示技能（非技能）型劳动力。目前，大多研究对于技能劳动与非技能劳动的界定标准包括工种和教育层次两大类，对于前者，非技能劳动力一般包括普通工人、操作员和服务人员等，其他自动划分为技能劳动力（Griliches，1969）；或者将非生产劳动力划分为技能劳动力，生产劳动力划分为非技能劳动力（Berndt 和 Christensen，1974）。对于后者，Griliches（1969）以五年教育为分界线，受教育年限在五年以上的界定为技能劳动，五年以下的为非技能劳动；最全面的分析是 Duffy 等在 2004 年提出了教育层次的 5 个划分标准，分别为小学入学、小学毕业、中学入学、中学毕业、大学入学，发现当用来划分技能劳动力的教育层次门槛较低时，资本—技能的互补性最强。

基于此，本书借鉴已有研究，分别按照工种、教育层次两种方式划分技能与非技能劳动力。鉴于数据可得性，本书的分类标准为：（1）按照工种划分，将上市制造业企业的技术人员划分为技能劳动力 SL1，生产人员划分为非技能劳动力 NL1。（2）按教育层次划分，有两种方法，一是将企业员工中学历为高中及以上的员工划分为技能劳动力 SL2，高中以下的为非技能劳动力 NL2；二是将企业员工学历为专科及以上的员工划分为技能劳动力 SL3，专科以下的为非技能劳动力 NL3。从不同维度验证，保证结果稳健。

核心解释变量为资本 $\ln K_{it}$。已有研究中，学者们对资本的定义不尽相同。例如，从资本总量维度，早期研究囿于横截面数据，无法计算资本存量数据，Griliches（1969）将资本指标分为两种，分别是固定资产的账面价值、资本租金和利率计算得出的资本服务；后期数据同时涉及时间和空间维度后，对资本设定的主流方法是通过永续盘存法计算资本存量指标（Dennis 和 Smith，1978；Henderson，2009 等）。从资本结构维度，Denny 和 Fuss（1977）将资本划分为结构资本（Structures Capital）和机器设备（Equipment），Krusell 等（2000）基于该划分方法研究了机器设备与不同技能劳动之间的替代关系；机器设备本身就可内化当下先进技术（Bartel 和 Lichtenberg，1987），且技术进步需要技能劳动与之匹配（Bound 和 Johnson，1992），故可认为机器设备与技能是互补的；Flug 和 Hercowitz（2000）利用跨国数据验证了增加机器设备投资可促进技能劳动力需求。

基于此，本书从资本结构分类维度出发，将资本分为机器设备 $K2$、电子设备 $K3$ 两类，分别验证资本与技能劳动间关系。此外，大多研究围绕资本与技能劳动力的互补关系，较少谈及资本与非技能劳动力的替代关系，本书试图在验证资本—技能互补关系的同时，补充检验资本—非技能间的替代关系。

其他解释变量与上文相同，不再赘述。

6.3.2 制造业资本—技能替代与互补的实证分析

根据所设计量模型，本书仍采用系统 GMM 计量方法分别检验机器设备—技能、机器设备—非技能、电子设备—技能、电子设备—非技能间的互补与替代关系。具体结果如表 6-12 和表 6-13 所示。

表 6-12　　制造业机器设备—技能替代与互补的基准回归结果

变量	按工种划分			按教育层次划分		
	(1) $\ln SL1_{it}$ 技能员工	(2) $\ln NL1_{it}$ 生产员工	(3) $\ln SL2_{it}$ 高中及以上	(4) $\ln NL2_{it}$ 高中以下	(5) $\ln SL3_{it}$ 专科及以上	(6) $\ln NL3_{it}$ 专科及以下
$L.\ln SL_{it}$	0.638*** (0.052)		0.178* (0.103)		0.509*** (0.119)	
$L.\ln NL_{it}$		0.645*** (0.079)		0.301*** (0.083)		0.755*** (0.055)
$\ln K2_{it}$	0.069* (0.036)	-0.151** (0.075)	0.083** (0.039)	-0.075* (0.039)	0.186** (0.089)	-0.381** (0.188)
控制变量①	控制	控制	控制	控制	控制	控制
行业效应	控制	控制	控制	控制	控制	控制

---

① 控制变量的变量集与表 6-5 中的控制变量完全重合，不再一一汇报。

续表

变量	按工种划分			按教育层次划分		
	(1) $\ln SL1_{it}$ 技能员工	(2) $\ln NL1_{it}$ 生产员工	(3) $\ln SL2_{it}$ 高中及以上	(4) $\ln NL2_{it}$ 高中以下	(5) $\ln SL3_{it}$ 专科及以上	(6) $\ln NL3_{it}$ 专科及以下
地区效应	控制	控制	控制	控制	控制	控制
N	4445	4184	4981	3205	4039	3816
$AR(2)$	0.3921	0.6994	0.9406	0.1278	0.4261	0.3715
$Sargan-p$	0.7401	0.7956	0.0542	0.0563	0.0691	0.3366
工具变量	$L(2/2).\ln SL1; L(2/2).\ln K2; L(2).\ln Y; L(2/3).L3.\ln wage; L(2).L.\ln Pe$	$L(2/2).\ln NL1; L(2/2).L2.\ln K2; L(2).\ln Y; L(2/3).L3.\ln wage; L(2/2).\ln Pe$	$L(2/3).\ln SL2; L(2/2).\ln K2; L(2/2).L.\ln Y; L(2/2).L3.\ln wage; L(2/2).L2.\ln Pe$	$L(2/2).\ln NL2; L(2/2).\ln K2; L(2/4).L3.\ln Y; L(2/2).L3.\ln wage; L(2/2).L.\ln Pe$	$L(2/2).\ln SL3; L(2/2).L2.\ln K2; L(2/2).L2.\ln Y; L(2/3).L2.\ln wage; L(2/2).\ln Pe$	$L(2/3).\ln NL3; L(2/2).L2.\ln K2; L(2/3).L3.\ln Y; L(2/2).L2.\ln wage; L(2/2).L.\ln Pe$

注：（1）括号内为标准误 z 值；（2）***、**、* 分别代表通过 1%、5%、10% 的显著性检验；（3）$AR(2)$ 表示扰动项的差分不存在二阶自相关（每个模型的扰动项均存在一阶自相关），证明扰动项 $\{\varepsilon_{it}\}$ 无自相关，可使用系统 GMM 计量方法；（4）$Sargan-p$ 值表示无法拒绝"所有解释变量均有效"原假设，说明选取的工具变量均有效。

表 6-12 汇报了资本中机器设备与技能劳动力、非技能劳动力之间关系的检验结果。本节重点关注机器设备投入前系数大小及符号方向。

第（1）列和第（2）列汇报了按工种划分，制造业企业引进机器设备对技能员工、生产员工的影响。结果显示，技能员工与生产员工均具有就业黏性，当期就业变化与上期就业人数呈正相关关系，黏性分别为 0.638、0.645。对于技能员工 $\ln SL1$，机器设备 $\ln K2$ 前系数显著为正，为 0.069，说明制造业企业每增加引进 1 单位机器设备，技能员工的就业人数将增加 0.069 个单位，验证资本与技能劳动力的互补关系。对于生产员工 $\ln NL1$，机器设备 $\ln K2$ 前系数显著为负，为 -0.151，说明制造业企业机器设备每增加 1 个百分点，生产员工的就业人数将减少 0.151 个百分点，验证资本与非技能劳动力之间的替代关系。

第（3）列至第（6）列汇报了按不同受教育程度标准划分，制造业企业引进机器设备对技能劳动和非技能劳动的影响。结果显示：（1）以高中及以上学历员工为技能劳动力标准划分时，机器设备 $\ln K2$ 在 5% 的显著水平上对技能劳动 $\ln SL2$ 起正向促进作用，即机器设备每增加 1 个百分点，高中及以上学历员工总数将增加 0.083 个百分点；相反地，机器设备 $\ln K2$ 在 5% 的显著水平上对非技能劳动 $\ln NL2$ 具有负向作用，机器设备每增加 1 个百分点，高中以下学历员工总数将减少 0.075 个百分点。该结论支持资本与技能互补、与非技能替代假说。（2）以专科及以上学历员工为技能劳动力划分标准，所得结论同样可支持假说，只是作用程度发生变化而已，具体地，机器设备每增加 1%，专科及以上学历员工总数将增加 0.186%，而专科以下学历的员工总数将减少 0.381%，增加和下降的幅度分别提高 0.103 个、0.306 个百分点。这意味着当把划分技能与非技能劳动力所接受的教育层次提高时，资本对技能劳动力的互补及对非技能劳动力的替代程度更强。

但也不难看出，不论如何划分技能与非技能劳动力，机器设备对非技能劳动力的替代作用更强，超过对技能劳动力的互补作用，导致整体制造业就业仍因引进机器设备而减少。如何促进非技能劳动力就业成为"稳就业"的关键。

根据资本结构不同，本书进一步对技术含量水平更高的电子设备进行分析，检验引进电子设备对技能劳动力和非技能劳动力的影响是否会发生改变。表 6-13 汇报了制造业企业引进电子设备对技能和非技能劳动力的作用。

表 6-13　制造业电子设备—技能替代与互补的基准回归结果

变量	按工种划分			按教育层次划分		
	(1) $\ln SL1_{it}$ 技能员工	(2) $\ln NL1_{it}$ 生产员工	(3) $\ln SL2_{it}$ 高中及以上	(4) $\ln NL2_{it}$ 高中以下	(5) $\ln SL3_{it}$ 专科及以上	(6) $\ln NL3_{it}$ 专科及以下
$L.\ln SL_{it}$	0.415*** (0.131)		0.146 (0.140)		0.325*** (0.116)	
$L.\ln NL_{it}$		0.568*** (0.095)		0.373*** (0.127)		0.602*** (0.081)
$\ln K3_{it}$	0.234** (0.093)	-0.050* (0.029)	0.098*** (0.035)	-0.232*** (0.071)	0.133** (0.057)	-0.108* (0.059)

续表

变量	按工种划分			按教育层次划分		
	(1) ln$SL1_{it}$ 技能员工	(2) ln$NL1_{it}$ 生产员工	(3) ln$SL2_{it}$ 高中及以上	(4) ln$NL2_{it}$ 高中以下	(5) ln$SL3_{it}$ 专科及以上	(6) ln$NL3_{it}$ 专科及以下
控制变量①	控制	控制	控制	控制	控制	控制
行业效应	控制	控制	控制	控制	控制	控制
地区效应	控制	控制	控制	控制	控制	控制
N	1549	1905	2336	1163	2474	2106
$AR(2)$	0.6122	0.4963	0.1876	0.9656	0.1442	0.0726
$Sargan-p$	0.9867	0.1382	0.1604	0.2014	0.4458	0.1435
工具变量	$L(2/2).\text{ln}SL1;L(2/2).\text{ln}Y;L(2/3).L3.\text{ln}Pe$	$L(2/2).\text{ln}NL1;L(2/2).\text{ln}K3;L(2/2).L2.\text{ln}Y;L(2/2).L3.\text{ln}wage;L(2/2).\text{ln}Pe$	$L(2/2).\text{ln}SL2;L(2/2).\text{ln}K3;L(2/2).\text{ln}Y;L(2/2).L3.\text{ln}wage;L(2/2).\text{ln}Pe$	$L(2/3).\text{ln}NL2;L(2/2).\text{ln}K3;L(2/2).\text{ln}Y;L(2/2).L3.\text{ln}wage;L(2/2).L.\text{ln}Pe$	$L(2/2).\text{ln}SL3;L(2/2).\text{ln}K3;L(2/2).\text{ln}Y;L(2/2).L2.\text{ln}wage;L(2/2).\text{ln}Pe$	$L(2/3).\text{ln}NL3;L(2/2).\text{ln}K3;L(2/2).\text{ln}Y;L(2/2).L3.\text{ln}wage;L(2/2).\text{ln}Pe$

注：（1）括号内为标准误z值；（2）***、**、*分别代表通过1%、5%、10%的显著性检验；（3）$AR(2)$表示扰动项的差分不存在二阶自相关（每个模型的扰动项均存在一阶自相关），证明扰动项$\{\varepsilon_{it}\}$无自相关，可使用系统GMM计量方法；（4）$Sargan-p$值表示无法拒绝"所有解释变量均有效"原假设，说明选取的工具变量均有效。

表6-13仍汇报了按照工种、受教育层次两大类标准划分技能与非技能劳动，制造业企业引进电子设备对技能劳动、非技能劳动的影响。

第（1）列和第（2）列的结果显示，按工种划分时，制造业企业引进电子设备每增加1单位，技能员工总数将增加0.234个单位，而生产员工总数减少0.050个单位。

第（3）列至第（6）列汇报了按受教育层次划分的情况。以高中及以上学历为技能劳动力标准，制造业企业每增加1单位电子设备，技能劳动力将增加0.098个单位，而非技能劳动力将减少0.232个单位。以专科及以上学历为技能劳动力标准，制造业企业引进电子设备每增加1个百分点将促进技能劳动力增加0.133个百分点，非技能劳动力减少0.108个百分点。

---

① 控制变量的变量集与表6-5中的控制变量完全重合，不再一一汇报。

整体来看，投入电子设备对技能劳动力的需求高于机器设备，而对非技能劳动力的替代要弱于机器设备，可理解为技术含量越高的机械设备对高技能劳动力的需求更强，而对低技能劳动力的替代减弱。

该结论可以解释在工业化进程初期甚至中期，为什么总出现"技术进步吞噬就业"的言论，原因在于当时的劳动力以非技能为主，机器设备对非技能劳动力的替代作用较强，呈现"技术性失业"现象。

此外，该结论同样证实了智能化程度更高的技术进步属于就业友好型。因此，可以判定以人工智能为代表的新一轮科技革命对制造业就业的冲击要弱于自动化生产初期，且大幅增加对高技能劳动力的需求。因此，在人工智能与制造业深度融合背景下，稳定制造业就业的关键在于如何促进非技能劳动力就业，并提高整体人力资本水平，这或可成为技术进步与"稳就业"的政策突破口。

如何促进制造业企业非技能劳动力就业，本书将进一步从提高职工教育经费入手，探讨促进非技能劳动力就业的政策选择。

6.3.3 制造业资本—低技能政策检验的实证分析

非技能劳动力就业的最大劣势是技能缺失，而企业的职工教育经费是企业专门用于员工岗前培训、在岗培训、转岗培训、高技能人才培训、专业技术人员再教育等一系列培训或学习先进技术的教育活动的费用，目的在于提高员工技能水平、文化水平，进而提高企业人力资本水平。当企业提高职工教育经费，加大非技能劳动力培训力度，学习如何使用、维护、维修先进机器设备，就可减缓非技能劳动力的失业问题。

此外，企业加大在岗非技能劳动力的培训力度，也可高效实现先进机器设备大规模生产，并且避免非技能劳动力因技能不匹配导致的失业或在岗产生的隐性成本。[①]

为验证增加企业职工教育经费是否能弱化引进先进机器设备对非技

---

① 隐性成本指非技能劳动力在岗，由于技能不匹配，无法与先进机器设备契合。劳动生产率低下。对企业来说，不仅要扩招技能劳动力，还要支付非技能劳动力工资，带来更多成本压力。支付给扩招进来的技能劳动力的工资及在岗非技能劳动力的工资本书称之为隐性成本。

能劳动力的就业威胁，本书在前文实证分析基础上，引入职工教育经费指标 EE（Employee Education），设置职工教育经费哑变量 EE，EE = 1 表示企业职工教育经费大于所有样本企业职工教育经费均值①，为保证结果稳健，更换职工教育经费哑变量取值范围，设置职工教育经费哑变量 EE2，EE2 = 1 表示职工教育经费大于所有样本企业职工教育经费的中位数（percentiles = 50%）。②

非技能劳动力指标仍沿用前文数据，分别包括生产员工 $\ln NL1$、高中以下学历员工 $\ln NL2$、专科以下员工 $\ln NL3$。

结合实际，新一轮技术进步不仅为制造业企业提供更加先进的机器设备，而且也会带来更加智能的电子设备，因此，本书将分别检验机器设备—低技能劳动力、电子设备—低技能劳动力在增加职工教育经费的条件下，是否会促进非技能劳动力就业。

考虑就业黏性，本书仍采用动态面板数据，使用系统 GMM 计量方法进行分析。机器设备—低技能政策检验结果、电子设备—低技能政策检验结果分别如表 6-14 和表 6-15 所示。

表 6-14　制造业机器设备—低技能政策检验的系统 GMM 估计结果

变量	基准回归			稳健性检验		
	(1) $\ln NL1_{it}$	(2) $\ln NL2_{it}$	(3) $\ln NL3_{it}$	(4) $\ln NL1_{it}$	(5) $\ln NL2_{it}$	(6) $\ln NL3_{it}$
$L.\ln NL_{it}$	0.685*** (0.082)	0.437*** (0.098)	0.865*** (0.054)	0.666*** (0.089)	0.478*** (0.114)	0.840*** (0.061)
$\ln K2_{it}$	-0.149* (0.081)	-0.174* (0.095)	-0.278*** (0.097)	-0.148* (0.081)	-0.214* (0.121)	-0.389*** (0.137)
$EE \times K2$	0.008* (0.005)	0.017** (0.007)	0.015** (0.007)			
$EE2 \times K2$				0.008** (0.004)	0.018* (0.010)	0.016*** (0.005)

---

① 样本制造业企业工会经费与职工教育经费的均值为 924.2351 万元。
② 样本制造业企业工会经费与职工教育经费的均值为 79.9995 万元。

续表

变量	基准回归			稳健性检验		
	(1) $\ln NL1_{it}$	(2) $\ln NL2_{it}$	(3) $\ln NL3_{it}$	(4) $\ln NL1_{it}$	(5) $\ln NL2_{it}$	(6) $\ln NL3_{it}$
控制变量①	控制	控制	控制	控制	控制	控制
行业效应	控制	控制	控制	控制	控制	控制
地区效应	控制	控制	控制	控制	控制	控制
N	4184	2619	3937	4184	2619	3815
$AR(2)$	0.8187	0.2592	0.4619	0.9108	0.8301	0.2100
$Sargan-p$	0.8056	0.3071	0.1121	0.7741	0.2778	0.1549
工具变量	L(2/2).lnNL1; L(2/2).L2.lnK2; L(2/2).EEK2; L(2/2).lnY; L(2/2).L3.lnwage; L(2/2).lnPe	L(2/2).lnNL2; L(2/3).L3.lnK2; L(2/2).L2.EEK2; L(2/4).L2.lnY; L(2/2).L2.lnwage; L(2/2).L.lnPe	L(2/2).lnNL3; L(2/3).L2.lnK2; L(2/3).EEK2; L(2/2).lnY; L(2/2).L3.lnwage; L(2/2).L.lnPe	L(2/2).lnNL1; L(2/2).L2.lnK2; L(2/2).EE2K2; L(2/2).L(2).lnY; L(2/2).L3.lnwage; L(2/2).lnPe	L(2/2).lnNL2; L(2/2).L3.lnK2; L(2/3).L3.EE2K2; L(2/4).L2.lnY; L(2/3).L.lnwage; L(2/3).L.lnPe	L(2/2).lnNL3; L(2/2).L2.lnK2; L(2/3).EE2K2; L(2/2).lnY; L(2/2).L3.lnwage; L(2/2).L.lnPe

注：(1) 括号内为标准误 z 值；(2) ***、**、* 分别代表通过1%、5%、10%的显著性检验；(3) $AR(2)$ 表示扰动项的差分不存在二阶自相关（每个模型的扰动项均存在一阶自相关），证明扰动项 $\{\varepsilon_{it}\}$ 无自相关，可使用系统GMM计量方法；(4) $Sargan-p$ 值表示无法拒绝"所有解释变量均有效"原假设，说明选取的工具变量均有效。

表6-14汇报了制造业企业引进机器设备时，提高职工教育经费对非技能劳动力的就业促进作用。

第（1）列至第（3）列表示职工教育经费哑变量为 EE 时的基准回归。结果显示，非技能劳动力就业同样存在就业黏性，即企业在解雇非技能劳动力时，同样会考虑解雇成本和重新雇佣劳动力成本，导致企业不会马上解雇员工。基于非技能劳动力的就业黏性，若增加职工教育经费，对非技能劳动力进行在岗培训、转岗培训、学习先进技术，或可与机器设备、"人工智能"实现共赢。实证结果的确验证了该结论。对于生产员工 $\ln NL1_{it}$、高中以下学历员工 $\ln NL2_{it}$、专科以下学历员工 $\ln NL3_{it}$，职工教育经费与机器设备的交互项 $EE \times K2$ 的系数均显著为正，分别为0.008、0.017、0.015，说明职工教育经费在均值水平以上时，制

---

① 控制变量的变量集与表6-5中的控制变量完全重合，在此不再一一汇报。

造业企业引进的机器设备每增加 1 个百分点,对生产员工、高中以下学历员工、专科以下学历员工的负向冲击会分别弱化 0.008 个、0.017 个、0.015 个百分点。

第（4）列至第（6）列的稳健性检验,同样支持本书结论。当把职工教育经费标准降低至样本中位数时,职工教育经费与机器设备的交互项 $EE2 \times K2$ 的系数也均显著为正,分别为 0.008、0.018、0.016,说明制造业企业的职工教育经费在中位数以上水平时,每增加引进 1 单位机器设备,对非技能劳动力的冲击会弱化 0.008 个、0.018 个、0.016 个百分点。

可以认为增加职工教育经费,对非技能劳动力进行培训提高技能,会弱化引进机器设备对其造成的就业威胁,为促进非技能劳动力就业提供合理政策建议支持。

进一步,本书同样验证了增加职工教育经费是否会弱化电子设备对非技能劳动力的就业冲击。具体检验结果如表 6-15 所示。

表 6-15 制造业电子设备—低技能政策检验的系统 GMM 估计结果

变量	基准回归			稳健性检验		
	(1) $\ln NL1_{it}$	(2) $\ln NL2_{it}$	(3) $\ln NL3_{it}$	(4) $\ln NL1_{it}$	(5) $\ln NL2_{it}$	(6) $\ln NL3_{it}$
$L.\ln NL_{it}$	0.511*** (0.117)	0.486*** (0.103)	0.550*** (0.089)	0.496*** (0.137)	0.463*** (0.126)	0.702*** (0.067)
$\ln K3_{it}$	-0.060* (0.036)	-0.104** (0.050)	-0.118* (0.070)	-0.077* (0.046)	-0.109* (0.056)	-0.101** (0.049)
$EE \times K3$	0.011** (0.005)	0.023* (0.012)	0.026* (0.014)			
$EE2 \times K3$				0.045** (0.021)	0.040** (0.020)	0.040* (0.022)
控制变量①	控制	控制	控制	控制	控制	控制
行业效应	控制	控制	控制	控制	控制	控制
地区效应	控制	控制	控制	控制	控制	控制
N	1666	1021	2046	1518	929	1763

① 控制变量的变量集与表 6-6 中的控制变量完全重合,在此不再一一汇报。

续表

变量	基准回归			稳健性检验		
	(1) $\ln NL1_{it}$	(2) $\ln NL2_{it}$	(3) $\ln NL3_{it}$	(4) $\ln NL1_{it}$	(5) $\ln NL2_{it}$	(6) $\ln NL3_{it}$
$AR(2)$	0.0802	0.3558	0.3342	0.3908	0.7721	0.2439
$Sargan-p$	0.5456	0.2562	0.0727	0.6790	0.4576	0.2822
工具变量	$L(2/6).\ln NL1; L(2/2).\ln K3; L(2/3).l3.EEK3; L(2/2).L.\ln Y; L(2/3).l2.\ln wage; L(2/2).L.\ln Pe$	$L(2/2).\ln NL2; L(2/3).l3.\ln K2; L(2/2).l2.EEK2; L(2/4).l2.\ln Y; L(2/2).\ln wage; L(2/3).L.\ln Pe$	$L(2/2).\ln NL3; L(2/2).\ln K3; L(2/2).EEK3; L(2/2).l2.\ln Y; L(2/3).l3.\ln wage; L(2/3).L.\ln Pe$	$L(2/4).\ln NL1; L(2/2).\ln K3; L(2/3).l3.EE2K3; L(2/2).L.\ln Y; L(2/2).l2.\ln wage; L(2/3).\ln Pe$	$L(2/3).\ln NL2; L(2/3).\ln K3; L(2/3).l3.EE2K3; L(2/2).L.\ln Y; L(2/2).l2.\ln wage; L(2/2).L.\ln Pe$	$L(2/2).\ln NL3; L(2/2).\ln K3; L(2/2).l2.EE2K3; L(2/2).L.\ln Y; L(2/2).l2.\ln wage; L(2/3).L.\ln Pe$

注：（1）括号内为标准误 z 值；（2）***、**、* 分别代表通过 1%、5%、10% 的显著性检验；（3）$AR(2)$ 表示扰动项的差分不存在二阶自相关（每个模型的扰动项均存在一阶自相关），证明扰动项 $\{\varepsilon_{it}\}$ 无自相关，可使用系统 GMM 计量方法；（4）$Sargan-p$ 值表示无法拒绝"所有解释变量均有效"原假设，说明选取的工具变量均有效。

表 6–15 汇报了制造业企业引进电子设备时，增加职工教育经费对非技能劳动力的就业促进作用。

结果显示，无论是基准回归还是稳健性检验，均指出非技能劳动力存在就业惯性，即就业黏性，使得企业在解雇非技能劳动力时会存在一定滞后性。在解雇滞后期，若能提高非技能劳动力就业竞争力，可实现企业雇佣非技能劳动力的效用最大化，并弱化引进电子设备带来的就业威胁。

当企业职工教育经费大于样本均值时，职工教育经费与电子设备的交互项 $EE \times K3$ 的系数均显著为正，分别为 0.011、0.023、0.026，说明职工教育经费在均值水平以上时，制造业企业引进电子设备每增加 1 个百分点，对生产员工 $\ln NL1_{it}$、高中以下学历员工 $\ln NL2_{it}$、专科以下学历员工 $\ln NL3_{it}$ 就业的负向冲击会分别弱化 0.011 个、0.023 个、0.026 个百分点。当企业职工教育经费大于样本中位数时，职工教育经费与电子设备的交互项 $EE2 \times K3$ 的系数同样显著为正，分别为 0.045、0.040、0.040，意味着职工教育经费高于样本中位数时，制造业企业每增加引进 1 单位电子设备，对生产员工 $\ln NL1_{it}$、高中以下学历员工 $\ln NL2_{it}$、专科以下学历员工 ln$NL3$ 就业的负向冲击会分别弱化 0.045 个、0.040 个、0.040 个百分点。

综上所述，当制造业企业职工教育经费分别在样本均值、样本中位数以上水平时，相较于职工教育经费在样本均值、中位数以下制造业企业，企业每增加引进 1 单位机器设备、电子设备，对非技能劳动力的就业冲击均会减弱。尤其是引进智能化程度更高的电子设备时，增加企业教育经费对非技能劳动力就业的稳定效果更加明显。

因此，增加制造业企业职工教育培训费用支出，可以缓解非技能劳动力失业问题，且随着技术进步更加智能化，缓解作用更为明显。该结论不仅为促进人工智能与制造业深度融合提供经验支撑，也为稳就业提供政策方向。

6.4　本章小结

本章解决的核心问题：（1）要素价格变化是否通过增加资本投入诱致制造业技术进步？（2）诱致性技术进步会如何影响制造业就业数量和就业结构？且更加智能的新一轮技术进步对制造业就业的影响是否发生改变？（3）如何稳定制造业就业？

本章从基准回归、横向维度的异质性分析、纵向维度的趋势性分析、不同划分标准的稳健性分析进行实证检验，研究发现：

第一，要素价格变化会通过提高人均固定资本、人均机器设备、人均电子设备，诱致制造业技术进步。且更倾向投入智能化程度更高的电子设备，使得制造业技术进步更加智能化。

第二，从就业数量上，诱致性技术进步的确会在一定程度上吞噬就业，但是投入更加智能的电子设备对制造业就业冲击减弱，即随着技术进步更加智能，会对就业释放友好信号。进一步，诱致性技术进步对不同类型制造业就业影响不同。如劳动密集型制造业技术进步会排斥就业，但资本密集型和技术密集型制造业技术进步反而促进就业，且装备制造业、高端制造业、国有企业、出口企业、东部地区、西部地区制造业技术进步同样促进就业，尤其是投入更智能化的电子设备，对就业的促进作用更强。并且，随时间推移，尤其在 2015 年提出供给侧结构性改革后，诱致性技术进步排斥劳动密集型制造业就业、促进资本密集型和技术密集型制造业就业这一反向作用增强。尤其是引进更加智能的电子设备，对资本密集型和技术密集型制造业就业的促进作用进一步加深。

第三，从就业结构上，诱致性技术进步可促进技能劳动力就业，威胁非技能劳动力就业。并且，技术进步智能化程度越高，对高技能劳动力的需求越强，而对低技能劳动力的替代越弱。再次证明以人工智能为代表的新一轮技术革命属于就业友好型，那么，为实现制造强国，促进产业升级，可以加快人工智能与制造业深度融合进度。实现产业升级的同时，也要稳定就业。而稳定制造业就业的关键在于如何促进非技能劳动力就业，提高整体人力资本水平。

第四，增加企业职工教育经费支出，对非技能劳动力进行在岗培训、学习先进技术，可有效减弱诱致性技术进步带来的就业冲击，进而稳定就业。

第 7 章　制造业智能化发展背景下稳就业的政策建议

根据研究结论可知，中国制造业技术进步属于劳动诱致型，虽然对就业不会产生严重威胁，但也会吞噬部分就业，尤其是非技能劳动力就业。但是，随着技术进步更加智能，其对就业的威胁逐渐减弱。因此，不仅要加快实现制造业新旧动能顺畅转换，促进人工智能与制造业深度融合，也要加强技能教育培训、优化教育结构、完善社会保障，推动实现制造业高质量发展。

7.1　优化创新要素支撑力度

科技创新、人力资本、金融支持等都是制造业高质量发展的关键要素，也是实现新旧动能转换的基石。一是促进科技创新，以新动能领域企业为主体，聚焦产学研短板，加大基础研发投入，提高创新投入产出效率；攻克关键领域诸如集成电路芯片、生物科技、航空航天、核心部件等"卡脖子"关键前沿技术，摆脱受制于人局面；提高科技成果转化率，扩大市场规模是新动能落地的关键。二是提高人力资本，企业和政府需联手加大低技能或非技能劳动力培训力度，诸如增加企业职工教育培训经费支出，借鉴美国制造业的学徒制，即国内实行的产学研一体化，培训符合产业发展需求的技能；政府也应通过各种渠道向非技能或低技能人员开放职业教育培训资源，对参与技能培训的个人和企业给予政策优惠，甚至可将低技能劳动者参与教育培训时长、企业提供教育培训时长纳入信用评级、贷款融资考核范围，提高约束力。此外，优化教育结构，为新动能转换提供充足高水平人力资本后备军。如学科层次结构和专业结构，促进理论基础与应用实践协调发展，支持高校建立智能制造学科培养体系，培育人工智能发展需要的具有较强创新能力和问题解决能力的高素质人才。欧盟在关于制造业战略发展报告中曾提出，应鼓励大学和职业院校为培养新一代"知识工人"所需的专业技能开发并完善匹配的教育和培训课程，提高人力资本水平。三是加大现代金融的培育，提高金融服务实体经济质量。搭建并规范投融资平台，支持产业链中的领军企业对上下游企业开展金融服务，但要警惕坏账存量，避免资金链断裂产生"多米诺骨牌"效应；加大对高新技术产业、战略性新兴产业等领域高成长性企业的投资力度，通过金融创新解决初创型和中小型企业融资难问题、核心技术领域大规模企业融资贵问题。

　　充分利用数字技术将制造业与服务业相融合以促进制造业向智能化发展，为新旧动能转换提供平台。应进一步激发市场活力，以市场化机制促进制造业与服务业相融合，而不是割裂发展，并以金融技术更好地支持制造业的新旧动能转换。需要为制造业和服务业的发展营造良好的氛围，政府提供资金、技术和政策支持，打造特色的高科技示范产业园。在数字经济发展的时代，应当充分利用数字技术为制造业与现代服务业的融合提供在线技术和服务支持，将传统制造业向智能化高端化方向发展，使制造业产业链向高附加值趋势演进。因此，企业需要大力培育高端技术人才，并加强交流学习，政府部门需要利用政策支持并引进高技术人才，使传统产业的发展与时俱进，合理利用数字技术，将制造业与服务业更好融合，从而疏通制造业新旧动能转换的途径。

7.2　释放国内消费潜力，从需求端拉动新旧动能转换

　　完善收入分配制度，优化收入分配结构。高收入者的边际消费倾向低收入者的边际消费倾向，因此，需通过提高低收入者收入水平释放其消费潜力，提高社会整体消费总量。首先，通过税收政策，如提高高收入者所得税率以调整高收入分配额度，再通过财政转移支付手段提高低

收入者收入，掐头去尾，进一步扩大中等收入群体规模；与此同时，严厉打击非法收入，调整垄断性行业收入。其次，完善社会保障制度，居民之所以不敢消费的主要原因是过高的生活成本，如住房、医疗、教育、养老，甚至是失业风险，预防性储蓄遏制了消费需求。若想最大程度激发消费潜力，要让居民敢消费，消除消费顾虑，因此，未来的财政政策要进一步释放对上述领域的福利，为消费兜底。除了提高消费总量，也要提高消费质量，持续深化供给侧结构性改革是破解之道。不仅能满足居民高层次消费，也可倒逼企业提质增效，为新旧动能转换提供充足动力。

7.3 深化体制机制改革，优化新旧动能转换市场环境

坚持以深化供给侧结构性改革为主，创新产业监管模式，及时并彻底清理新动能领域的不合理监管制度，加快构建适应新经济发展的管理机制。首先，加大对产能过剩行业企业兼并重组、整合过剩产能、转型转产、产品结构调整等方面的金融支持，使其顺畅出清过剩产能，引导土地等资源向战略性新兴产业和传统产业转型升级的重点领域和企业配置。其次，转换政府角色，由政府主导向政府引导转变，以市场为主导，降低市场交易成本，进一步深化"放管服"改革，提高服务质量和效率，政府职能需要向宏观调控和市场监管等方面转移，以进一步提升企业活力，并优化市场环境。最后，构建新动能领域动态监管制度，加强质量和安全监管力度，并完善基础研究、产业化应用、质量控制标准、评估体系等方面相关法律法规。

7.4 加强技能教育培训，稳定非技能劳动力就业

稳定低技能或非技能劳动就业的关键在于强化技能培训，重视新增职业和在岗劳动力的教育和培训，尤其是提高企业职工教育培训经费支出。研究结论指出制造业技术进步排斥的劳动力种类主要包括生产员工

和学历层次较低的员工，呈现明显的低技能、低学历相关性，因此，提高技能是应对制造业升级造成的失业摩擦的必要措施，应以加大在职培训力度为主，尤其是具有应用价值的知识和技能培训。政府也应通过各种渠道向非技能或低技能人员开放职业教育培训资源，对参与技能培训的个人和企业给予政策优惠，甚至可将低技能劳动者参与教育培训时长、企业提供教育培训时长纳入信用评级、贷款融资考核范围，提高约束力。

国外经验也值得借鉴。美国提出要推广学徒制，确保技能培训方向与当前先进制造业的劳动技能需求匹配；并建立监管机制，确保建立具有可操作性的学徒制标准、督促参与企业负责。德国也积极通过学徒制提高员工技能，如以西门子和IBM为代表的企业，积极与美国各地高校合作，通过学徒制培养市场所需技能型人才。这与中国推行的"产学研一体化"政策类似，推动企业、政府、高校联合培养产业发展亟须人才，实现岗位—技能高度匹配。培训是提升人力资本的一个重要渠道，但一直存在市场失灵的问题，企业和个人都不愿意买单。政府在提供培训支持时要处理好与企业、个人三者关系，既不缺位也不越位，它应该通过间接方式参与，不能代企业和个人做决策。

7.5 优化教育结构，建立高人力资本后备军

以人工智能为代表的新一轮技术革命，对人力资本水平要求达到新高度，为满足更加智能的技术进步对高技能或高素质劳动力的更多需求，应通过优化教育结构，建立一支高人力资本后备军。

其一，加快调整并优化高等教育结构。包括优化学科层次结构和专业结构，促进理论基础与应用实践协调发展，支持高校建立智能制造学科培养体系，培育人工智能发展需要的具有较强创新能力和问题解决能力的高素质人才。欧盟在关于制造业战略发展报告中曾提出，应鼓励大学和职业院校为培养新一代"知识工人"所需的专业技能开发并完善匹配的教育和培训课程，提高人力资本水平。

其二，重视学前教育。赫克曼曲线揭示了加强学前教育对获得更高

人力资本回报率的重要作用，且认为其是获得更高收益的必要条件。参照国外经验，美国工人尤其是未接受高等教育的工人提高技能均受益于早期教育，美国及其他发达国家实施"领先起步"项目，专门为 3~5 岁的贫困家庭儿童提供免费的保育和教育服务，据学者追踪反馈，该政策促进贫困群体实现阶层流动，释放了潜在就业劳动力的劳动市场功效。由此，重视并完善学前教育对挖掘劳动力潜力、提高人力资本同样大有裨益。

其三，构建系统教育培训体系。鉴于我国处于经济减速、经济结构服务化转型时期，易造成劳动力漂移，如频繁换岗、大量劳动力流动至低端或低效率部门，造成人力资本消散。那么，对教育和培训应提出新要求，除了加大教育培训的投入力度，更要构建系统教育培训体系，包括如何提高技能培训质量、如何衔接技能培训和实践、如何参与培训者的职业生涯规划等。

7.6 完善社会保障，为失业人员提供"安全网"

完善的政策不仅要考虑如何提高在岗员工技能，更要考虑如何为"技术性失业人员"提供政策保障。政府要为失业人员提供失业保障和失业救济，维持其基本生活需求，为失业人员提供"安全网"兜底。当然，过度保护不可取，为防止失业保障滋生失业者懒惰心理，加重国家经济负担，政府应慎重制定失业保险金的领取标准。借鉴国外经验领取失业保险的标准，美国规定每年至少工作 20 周的劳动者才有资格申请失业保险；德国更加严格，要求申请失业保险前必须有每周工作 18 个小时以上的经历；瑞士和日本分别要求失业者在失业前有 5 个月和 6 个月的企业或个人缴费记录；若达不到上述要求，失业者将没有申请失业保险资格，无法领取失业保障金。完善失业保障政策，为失业者做好托底工作的同时，不仅要把握好援助程度，更要帮助其重回工作岗位，授人以鱼不如授人以渔。政府要鼓励并引导失业人员再就业，定期做好就业咨询，加强技能培训，激发劳动者寻找工作的积极性。

参考文献

［1］安同良，魏婕，舒欣．中国制造业企业创新测度——基于微观创新调查的跨期比较［J］．中国社会科学，2020（3）：99-122+206．

［2］蔡啸，黄旭美．人工智能技术会抑制制造业就业吗？——理论推演与实证检验［J］．商业研究，2019（6）：53-62．

［3］蔡昉．发展阶段判断与发展战略选择——中国又到了重化工业化阶段吗［J］．经济学动态，2005（9）：15-19．

［4］陈诗一，严法善，吴若沅．资本深化、生产率提高与中国二氧化碳排放变化——产业、区域、能源三维结构调整视角的因素分解分析［J］．财贸经济，2010（12）：111-119+145．

［5］陈颂，卢晨．产品内国际分工技术进步效应的影响因素研究［J］．国际贸易问题，2018（5）：26-38．

［6］陈彦斌，林晨，陈小亮．人工智能、老龄化与经济增长［J］．经济研究，2019，54（7）：47-63．

［7］陈勇，唐朱昌．中国工业的技术选择与技术进步：1985—2003［J］．经济研究，2006（9）：50-61．

［8］陈宇峰，贵斌威，陈启清．技术偏向与中国劳动收入份额的再考察［J］．经济研究，2013（6）：113-126．

［9］成肖，李敬．劳动争议、资本深化与劳动收入份额——影响机制与中国经验［J/OL］．西部论坛：1-11［2020-12-03］．http：//kns.cnki.net/kcms/detail/50.1200.c.20200420.1420.002.html．

［10］邸俊鹏，韩清．最低工资标准提升的收入效应研究［J］．数量经济技术经济研究，2015，32（7）：90-103．

[11] 丁守海，沈煜，胡云. 供给侧改革与就业转换的三阶段论 [J]. 教学与研究，2016（3）：23-31.

[12] 丁守海，吴迪，张鹤. 跨越中等收入陷阱迫需提升就业质量 [J]. 教学与研究，2018（7）：22-32.

[13] 丁守海. 劳动剩余与工资上涨条件下的工业化 [J]. 政治经济学评论，2007（0）：31-58.

[14] 丁守海. 中国经济的短期压力、长期韧性与宏观调控 [J]. 中国高校社会科学，2020（6）：13-21+154.

[15] 丁守海. 中国就业弹性究竟有多大？——兼论金融危机对就业的滞后冲击 [J]. 管理世界，2009（5）：36-46.

[16] 丁守海. 中国劳动力市场的结构性矛盾与政策重构 [J]. 中国高校社会科学，2019（4）：77-86+158-159.

[17] 董直庆，王林辉，李富强. 制度改革、政府有效委托和我国经济增长效率 [J]. 改革与战略，2007（10）：1-4.

[18] 杜传文，李晴，芮明杰，等. 大规模工业机器人应用与异质性技能劳动力之间的替代互补关系 [J]. 中国科技论坛，2018（8）：174-182.

[19] 段国蕊，臧旭恒. 中国式分权、地方政府行为与资本深化——基于区域制造业部门的理论和经验分析 [J]. 南开经济研究，2013（6）：37-53.

[20] 范红忠. 有效需求规模假说、研发投入与国家自主创新能力 [J]. 经济研究，2007（3）：33-44.

[21] 方福前，邢炜. 经济波动、金融发展与工业企业技术进步模式的转变 [J]. 经济研究，2017，52（12）：76-90.

[22] 封伟毅. 开放经济条件下技术进步影响因素研究——基于内外部要素作用的视角 [J]. 当代经济研究，2018（9）：73-79.

[23] 高翔，刘啟仁，黄建忠. 要素市场扭曲与中国企业出口国内附加值率：事实与机制 [J]. 世界经济，2018，41（10）：26-50.

[24] 龚锋，王昭，余锦亮. 人口老龄化、代际平衡与公共福利性

支出 [J]. 经济研究, 2019, 54 (8): 103-119.

[25] 郭界秀. 中国工业技术进步的分解及影响因素研究——基于 DEA 的 Malmquist 指数法 [J]. 经济经纬, 2015, 32 (5): 79-84.

[26] 郭庆旺, 贾俊雪. 中国全要素生产率的估算: 1979—2004 [J]. 经济研究, 2005 (6): 51-60.

[27] 韩慧霞, 金泽虎. 贸易政策不确定性影响高技术产业技术进步的机制与检验——基于知识产权保护的门限分析 [J]. 统计与信息论坛, 2020, 35 (7): 77-88.

[28] 韩民春, 韩青江, 夏蕾. 工业机器人应用对制造业就业的影响——基于中国地级市数据的实证研究 [J]. 改革, 2020 (3): 22-39.

[29] 韩民春, 赵一帆. 工业机器人对中国制造业的就业效应 [J]. 工业技术经济, 2019, 38 (11): 3-12.

[30] 贺建风, 张晓静. 劳动力成本上升对企业创新的影响 [J]. 数量经济技术经济研究, 2018, 35 (8): 56-73.

[31] 胡春阳, 余泳泽. 政府补助与企业全要素生产率——对 U 形效应的理论解释及实证分析 [J]. 财政研究, 2019 (6): 72-85.

[32] 胡加明, 吴迪. 股权结构与企业绩效之谜 [J]. 东岳论丛, 2020, 41 (10): 97-113.

[33] 黄先海, 刘毅群. 设备投资、体现型技术进步与生产率增长: 跨国经验分析 [J]. 世界经济, 2008 (4): 47-61.

[34] 黄先海, 刘毅群. 物化性技术进步与我国工业生产率增长 [J]. 数量经济技术经济研究, 2006 (4): 52-60.

[35] 黄先海, 徐圣. 中国劳动收入比重下降成因分析——基于劳动节约型技术进步的视角 [J]. 经济研究, 2009, 44 (7): 34-44.

[36] 黄亚生. 中国"外资依赖症"的原因和代价 [J]. 中国招标, 2005 (52): 34-41.

[37] 黄勇峰, 任若恩. 中美两国制造业全要素生产率比较研究 [J]. 经济学（季刊）, 2002 (4): 161-180.

[38] 解学梅, 曾赛星. 西方技术变迁与技能结构关系: 一个微观视角下的研究述评 [J]. 科学学与科学技术管理, 2009, 30 (1): 21 – 25.

[39] 金碚. 高技术在中国产业发展中的地位和作用 [J]. 中国工业经济, 2003 (12): 5 – 10.

[40] 鞠晓生, 卢荻, 虞义华. 融资约束、营运资本管理与企业创新可持续性 [J]. 经济研究, 2013, 48 (1): 4 – 16.

[41] 孔东民, 徐茗丽, 孔高文. 企业内部薪酬差距与创新 [J]. 经济研究, 2017, 52 (10): 144 – 157.

[42] 孔高文, 刘莎莎, 孔东民. 机器人与就业——基于行业与地区异质性的探索性分析 [J]. 中国工业经济, 2020 (8): 80 – 98.

[43] 黎贵才, 卢荻. 资本深化、资源约束与中国经济可持续增长 [J]. 经济学家, 2011 (5): 74 – 81.

[44] 李德水. 努力探索中国绿色国民经济核算体系 [J]. 环境经济, 2004 (8): 24 – 25.

[45] 李京文. 加强宏观调控与向市场经济过渡 [J]. 数量经济技术经济研究, 1993 (11): 3 – 11.

[46] 李平, 刘利利, 李蕾蕾. 政府研发资助是否促进了技术进步——来自66个国家和地区的证据 [J]. 科学学研究, 2016, 34 (11): 1625 – 1636.

[47] 李舒沁, 王灏晨, 汪寿阳. 人工智能背景下工业机器人发展水平综合动态评价研究——以制造业为例 [J]. 系统工程理论与实践, 2020, 40 (11): 2958 – 2967.

[48] 李文溥, 李静. 要素比价扭曲、过度资本深化与劳动报酬比重下降 [J]. 学术月刊, 2011, 43 (2): 68 – 77.

[49] 李小平, 朱钟棣. 中国工业行业的全要素生产率测算——基于分行业面板数据的研究 [J]. 管理世界, 2005 (4): 56 – 64.

[50] 李正友, 毕先萍. 技术进步的就业效应: 一个理论分析框架 [J]. 经济评论, 2004 (2): 21 – 24.

[51] 连玉君, 彭方平, 苏治. 融资约束与流动性管理行为 [J]. 金融研究, 2010 (10): 158-171.

[52] 连玉君, 苏治. 上市公司现金持有: 静态权衡还是动态权衡 [J]. 世界经济, 2008 (10): 84-96.

[53] 梁云, 唐成伟. 中国高技术企业出口贸易技术进步效应的影响因素分析 [J]. 经济问题探索, 2013 (5): 144-150.

[54] 林晨, 陈小亮, 陈伟泽, 等. 人工智能、经济增长与居民消费改善: 资本结构优化的视角 [J]. 中国工业经济, 2020 (2): 61-83.

[55] 林毅夫, 蔡昉, 李周. 中国的奇迹: 发展战略与经济改革 (增订版) [M]. 上海: 上海三联书店, 上海人民出版社, 1999.

[56] 林毅夫, 潘士远, 刘明兴. 技术选择、制度与经济发展 [J]. 经济学 (季刊), 2006 (2): 695-714.

[57] 林毅夫, 任若恩. 东亚经济增长模式相关争论的再探讨 [J]. 经济研究, 2007 (8): 4-12+57.

[58] 林毅夫, 张鹏飞. 后发优势、技术引进和落后国家的经济增长 [J]. 经济学 (季刊), 2005 (4): 53-74.

[59] 林毅夫. 发展战略、自生能力和经济收敛 [J]. 经济学 (季刊), 2002 (1): 269-300.

[60] 林炜. 企业创新激励: 来自中国劳动力成本上升的解释 [J]. 管理世界, 2013 (10): 95-105.

[61] 刘莉亚, 何彦林, 王照飞, 等. 融资约束会影响中国企业对外直接投资吗?——基于微观视角的理论和实证分析 [J]. 金融研究, 2015 (8): 124-140.

[62] 刘晓. 美国"制造业回归"战略下的职业教育: 挑战与应对 [J]. 当代职业教育, 2017 (5): 99-103+112.

[63] 龙少波, 丁露, 余康. 中国式技术变迁下的产业与消费"双升级"互动机制研究 [J]. 宏观经济研究, 2020 (10): 71-84+136.

[64] 逯东, 余渡, 黄丹, 等. 内部培养与外部空降: 谁更能促进

企业创新 [J]. 中国工业经济, 2020 (10): 157-174.

[65] 吕洁, 任传文, 李元旭. 工业机器人应用会倒逼一国制造业劳动力结构转型吗? [J]. 科技管理研究, 2017 (22): 32-41.

[66] 吕政. 论中国工业的比较优势 [J]. 中国工业经济, 2003 (4): 5-9.

[67] 罗长远, 张泽新. 出口和研发活动的互补性及其对生产率的影响——来自中国上市企业的证据 [J]. 数量经济技术经济研究, 2020, 37 (7): 134-154.

[68] 罗楚亮, 倪青山. 资本深化与劳动收入比重——基于工业企业数据的经验研究 [J]. 经济学动态, 2015 (8): 40-50.

[69] 罗知, 宣琳露, 李浩然. 国际贸易与中国技术进步方向——基于要素价格扭曲的中介效应分析 [J]. 经济评论, 2018 (3): 74-89.

[70] Martin Ford. 机器人时代: 技术、工作与经济的未来 [M]. 北京: 中信出版集团, 2015: 66-83.

[71] 马红旗. 中国资本—技能互补性研究 [D]. 重庆: 重庆大学, 2013.

[72] 马双, 赖漫桐. 劳动力成本外生上涨与 FDI 进入: 基于最低工资视角 [J]. 中国工业经济, 2020 (6): 81-99.

[73] 马双, 张劼, 朱喜. 最低工资对中国就业和工资水平的影响 [J]. 经济研究, 2012, 47 (5): 132-146.

[74] 马岚. 中国会出现机器人对人工的规模替代吗? [J]. 世界经济研究, 2015 (10): 71-79.

[75] 倪骁然, 朱玉杰. 劳动保护、劳动密集度与企业创新——来自 2008 年《劳动合同法》实施的证据 [J]. 管理世界, 2016 (7): 154-167.

[76] 宁光杰, 林子亮. 信息技术应用、企业组织变革与劳动力技能需求变化 [J]. 经济研究, 2014 (8): 79-92.

[77] 蒲艳萍, 顾冉. 劳动力工资扭曲如何影响企业创新 [J]. 中

国工业经济, 2019 (7): 137 - 154.

[78] 任优生, 邱晓东. 政府补助和企业 R&D 投入会促进战略性新兴产业生产率提升吗 [J]. 山西财经大学学报, 2017, 39 (1): 55 - 69.

[79] 邵文波, 李坤望. 信息技术、团队合作与劳动力需求结构的差异性 [J]. 世界经济, 2014, 37 (11): 72 - 99.

[80] 邵玉君. FDI、OFDI 与国内技术进步 [J]. 数量经济技术经济研究, 2017, 34 (9): 21 - 38.

[81] 申广军, 邹静娴. 金融发展、资本深化与教育支出: 来自 CFPS 的经验证据 [J]. 北京大学国家发展研究院, 工作论文, 2015.

[82] 申广军. "资本—技能互补"假说: 理论、验证及其应用 [J]. 经济学 (季刊), 2016, 15 (4): 1653 - 1682.

[83] 沈小波, 林伯强. 中国工业部门投入体现的和非体现的技术进步 [J]. 数量经济技术经济研究, 2017, 34 (5): 72 - 87.

[84] 宋冬林, 王林辉, 董直庆. 技能偏向型技术进步存在吗?——来自中国的经验证据 [J]. 经济研究, 2010, 45 (5): 68 - 81.

[85] 宋建, 郑江淮. 资本深化、资源配置效率与全要素生产率: 来自小企业的发现 [J]. 经济理论与经济管理, 2020 (3): 18 - 33.

[86] 苏盛安, 赵付民. 政府科技投入对我国技术进步的贡献 [J]. 科技管理研究, 2005 (9): 8 - 11 + 15.

[87] 隋澈, 周晓梅. 人口老龄化背景下劳动力供给对中国经济增长的影响 [J]. 当代经济研究, 2014 (3): 33 - 37.

[88] 孙圣民, 陈强. 家庭联产承包责任制与中国农业增长的再考察——来自面板工具变量法的证据 [J]. 经济学 (季刊), 2017, 16 (2): 815 - 832.

[89] 孙巍, 叶正波. 转轨时期中国工业的效率与生产率——动态非参数生产前沿面理论及其应用 [J]. 中国管理科学, 2002 (4): 2 - 7.

[90] 孙文凯, 郭杰, 赵忠, 等. 我国就业结构变化与技术升级研

究［J］．经济理论与经济管理，2018（6）：5-14．

［91］孙早，刘李华．资本深化与行业全要素生产率增长——来自中国工业1990—2013年的经验证据［J］．经济评论，2019（4）：3-16．

［92］谈镇，黄瑞玲．结构跃迁：技术创新与就业［J］．唯实，1997（12）：23-25．

［93］唐东波．垂直专业分工与劳动生产率：一个全球化视角的研究［J］．世界经济，2014，37（11）：25-52．

［94］涂正革，肖耿．中国工业增长模式的转变——大中型企业劳动生产率的非参数生产前沿动态分析［J］．管理世界，2006（10）：57-67+81．

［95］王德文，王美艳，陈兰．中国工业的结构调整、效率与劳动配置［J］．经济研究，2004（4）：41-49．

［96］王光栋．技术进步与地区就业增长［M］．南昌：江西人民出版社，2015：38-57．

［97］王佳菲．提高劳动者报酬的产业结构升级效应及其现实启示［J］．经济学家，2010（7）：35-41．

［98］王君，张于喆，张义博，等．人工智能等新技术进步影响就业的机理与对策［J］．宏观经济研究，2017（10）：169-181．

［99］王俊．贸易自由化与技能溢价：基于技能偏向技术进步视角的研究［J］．国际经贸探索，2019，35（5）：40-51．

［100］王林辉，董直庆．资本体现式技术进步、技术合意结构和我国生产率增长来源［J］．数量经济技术经济研究，2012，29（5）：3-18．

［101］王曙光，郭凯．在国家干预的国际技术贸易体制下中国的技术进步之路［J］．西部论坛，2020，30（2）：26-33+83．

［102］王珏，祝继高．劳动保护能促进企业高学历员工的创新吗？——基于A股上市公司的实证研究［J］．管理世界，2018，34（3）：139-152+166+184．

［103］魏楚，沈满洪．工业绩效、技术效率及其影响因素——基于

2004 年浙江省经济普查数据的实证分析 [J]. 数量经济技术经济研究, 2008 (7): 18 - 30.

[104] 魏燕, 龚新蜀. 技术进步、产业结构升级与区域就业差异——基于我国四大经济区 31 个省级面板数据的实证研究 [J]. 产业经济研究, 2012 (4): 19 - 27.

[105] 卫兴华, 侯为民. 中国经济增长方式的选择与转换途径 [J]. 经济研究, 2007 (7): 15 - 22.

[106] 温忠麟, 叶宝娟. 中介效应分析: 方法和模型发展 [J]. 心理科学进展, 2014, 22 (5): 731 - 745.

[107] 温忠麟. 张雷, 侯杰泰, 等. 中介效应检验程序及其应用 [J]. 心理学报, 2004 (5): 614 - 620.

[108] 巫强. 资本深化、技术进步与雇佣规模调整 [J]. 中国人口·资源与环境, 2013, 23 (6): 160 - 168.

[109] 吴迪. 我国劳动力市场结构性变革中的新机遇 [J]. 当代经济管理, 2020, 42 (9): 10 - 18.

[110] 吴帆. 低生育率陷阱究竟是否存在?——对后生育率转变国家 (地区) 生育率长期变化趋势的观察 [J]. 人口研究, 2019, 43 (4): 50 - 60.

[111] 吴建军. 中国 ODI 技术进步效应的影响因素研究——基于东道国的分析视角 [J]. 经济经纬, 2013 (3): 68 - 74.

[112] 吴敬琏. "重化工业化" 有悖国情 [J/OL]. 2005 - 06 - 27, 财经网, http://magazine.caijing.com.cn/2005-06-27/110056779.html.

[113] 吴敬琏. 全面深化改革的进展与挑战 [J]. 财经界, 2015 (25): 60 - 63.

[114] 肖六亿. 技术进步的就业效应: 基于宏观视角分析 [M]. 北京: 人民出版社, 2009: 25 - 37.

[115] 肖文, 薛天航. 劳动力成本上升、融资约束与企业全要素生产率变化 [J]. 世界经济, 2019, 42 (1): 76 - 94.

[116] 肖泽忠, 邹宏. 中国上市公司资本结构的影响因素和股权融

资偏好［J］．经济研究，2008（6）：119-134+144．

［117］谢建国，张宁．技术差距、技术溢出与中国的技术进步：基于中美行业贸易数据的实证分析［J］．世界经济研究，2020（1）：12-24+135．

［118］谢千里，罗斯基，郑玉歆，等．所有制形式与中国工业生产率变化趋势［J］．数量经济技术经济研究，2001（3）：5-17．

［119］薛天航．劳动力成本上升对中国企业全要素生产率的影响研究［D］．浙江大学，2019．

［120］杨光，侯钰．工业机器人的使用、技术升级与经济增长［J］．中国工业经济，2020（10）：138-156．

［121］杨国超，芮萌．高新技术企业税收减免政策的激励效应与迎合效应［J］．经济研究，2020，55（9）：174-191．

［122］杨俊玲，林季红．细分贸易对中国行业技术进步的影响［J］．经济经纬，2018，35（4）：79-85．

［123］杨翔，李小平，钟春平．中国工业偏向性技术进步的演变趋势及影响因素研究［J］．数量经济技术经济研究，2019，36（4）：101-119．

［124］杨校美，谭人友．资本深化对中国制造业劳动生产率的影响：市场选择与政府行为［J］．南方经济，2017（7）：51-69．

［125］杨振兵．中国制造业创新技术进步要素偏向及其影响因素研究［J］．统计研究，2016，33（1）：26-34．

［126］杨蕙馨，李春梅．中国信息产业技术进步对劳动力就业及工资差距的影响［J］．中国工业经济，2013（1）：51-63．

［127］姚景源．当前我国的投资增长趋势［J］．经济，2009（12）：21．

［128］姚先国，周礼，来君．技术进步、技能需求与就业结构——基于制造业微观数据的技能偏态假说检验［J］．中国人口科学，2005（5）．

［129］姚先国．劳动报酬占比下降的"中国特色"［J］．山东大学

学报（哲学社会科学版），2012（5）：7-9.

[130] 姚战琪，夏杰长. 资本深化、技术进步对中国就业效应的经验分析 [J]. 世界经济，2005（1）：58-67+80.

[131] 姚战琪. 生产率增长与要素再配置效应：中国的经验研究 [J]. 经济研究，2009，44（11）：130-143.

[132] 叶祥松，刘敬. 政府支持与市场化程度对制造业科技进步的影响 [J]. 经济研究，2020，55（5）：83-98.

[133] 易纲，樊纲，李岩. 关于中国经济增长与全要素生产率的理论思考 [J]. 经济研究，2003（8）：13-20+90.

[134] 殷德生，唐海燕，黄腾飞. FDI 与中国的高技能劳动需求 [J]. 世界经济，2011，34（9）：118-137.

[135] 于泽，徐沛东. 资本深化与我国产业结构转型——基于中国 1987—2009 年 29 省数据的研究 [J]. 经济学家，2014（3）：37-45.

[136] 余东华，张鑫宇，孙婷. 资本深化、有偏技术进步与全要素生产率增长 [J]. 世界经济，2019，42（8）：50-71.

[137] 俞建国，王岳平，王亚平，等. 中国小企业发展战略研究 [J]. 管理世界，2001（2）：157-166+205.

[138] 袁富华，李义学. 中国制造业资本深化和就业调整——基于利润最大化假设的分析 [J]. 经济学（季刊），2009，8（1）：197-210.

[139] 袁富华. 中国劳动密集型制造业出口和就业状况分析 [J]. 经济理论与经济管理，2007（4）：50-56.

[140] 袁江，张成思. 强制性技术变迁、不平衡增长与中国经济周期模型 [J]. 经济研究，2009，44（12）：17-29.

[141] 约翰·齐曼. 技术创新进化论 [M]. 孙喜杰，曾国屏译，上海：上海科技教育出版社，2002.

[142] 张车伟，赵文. 中国劳动报酬份额问题——基于雇员经济与自雇经济的测算与分析 [J]. 中国社会科学，2015（12）：90-112+206-207.

[143] 张杰，周晓艳，李勇. 要素市场扭曲抑制了中国企业 R&D? [J]. 经济研究，2011，46（8）：78-91.

[144] 张军，陈诗一，Gary H. Jefferson. 结构改革与中国工业增长 [J]. 经济研究，2009，44（7）：4-20.

[145] 张军. 资本形成、工业化与经济增长：中国的转轨特征 [J]. 经济研究，2002（6）：3-13+93.

[146] 张先锋，张敬松，张燕. 劳工成本、双重创新效应与出口技术复杂度 [J]. 国际贸易问题，2014（3）：34-43.

[147] 张应青，范如国，罗明. 企业自主创新困境中的短视行为演化博弈及仿真研究 [J]. 数学的实践与认识，2020，50（16）：90-102.

[148] 赵景，董直庆. 中国工业物化型技术进步测度及其就业转移效应研究 [J]. 产业经济研究，2019（5）：27-38.

[149] 赵玉林，谷军健. 中美制造业发展质量的测度与比较研究 [J]. 数量经济技术经济研究，2018，35（12）：116-133.

[150] 赵志耘，吕冰洋，郭庆旺，等. 资本积累与技术进步的动态融合：中国经济增长的一个典型事实 [J]. 经济研究，2007（11）：18-31.

[151] 郑江淮，宋建，张玉昌，等. 中国经济增长新旧动能转换的进展评估 [J]. 中国工业经济，2018（6）：24-42.

[152] 郑江绥，董书礼. 美国、欧盟发展制造业的经验及其对我国的启示 [J]. 中国科技论坛，2006（3）：128-131.

[153] 郑玉歆. 全要素生产率的测度及经济增长方式的"阶段性"规律——由东亚经济增长方式的争论谈起 [J]. 经济研究，1999（5）：3-5.

[154] 郑振雄，郑建清. 劳动节约型技术进步下的就业转移 [J]. 中国人口·资源与环境，2012，22（1）：144-148.

[155] 钟晨玮，袁国敏. 中国城镇劳动力市场是否存在倒 S 供给曲线 [J]. 山东工商学院学报，2018，32（6）：11-18.

[156] 朱钟棣，李小平. 中国工业行业资本形成、全要素生产率变

化及其趋异化：基于分行业面板数据的研究［J］. 世界经济，2005 (9)：51 - 62.

［157］朱轶，涂斌. 财政分权、投资失衡与工业资本深化——基于中国区域特征的经验研究［J］. 宏观经济研究，2011（11）：28 - 36.

［158］朱轶，熊思敏. 技术进步、产业结构变化对我国就业效应的经验研究［J］. 数量经济技术经济研究，2009（5）：107 - 119.

［159］Abeliansky A，K Prettner. Automation and Demographic Change ［R］. SSRN，2017.

［160］Abernathy W J，Clark K B. Innovation：Mapping the Winds of Creative Destruction［J］. Research Policy，1985，14（1）：3 - 22.

［161］Acemoglu D. Why Do New Technologies Complement Skills? Directed Technical Change and Wage Inequality［J］. The Quarterly Journal of Economics，1998，113（4）：1055 - 1089.

［162］Acemoglu D，F Zilibotti. Productivity Differences［J］. The Quarterly Journal of Economics，2001，116（2）：563 - 606.

［163］Acemoglu D. Directed Technical Change［J］. Review of Economic Studies，2002，69（4）：781 - 809.

［164］Acemoglu D. Labor and Capital Augmenting Technical Change ［J］. Journal of the European Economic Association，2003，1（1）：1 - 37.

［165］Acemoglu D. Equilibrium Bias of Technology［J］. Econometrica，2007，75（5）：1371 - 1409.

［166］Acemoglu D，A Finkelstein. Input and Technology Choices in Regulated Industries：Evidence From the Health Care Sector［J］. Journal of Political Economy，2008，116（5）：837 - 880.

［167］Acemoglu D，Guerrie R. Capital Deepening and Non - Balanced Economic Growth［J］. Journal of Political Economy，2008，116（3）：467 - 498.

［168］Acemoglu D. When Does Labor Scarcity Encourage Innovation? ［R］. Mit Department of Economics Working Paper，No. 09 - 07，2009.

[169] Acemoglu D, Restrepo P. Artificial Intelligence, Automation and Work [R]. Working Paper, National Bureau of Economic Research, 2018.

[170] Acemoglu D, P Restrepo. The Wrong Kind of AI? Artificial Intelligence and the Future of Labor Demand [R]. NBER: Working Paper, 2019.

[171] Acemoglu D, P Restrepo. Robots and Jobs: Evidence From US Labor Markets [J]. Journal of Political Economy, 2020, 128 (6): 2188 – 2244.

[172] Aghion P, Howitt P. Growth and Unemployment [J]. Review of Economic Studies. 1994, 61 (3): 477 – 494.

[173] Agrawal A, J S Gans, A Goldfarb. Artificial Intelligence: The Ambiguous Labor Market Impact of Automating Prediction [J]. Journal of Economic Perspectives, 2019, 33 (2): 31 – 50.

[174] Ahmad S. On the Theory of Induced Invention [J]. The Economic Journal, 1966, 76 (302): 344 – 357.

[175] Allan C W, J D Loecker. Reallocation and Technology: Evidence From the US Steel Industry [J]. American Economic Review, 2015, 105 (1): 131 – 137.

[176] Almeida H, M Campello, M Weisbach. The Cash Flow Sensitivity of Cash [J]. Journal of Finance, 2004, 59 (4): 1777 – 1804.

[177] Almus M, D Czarnitzki. The Effects of Public R&D Subsidies on Firms' Innovation Activities: The Case of Eastern Germany [J]. Journal of Business & Economic Statistics, 2003, 21 (2): 226 – 236.

[178] Alvarez – Cuadrado F, Long N V, Poschke M. Capital – Labor Substitution, Structural Change and the Labor Income Share [J]. Journal of Economic Dynamics & Control, 2018, 87 (2): 206 – 231.

[179] Antonelli C, F Quatraro. The Effects of Biased Technological Change on Total Factor Productivity: Empirical Evidence From a Sample of OECD Countries [J]. The Journal of Technology Transfer, 2010, 35 (4):

361 – 383.

[180] Atkinson A B, J E Stiglitz. A New View of Technological Change [J]. The Economic Journal, 1969, 79 (315): 573 – 578.

[181] Autor D H, et al. The Skill Content of Recent Technological Change: An Empirical Exploration [J]. The Quarterly Journal of Economics, 2003, 118 (4): 1279 – 1333.

[182] Autor D H, et al. The Polarization of the U. S. Labor Market [J]. The American Economic Review, 2006, 96 (2): 189 – 194.

[183] Autor D H, L F Katz, A B Krueger. Computing Inequality: Have Computers Changed the Labor Market? [J]. Quarterly Journal of Economics, 1998, 113 (4): 1169 – 1213.

[184] Baily M N, W D Nordhaus. The Productivity Growth Slowdown by Industry [J]. Brookings Papers on Economic Activity, 1982 (2): 423 – 459.

[185] Bakhshi H, J Larsen. Investment – Specific Technological Progress in the United Kingdom [R]. Bank of England, Working paper, No. 129, 2001.

[186] Ball R C. Short Term Employment Functions in British Manufacturing Industry [J]. Review of Economic Studies, 1966 (33): 179 – 207.

[187] Banker R D, D Byzalov, L T Chen. Employment Protection Legislation, Adjustment Costs and Cross – Country Differences in Cost Behavior [J]. Journal of Accounting and Economics, 2013, 55 (1): 111 – 127.

[188] Bardhan P. Equilibrium Growth in a Model with Economic Obsolescence of Machines [J]. The Quarterly Journal of Economics, 1969, 83 (2): 312 – 323.

[189] Barro R J, X Sala – i – Martin. Technological Diffusion, Convergence, and Growth [J]. Journal of Economic Growth, 1997, 2 (1): 1 – 26.

[190] Basu S, D N Weil. Appropriate Technology and Growth [J]. The

Quarterly Journal of Economics, 1998, 113 (4): 1025 - 1054.

[191] Baron R M, D A Kenny. The Moderator - Mediator Variable Distinction in Social Psychological Research: Conceptual, Strategic, and Statistical Considerations [J]. Journal of Personality and Social Psychology, 1986, 51: 1173 - 1182.

[192] Bartel A P, F R Lichtenberg. The Comparative Advantage of Educated Workers in Implementing New Technology [J]. Review of Economics and Statistics, 1987, 69 (1): 1 - 11.

[193] Bentolila S, Saint - Paul G. Explaining Movements in the Labor Share [J]. The B. E. Journal of Macroeconomics, 2003, 3 (1): 1 - 33.

[194] Bergström V, E Panas. How Robust is the Capital - Skill Complementarity Hypothesis? [J]. Review of Economics and Statistics, 1992, 74 (3): 540 - 546.

[195] Bernard A B, Jensen J B, Schott P S. Survival of the Best Fit Competition from Low Wage Countries and the (Uneven) Growth of US Manufacturing Plants [R]. NBER working paper, No. 9170, 2002.

[196] Berndt E R, L R Christensen. Testing for the Existence of a Consistent Aggregate Index of Labor Inputs [J]. American Economics Review, 1974, 64 (3): 391 - 404.

[197] Binswanger H P. A Cost Function Approach to the Measurement of Elastic Demand and Elasticities of Substitution [J]. American Journal of Agricultural Economics, 1974: 377 - 386.

[198] Binswanger H P, Ruttan V W, Ben - Zion U, et al. Induced Innovation: Technology, Institutions, and Development [M]. London: The Johns Hopkins University Press, 1978: 423.

[199] Bloom D E, M J McKenna, K Prettner. Demography, Unemployment, Automation, and Digitalization: Implications for the Creation of (Decent) Jobs, 2010 - 2030 [R]. IZA Discussion Papers No. 117, 392, 018. 00.

[200] Botero J, et al. The Regulation of Labor [J]. Quarterly Journal of Economics, 2004, 119 (4): 1339 – 1382.

[201] Bound J, G Johnson. Changes in the Structure of Wages in the 1980's: an Evaluation of Alternative Explanations [J]. American Economics Review, 1992, 82 (3), 371 – 392.

[202] Broadberry S N, Gupta B. The Early Modern Great Divergence : Wages , Prices and Economic Development in Europe and Asia, 1500 – 1800 [J]. Economic History Review, 2006, 59 (1): 2 – 31.

[203] Brynjolfsson E, D Rock, C Syverson. Artificial Intelligence and the Modern Productivity Paradox: A Clash of Expectations and Statistics [J]. NBER Working Papers, 2017.

[204] Brynjolfsson E, Mcafee A. The Second Machine Age: Work, Progress, and Prosperity in a Time of Brilliant Technologies [M]. New York: W W Norton & Company, 2014.

[205] Brynjolfsson E, T Mitchell. What Can Machine Learning Do? Workforce Implications [J]. Science, 2017, 358 (6370): 1530 – 1534.

[206] Burmeister E, Turnovsky S J. Capital Deepening Response in an Economy with Heterogeneous Capital Goods [J]. American Economic Review, 1972 (62): 842 – 853.

[207] Chambers R G. Applied Production Analysis: A Dual Approach [M]. Cambridge: Cambridge University Press, 1988.

[208] Chen K, Song Z. Financial Frictions on Capital Allocation: A Transmission Mechanism of TFP Fluctuations [J]. Journal of Monetary Economics, 2013, 60 (6): 683 – 703.

[209] Clark K, R Freeman. How Elastic is the Demand for Labor? [J]. Review of Economics & Statistics, 1980, 509 – 520.

[210] Clarkons K W, Miller R L. Industrial Organization: Theory, Evidence and Policy [M]. New York: McGraw – Hill Education, 1982.

[211] Cleary S. The Relationship between Firm Investment and Financial

Status [J]. Journal of Finance, 1999, 54 (2): 673-692.

[212] Cole R, Y C Chen, J A Barquiu-Stolleman, et al. Quality-Adjusted Price Indexes for Computer Processors and Selected Peripheral Equipment [J]. Survey of Current Business, 1986, 66: 41-50.

[213] Cooper R, G Gong, P Yan. Dynamic Labor Demand in China: Public and Private Objectives [J]. The RAND Journal of Economics, 2015, 46 (3): 577-610.

[214] Cooper R, G Gong, P Yan. Costly Labour Adjustment: General Equilibrium Effects of China's Employment Regulations and Financial Reforms [J]. The Economic Journal, 2018, 128 (613): 1879-1922.

[215] Cumminsa J G, Giovanni L V. Investment-Specific Technical Change in the United States (1947-2000): Measurement and Macroeconomic Consequences [J]. Review of Economic Dynamics, 2002, 5 (2): 243-284.

[216] Cyert R M, March J G. A Behavioral Theory of the Firm [M]. Englewood Cliffs, New Jersey: Prentice Hall, 1963.

[217] Dauthm W, et al. German Robots-The Impact of Industrial Robots on Workers [R]. CEPR Discussion Papers, 2017.

[218] David P A. Technical Choice Innovation and Economic Growth: Essays on American and British Experience in the Nineteenth Century [M]. New York: Cambridge University Press, 1975.

[219] David R H. The Future Employment Impacts of Industrial Robots: An Input-Output Approach [J]. Technological Forecasting and Social Change, 1985, 28 (4): 297-310.

[220] Davis S J, Haltiwanger J. Gross Job Creation, Gross Job Destruction and Employment Reallocation [J]. The Quarterly Journal of Economics, 1992, 107 (3): 819-863.

[221] De Long, J Bradford, L H Summers. Equipment Investment and Economic Growth [J]. The Quarterly Journal of Economics, 1991, 106

(2): 445 – 502.

[222] Denison E F. The Unimportance of the Embodied Question [J]. The American Economic Review, 1964, 54 (2): 90 – 94.

[223] Dennis E, V K Smith. A Neoclassical Analysis of the Demand for Real Cash Balances by firms [J]. Journal of Political Economy, 1978, 86 (5): 793 – 813.

[224] Denny M, M Fuss. The Use of Approximation Analysis to Test for Separability and the Existence of Consistent Aggregates [J]. American Economics Review, 1977, 67 (3): 404 – 418.

[225] Drandakis E M, E S Phelps. A Model of Induced Invention, Growth and Distribution [J]. The Economic Journal, 1966, 76 (304): 823 – 840.

[226] Duffy J, C Papageorgiou, F Perez – Sebastian. Capital – Skill Complementarity? Evidence from a Panel of Countries [J]. Review of Economics and Statistics, 2004, 86 (1): 327 – 344.

[227] Ebersberger B, A Pyka. Innovation and Sectoral Employment: A Trade – off Between Compensation Mechanisms [J]. Review of Labour Economics& Industrial Relations, 2002, 16 (4): 635 – 665.

[228] Edler D, T Ribakvoa. The Impact of Industrial Robots on the Level and Structure of Employment in Germany – A Simulation Study for the Period 1980 – 2000 [J]. Elsevier Science Inc, 1994, 45 (3): 255 – 274.

[229] Fazzari S M, et al. Financing Constraints and Corporate Investment [J]. Brookings Papers on Economic Activity, 1988 (1): 141 – 206.

[230] Felipe J. Total Factor Productivity Growth in East Asian: A Critical Survey [J]. The Journal of Development Studies, 1999, 35 (4): 1 – 41.

[231] Fisher F M. Embodied Technical Change and the Existence of an Aggregate Capital Stock [J]. Review of Economic Studies, 1965, 32 (4): 263 – 288.

[232] Fleinknecht A, Remco M O, Menno P P, et al. Flexible Labour, Firm Performance and the Dutch Job Creation Miracle [J]. International Review of Applied Economics, 2006, 20 (2): 171 – 187.

[233] Flug K, Z Hercowitz. Equipment Investment and the Relative Demand for Skilled Labor: International Evidence [J]. Review of Economic Dynamics, 2000, 3 (3): 461 – 485.

[234] Frey C B, M A Osborne. The Future of Employment: How Susceptible Are Jobs to Computerization? [R]. Discussion Paper, University of Oxford, 2013.

[235] Frey C B, M A Osborne, H Craig. Technology at Work v2.0: The Future Is Not What It Used to Be [R]. Oxford, England: Oxford Martin School and Citi GPS, 2016.

[236] Frey C B, M A Osborne. The Future of Employment: How Susceptible Are Jobs to Computerisation [J]. Technological Forecasting and Social Change, 2017 (114): 254 – 280.

[237] Galor O. Income Distribution and the Process of Development [J]. European Economic Review, 2000, 44 (4): 706 – 712.

[238] Godo Y, Y Hayami. Catching Up in Education in the Economic Catch – up of Japan with the United States, 1890 – 1990 [J]. Economic Development and Cultural Change, 2002, 50 (4): 961 – 978.

[239] Goldin C, L Katz. The Origins of Technology – Skill Complementarity [J]. Quarterly Journal of Economics, 1998, 113 (3): 693 – 732.

[240] Gordon R J. The Measurement of Durable Goods Prices [M]. Chicago: University of Chicago Press, 1990.

[241] Gordon R J. Does the 'New Economy' Measure up to the Great Inventions of the Past? [J]. The Journal of Economic Perspectives, 2000, 14 (4): 49 – 74.

[242] Gordon R J. Technology and Economic Performance in the American Economy [R]. NBER Working Paper, No. 8771: 2 – 23, 2002.

[243] Gordon R J. Why Has Economic Growth Slowed When Innovation Appears to be Accelerating? [R]. NBER: Working Paper, No. 24554, 2018. DOI 10.3386/w24554.

[244] Gorodnichenko Y, M Schnitzer. Financial Constraints and Innovation: Why Poor Countries Don't Catch up [J]. Journal of the European Economic Association, 2013, 11 (5): 1115 – 1152.

[245] Graetz G, Michaels G. Is Modern Technology Responsible for Jobless Recoveries? [J]. American Economic Review, 2017, 107 (5): 168 – 173.

[246] Greenwood J, Hercowitz Z, Krusell P. Long – Run Implications of Investment – Specific Technological Change [J]. American Economic Review, American Economic Association, 1997, 87 (3): 342 – 362.

[247] Greenwood J, A Seshadri. The U. S. Demographic Transition [J]. The American Economic Review, 2002, 92 (2): 153 – 159.

[248] Griliches Z. Capital – Skill Complementarity [J]. Review of Economics and Statistics, 1969, 51 (4): 465 – 468.

[249] Griliches Z. Hedonic Price Indexes for Automobiles: An Econometric of Quality Change, NBER Chapters, in: The Price Statistics of the Federal Government, pages 173 – 196, National Bureau of Economic Research, Inc, 1961.

[250] Gueorgui K, I Manovskii. Occupational Specificity of Human Capital [J]. International Economic Review, 2009, 50 (1): 63 – 115.

[251] Hadlock C J, J R Pierce. New Evidence on Measuring Financial Constraints: Moving Beyond the KZ Index [J]. The Review of Financial Studies, 2010, 23 (5): 1909 – 1940.

[252] Hall R E. Technical Change and Capital from the Point of View of the Dual [J]. The Review of Economic Studies, 1968, 35 (1): 35 – 46.

[253] Hall R E. The Measurement of Quality Change From Vintage Price Data [J]. Price Indexes and Quality Change, 1971, 240 – 271.

[254] Hall R E, C I Jones. Why Do Some Countries Produce So Much More Output than Others? [J]. The Quarterly Journal of Economics, 1999, 114 (1): 83 – 116.

[255] Hansen B. Threshold Effects in Non – dynamic Panels: Estimation, Testing, and Inference [J]. Journal of Econometrics, 1999, 93 (2): 345 – 368.

[256] Harrison A E. Has Globalization Eroded Labor's Share, Some Cross – Country Evidence [R]. UC Berkeley and NBER, 2005.

[257] Henderson J. A Non – Parametric Examination of Capital – Skill Complementarity [J]. Oxford Bulletin of Economics and Statistics, 2009, 71 (4): 519 – 538.

[258] Hicks J R. The Theory of Wages [M]. London: MacMillan Press, 1932.

[259] Hijzen, Alexander, et al. International Outsourcing and the Skill Structure of Labour Demand in the United Kingdom [J]. The Economic Journal, 2005, 115 (506): 860 – 878.

[260] Hjort J, J Poulsen. The Arrival of Fast Internet and Employment in Africa [J]. American Economic Review, 2019, 109 (3), 1032 – 1079.

[261] Hoshi T, et al. Corporate Structure, Liquidity, and Investment: Evidence from Japanese Industrial Groups [J]. The Quarterly Journal of Economics, 1991, 106 (1): 33 – 60.

[262] Howitt P, Aghion P. Capital Accumulation and Innovation as Complementary Factors in Long – Run Growth [J]. Journal of Economic Growth, 1998, 3: 111 – 130.

[263] Hulten C R. Growth Accounting When Technical Change Is Embodied in Capital [J]. American Economic Review, 1992, 82 (4): 964 – 980.

[264] Hung S W, Tang R H. Factors Affecting the Choice of Technology Acquisition mode: An Empirical Analysis of the Electronic Firms of Japan,

Korea and Taiwan [J]. Technovation, 2008, 28 (9): 551 -563.

[265] Hu X, F Schiantarelli. Investment and Capital Market Imperfections: A Switching Regression Approach Using US Firm Panel Data [J]. Review of Economics and Statistics, 1998, 80 (3): 466 -479.

[266] Johnson G. Economic Analysis of Trade Unionism [J]. American Economic Review, 1975, 65 (2): 23 -28.

[267] Jones C I, J C Williams. Measuring the Social Return to R & D [J]. The Quarterly Journal of Economics, 1998, 113 (4): 1119 -1135.

[268] Jorgenson D W. The Development of a Dual Economy [J]. The Economic Journal, 1961, 71 (282): 309 -334.

[269] Jorgenson D W. The Embodiment Hypothesis [J]. Journal of Political Economy, 1966, 74 (1): 1 -17.

[270] Jung S, J D Lee, W S Hwang, et al. Growth Versus Equity: A CGE Analysis for Effects of Factor - Biased Technical Progress on Economic Growth and Employment [J]. Economic Modelling, 2017, 60: 424 -438.

[271] Kaplan S N, L Zingales. Do Investment - Cash Flow Sensitivities Provide Useful Measures of Financing Constraints? [J]. The Quarterly Journal of Economics, 1997, 112 (1): 169 -215.

[272] Katz L F, K M Murphy. Changes in Relative Wages: Supply and Demand Factors [J]. Quarterly Journal of Economics, 1992, 107 (1): 35 -78.

[273] Keith Smith. Measuring Innovation [M]. Oxford: Oxford University Press, 2006.

[274] Kennedy C. Induced Bias in Innovation and the Theory of Distribution [J]. Economic Journal, 1964 (74): 541 -547.

[275] Kleinknecht A. Are There Schumpeterian Waves of Innovations? [J]. Cambridge Journal of Economics, 1990, 14 (1): 81 -92.

[276] Kleinknecht A. Is Labour Market Flexibility Harmful to Innovation? [J]. Cambridge Journal of Economics, 1998, 22 (3): 387 -396.

[277] Kleinknecht A., P. Mohnen, eds. Innovation and Firm Performance: Econometric Explorations of Survey Data [M]. Hampshire and New York: Palgrave, 2002.

[278] Kogan L. Asset Prices and Real Investment [J]. Journal of Financial Economics, 2004, 73 (3): 411-431.

[279] Kong D, S Liu, J Xiang. Political Promotion and Labor Investment Efficiency [J]. China Economic Review, 2018 (50): 273-293.

[280] Krueger A B. How Computers Have Change the Wage Structure: Evidence from Microdata, 1984-1989 [J]. Quarterly Journal of Economics, 1993, 108 (1): 33-60.

[281] Krugman P. The Myth of Asia's Miracle [J]. Foreign Affairs, 1994 (73): 62-78.

[282] Kumar R. Employment Elasticities and Speeds of Labour Adjustment: The Implications of Different Estimation Methods for Malaysian Commercial Agriculture and Forestry [J]. Journal of Development Studies, 1982 (18): 497-510.

[283] Kumar S, R R Russell. Technological Change, Technological Catch Up, and Capital Deepening, Relative Contributions To Growth and Convergence [J]. American Economic Review, 2002, 92 (3): 527-548.

[284] Krusell P. Investment Specific R&D and the Decline in the Relative Price of Capital [J]. Journal of Economic Growth, 1999 (3): 131-141.

[285] Krusell P, et al. Capital-Skill Complementarity and Inequality: A Macroeconomic Analysis [J]. Econometrica, 2000, 68 (5): 1029-1053.

[286] Lazear E P. Job Security Provisions and Employment [J]. Quarterly Journal of Economics, 1990, 105 (3): 699-726.

[287] Lewbel A. Constructing Instruments for Regressions with Measurement Error When No Additional Data Are Available, with an Application to

Patents and R&D [J]. Econometrica, 1997, 65 (5): 1201 – 1213.

[288] Lemos S. A Survey of the Effects of the Minimum Wage in Latin America [J]. Discussion Papers in Economics, 2007, 22 (1): 187 – 212.

[289] Lewis H G. Unionism and Relative Wages in the United States [M]. Chicago: University of Chicago Press, 1963.

[290] Liu X H, Buck T. Innovation Performance and Channels for International Technology Spillovers: Evidence from Chinese High – tech Industries [J]. Research Policy, 2007, 36 (3): 355 – 366.

[291] Long C, J Yang. How Do Firms Respond to Minimum Wage Regulation in China? Evidence from Chinese Private Firms [J]. China Economic Review, 2016 (38): 267 – 284.

[292] MacKinnon D P, C M Lockwood, J M Hoffman, et al. A Comparison of Methods to Test Mediation and Other Intervening Variable Effects [J]. Psychological Methods, 2002, 7: 83 – 104.

[293] Madsen J B. General Equilibrium Macroeconomic Models of Unemployment: Can They Explain the Unemployment Path in the OECD [J]. The Economic Journal, 1998, 108 (448): 850 – 867.

[294] Madsen J, Damania R. Labor Demand and Wage – Induced Innovations: Evidence from the OECD Countries [J]. International Review of Applied Economics, 2001, 15 (3): 323 – 334.

[295] Manning A. How Do We Know That Real Wages Are Too High? [J]. Cep Discussion Papers, 1995, 110 (4): 1111 – 1125.

[296] Marquetti A. Do Rising Real Wages Increase the Rate of Labor – saving Technical Change? Some Econometric Evidence [J]. Metroeconomica, 2004, 55 (4): 432 – 441.

[297] Martech M, et al. Positive Impact of Industrial Robots on Employment [R]. Frankfurt: Bank for International Settlements, No. 1, 2013.

[298] Mayneris F, S Poncet, T Zhang. Improving or Disappearing: Firm – level Adjustments to Minimum Wages in China [J]. Journal of Devel-

opment Economics, 2018 (135): 20 - 42.

[299] Mayr O. Technology and Culture [M]. Baltimore: The Johns Hopkins University Press, 1991, 130 - 131.

[300] McKinnon R I. Money and Capital in Economic Development [M]. Washington, DC: Brookings Institution, 1973.

[301] Michl T. The Productivity Slowdown and the Elasticity of Demand for Labor [J]. Review of Economics & Statistics, 1986, 532 - 536.

[302] Mohammed O Q, S S Rumaiya. The Impact of Robotics on Employment and Motivation of Employees in the Service Sector with Special Reference to Health Care [J]. Safety and Health at Work, 2014 (5): 198 - 202.

[303] Moreno - Galbis E, H Sneessens. Low - Skilled Unemployment, Capital - Skill Complementarity and Embodied Technical Progress [J]. Recherches? Conomiques de Louvain, 2007, 73 (3): 241 - 272.

[304] Mortensen D T, C A Pissarides. Unemployment Responses to "Skill - biased" Technology Shocks: the Role of Labour Market Policy [J]. The Economic Journal, 1999, 109 (455): 242 - 265.

[305] Parente S L, E C Prescott. Barriers to Technology Adoption and Development [J]. Journal of Political Economy, 1994, 102 (2): 298 - 321.

[306] Phelps E S. The New View of Investment: A Neoclassical Analysis [J]. The Quarterly Journal of Economics, 1962, 76 (4): 548 - 567.

[307] Porter M E. The Competitive Advantage of Nations [J]. Harvard Business Review, 1990, 68 (2): 73 - 93.

[308] Pranab Bardhan. On Factor - Biased Technical Progress and International Trade [J]. Journal of Political Economy, 1965, 4 (73): 396 - 398.

[309] Prat J. The Impact of Disembodied Technological Progress on Unemployment [J]. Review of Economic Dynamics, 2007, 10 (1): 106 -

125.

[310] Prescott E C. Needed: A Theory of Total Factor Productivity [J]. International Economic Review, 1998, 39 (3): 525 – 551.

[311] Romer P M. Increasing Returns and Long – Run Growth [J]. Journal of Political Economy , 1986, 94 (5): 1002 – 1037.

[312] Romer P. Idea Gaps and Object Gaps in Economic Development [J]. Journal of Monetary Economics, 1993, 32 (3): 543 – 573.

[313] Rosen D H, T Houser. China Energy: A Guide for the Perplexed [J]. United States: N. p. , 2007. Web.

[314] Sachs J D, L J Kotlikoff. Smart Machines and Long Term Misery [R]. Cambridge: The National Bureau of Economic Research, No. 18629, 2012.

[315] Sakellaris P, D J Wilson. The Production – Side Approach to Estimating Embodied Technological Change [R]. Electronic Working Papers, No. 00 – 002, 2000.

[316] Salter W E G. Productivity and Technical Change [M]. United Kingdom: Cambridge University Press, 1960.

[317] Samuelson P A. Parable and Realism in Capital Theory: The Surrogate Production Function [J]. The Review of Economic Studies, 1962, 29 (3): 193 – 206.

[318] Samuelson P. A Theory of Induced Innovation along Kennedy – Weisacker Lines [J]. Review of Economics and Statistics, 1965, 47 (3): 343 – 356.

[319] Samuelson L. Modeling Knowledge in Economic Analysis [J]. Journal of Economic Literature, 2004, 42 (2): 367 – 403.

[320] Sato R, M J Beckmann. Neutral Invention and Production Function [J]. Review of Economic Studies, 1968 (35): 57 – 66.

[321] Sato R. The Estimation of Biased Technical Progress and the Production Function [J]. International Economic Review, 1970, 2 (11):

179 - 208.

[322] Sato R, T Mitchell. The Economics of Technical Progress [J]. Eastern Economic Journal, 1989, 4 (15): 309 - 336.

[323] Schmookler J. Inventions and Economic Growth [M]. Cambridge: Harvard University Press, 1966.

[324] Shleifer Andrei. Schumpeter Lecture: Government in Transition [J]. European Economic Review, 1997, 4 (3 - 5): 385 - 410.

[325] Solow R M. Technical Change and the Aggregate Production [J]. Review of Economics and Statistics, 1957 (39): 312 - 320.

[326] Solow R M. Investment and Technical Progress [J]. Mathematical Methods in the Social Sciences, 1960, 1: 48 - 93.

[327] Stiglitz J E. Unemployment and Innovation [R]. NBER Working Papers 20670, 2014.

[328] Stokey N L. Free Trade, Factor Returns, and Factor Accumulation [J]. Journal of Economic Growth, 1996, 1 (4): 421 - 447.

[329] Swan Peter L. Optimum Replacement of Capital Goods with Labor - Saving Technical Progress: A Comparison of the Early New England and British Textile Firm [J]. Journal of Political Economy, 1976, 6 (84): 1293 - 1303.

[330] Szalavetz A. Structural Change and Structural Competitiveness - the Hungarian Experience [J]. Economic Thought journal, Bulgarian Academy of Sciences - Economic Research Institute, 2004 (6): 43 - 57.

[331] Triplett J E. Concepts of Quality in Input and Output Price Measures: A Resolution of the User - Value Resource - Cost Debate [M]. Chicago: University of Chicago Press, 1982.

[332] Usanov A, et al. The European Labor Market and Technology: Employment, Inequality, and Productivity [R]. The Hague Centre for Strategic Studies and TNO, 2013.

[333] Van Reenen John. The Creation and Capture of Economic Rents:

Wages and Innovation in a Panel of UK Companies [J]. Quarterly Journal of Economics, 1996, 111 (443): 195 – 226.

[334] Venables A J. The Economic Implications of a Discrete Technical Change [J]. Oxford Economic Papers, 1985, 37 (2): 230 – 248.

[335] Vergeer R, Kleinkecht A. Jobs Versus Productivity? The Causal Link from Wages to Labor Productivity Growth [C]. EAEPE Conference paper, 2007.

[336] Vivarelli M. Innovation, Employment and Skills in Advanced and Developing Countries: A Survey of Economic Literature [J]. Journal of Economic Issues, 2014, 48 (1): 123 – 154.

[337] Voulgaris F, G Agiomirgianakis, T Papadogonas. Job Creation and Job Destruction in Economic Crisis at Firm Level: the Case of Greek Manufacturing Sector [J]. International Economics and Economic Policy, 2015, 12 (1): 21 – 39.

[338] Wells H, A Thirlwall A. Testing Kaldor's growth laws across the countries of Africa [J]. African Development Review, 2003, 15: 89 – 105.

[339] Williamson J G. Optimal Replacement of Capital Goods: The Early New England and British Textile Firm [J]. Journal of Political Economy, 1971, 6 (79): 1320 – 1334.

[340] Woo W T, et al. How Successful Has Chinese Enterprise Reform Been? Pitfalls In Opposite Biases and Focus [J]. Journal of Comparative Economics, 1994, 18 (3): 410 – 437.

[341] Young A. Increasing Returns and Economic Progress [J]. The Economic Journal, 1928, 152 (38): 527 – 542.

[342] Young A. Gold into Base Metals: Productivity Growth in the People's Republic of China during the Reform Period [J]. Journal of Political Economy, 2003, 111 (6): 1220 – 1261.

[343] Yujiro H, Vernon R. Agricultural Development: An International Perspective [M]. Baltimore: The Johns Hopkins University Press, 1971.

[344] Zhang Jun. Investment, Investment Efficiency, and Economic Growth in China [J]. Journal of Asian Economics, 2003, 14 (5): 713 – 734.